Controcorrente

17

Prima edizione: febbraio 2006

Roma, Casella postale 6214

ISBN 88-541-0508-2

www.newtoncompton.com

Realizzazione a cura di Corpotre, Roma
Stampato nel febbraio 2006 dalla Legatoria del Sud s.r.l., Ariccia (Roma)

Felice Froio

Il libro nero dell'Italia di Berlusconi

Quattro anni di guasti

Prefazione di Antonio Tabucchi

Newton Compton editori

Alla memoria dei miei figli
Elisabetta e Francesco

Prefazione
L'uomo della Provvidenza

1.

I regimi, di qualsiasi natura siano, hanno un "vantaggio" sulla democrazia (che esige rispetto delle regole e dunque sacrifici dei cittadini): la capacità di tirar fuori il peggio dell'animo umano, e magari di "valorizzarlo". È sempre stato così, storicamente, e la regola vale anche per il regimetto dell'Italia di Berlusconi. Trent'anni fa Pasolini prevedeva una "mutazione antropologica" degli Italiani; anche solo osservando i sembianti, a volume spento, delle creature che ogni sera occupano i nostri teleschermi si capisce che l'attualità è ben oltre le più cupe previsioni pasoliniane: questi sono dei freaks. E forse la ministra Moratti, seppur persona culturalmente non edotta, nella sua battaglia contro l'evoluzione darwiniana lottava per un diverso senso di marcia, rivolto nella direzione che le pareva più consona al suo habitat: non sempre è l'uomo che discende dai primati, in certi momenti storici ad essi egli tende, in un anelito a ritroso che rimonta la faticosa evoluzione percorsa dal Bipede. E quello che è più stupefacente, è che la brucia sul tempo. Se il primate, per diventare Umano, impiegò milioni di anni, l'Umano può tornare al primate in un batter d'occhio: gli basta una legislatura. La moviola della Storia (e della civiltà) può tornare indietro a velocità vertiginosa, e del resto il Novecento è prodigo di capitani di ventura che gridarono alla ciurma:

"indietro tutta!". E la ciurma esultò. E d'un balzo indietreggiò di secoli.

2.

Appena arrivato al potere grazie alle regole della democrazia (che ha subito cominciato ad azzoppare, come è nella tradizione di chi usa la democrazia per i propri fini) Berlusconi ha aperto il rubinetto del "peggio". E il "peggio che c'è in noi", quel fondo di ferinità che alberga nell'animo umano quando non è tenuto a bada dalla cultura e dall'educazione alla democrazia (difese che l'Italia, in virtù della sua storia, dai Borboni allo Stato della Chiesa ai Savoia a un ventennio di regime fascista, ha acquisito tardivamente e in bassa percentuale rispetto ad altri Paesi europei), quel "peggio" lì è esploso come un fuoco d'artificio in tutta la sua volgarità e in tutto il suo becerume coniugandosi alla perfezione con le performance di questo impresario sceso in politica. Un tipo che in televisione fa le corna, licenzia giornalisti della RAI come se fossero suoi dipendenti, dà del Kapò a deputati europei, insulta giudici e magistrati, definisce sovietica la Costituzione italiana, attribuisce responsabilità assassine ai sindacati, predice morti e pestilenze portate da eventuali governi diversi dal suo, invita un ministro straniero a far visita a sua moglie perché, bello e aitante com'è, farà cessare le chiacchiere che circolano sul presunto legame fra la sua signora e un presunto filosofo di sinistra. Una lezione di civiltà autoctona (quella precedente gli Etruschi e l'arrivo di Enea) che ha operato una sorta di miracolosa fecondazione assistita, come se le antiche genti italiche, quelle della pre-favella, si fossero risvegliate da un sopore millenario e – qui è il miracolo – a bordo di un gippone quale macchina del tempo e con la cravatta a pallini al posto delle pelli caprine, si fossero date appuntamento nel terzo millennio dopo Cristo per vedere Porta a Porta. *Una sola metà di genti italiche, per l'esattezza, perché l'altra aveva compiuto il suo regolare percorso storico, debellando faticosamente, fra l'altro, l'ultimo canchero che l'aveva afflitta, il nazi-fascismo, con la vigorosa chemio della Resistenza. Solo che la metà "miracolata", per un capriccioso gioco numerico, in parlamento è diventata "maggioranza", e a Berlusconi dispiace assai che la "minoranza" (cioè l'altra metà degli Italiani), non rientri nella sua "maggioranza", avendo secondo lui stipulato un regolare contratto a* Porta a Porta, *con la garanzia del dottor Bruno Vespa, con gli Italiani tutti.*

3.

Quanto peggio-di-se-stessa ci ha fornito l'Italia in questi anni di berlusconismo? La lista è enorme, e comunque sarebbe impossibile illustrarla a un cittadino di un altro Paese europeo, un cittadino che viva in un Paese normale: sarebbe come parlargli di marziani. Come si fa a raccontare a un francese, a un tedesco, a un belga, a un olandese, a uno spagnolo, a un portoghese e via dicendo, i mostri che popolano la vita quotidiana degli Italiani? Come si può descrivere la figura torva di certi direttori di quotidiani che ogni giorno sparano sui cittadini i loro titoli terrificanti? Titoli che indicano bandi di proscrizione, articoli che schedano i dissidenti, che intimidiscono, che diffamano, che aggrediscono? Come spiegargli che un ministro della Repubblica, nel corso di una manifestazione di protesta di un gruppuscolo semi-eversivo contro le stesse Istituzioni che egli rappresenta, si unisce al gruppuscolo saltellan-

do come un canguro e gridando «chi non salta italiano è»? Impossibile, ti prenderebbero per pazzo. E come spiegargli che la Corte Costituzionale ha salvato in extremis la nostra dignità di cittadini da una legge subito controfirmata dal presidente della Repubblica grazie alla quale un gruppetto di cinque persone, fra cui lo stesso presidente della Repubblica, sarebbero diventati "intoccabili", cioè più uguali degli altri davanti alla legge? Impossibile da spiegare. E il tal presentatore televisivo che nella sua trasmissione fa il "notaio" a Berlusconi per il fantomatico "contratto" con gli Italiani e il presidente della RAI *(amico del Berlusconi) gli rinnova il vero contratto per cinque miliardi di vecchie lire: riuscireste a spiegarlo a un cittadino europeo? E la processione dei politici della Sinistra che ogni sera si reca alla trasmissione del suddetto presentatore, e ivi a domanda risponde, lo sapreste spiegare? E se raccontaste a un cittadino straniero che un delatore confesso della* CIA, *che si vanta di aver preso buste piene di dollari (ora è un uomo ricco e potente) ha nella sua trasmissione televisiva, a fargli compagnia, una giornalista del partito della Rifondazione Comunista, vi crederebbero? E l'alto dirigente di un partito della Sinistra che si reca alla sua trasmissione e gli esterna tutta la sua stima, lo racconterest senza timore di essere presi in giro? E avreste il coraggio di aggiungere che l'esponente della Sinistra, come se non bastasse, va scrivendo e dicendo qua e là che lui e l'ex-delatore della Cia hanno radici comuni, lo stesso "marchio di fabbrica"? Non lo raccontereste, se non altro per non dover rispondere all'inevitabile domanda che chiunque vi farebbe: «da giovane faceva la spia anche lui?». E il professore di filosofia neo-assessore di destra al comune di Milano, che dopo una vita di studi passata al Maurizio Costanzo Show ha avuto la pensata di cambiar nome a Piazzale Loreto che ci ricorda cose tristi e chiamarlo Piazzale della Concordia, non è geniale? L'idea è altamente filosofica: se a certi luoghi in cui avvennero episodi che fanno la Storia d'Italia gli si cambia il nome, col nome sparisce anche la Storia. Le Fosse Ardeatine non ricordano cose tristissime? Fosse Birichine non sarebbe meglio? E il sindaco di una cittadina del Nord che si atteggia a cow-boy, che dice in piazza che ai clandestini bisognerebbe spararli come ai conigli, che istiga all'odio razziale e che nel suo Comune mette in pratica leggi arbitrarie che in un Paese europeo normale sarebbero perseguite a termini di legge, non vi aspettereste che prima o poi, visto che la Legge non lo fa, l'informazione "libera" lo chiamasse a rendere conto agli Italiani dei germi che spande in giro? Invece no. La televisione è troppo occupata a processare un altro sindaco, che ha il torto di applicare le leggi dello Stato, quelle vere, che vietano di occupare gli edifici pubblici, di orinare per la strada e di rompere contro i muri le bottigliette di birra come fanno gli hooligans. Se ne incarica, alla compiacente trasmissione di Giuliano Ferrara, una signora che nel tempo libero sta rifondando il comunismo. Il sindaco "processato", fra l'altro, in pieno berlusconismo, quando tutta l'opposizione passava le serate a* Porta a Porta, *da sindacalista qual era ha avuto il torto di portare in piazza tre milioni di cittadini contro il governo Berlusconi. Sono cose che in Italia non si perdonano, né da una parte né dall'altra. E una Sinistra che comincia a definire "democrazia irachena" le centinaia di migliaia di morti causati dall'aggressione di Bush, e sorvola sulle torture pianificate di Abu Ghraib per quattro cabine elettorali che nessun osservatore internazionale ha potuto garantire; una Sinistra così la potreste spiegare, non dico a un cittadino europeo, ma di un qualsiasi Paese del mondo che non ab-*

bia dimenticato il vero motivo dell'aggressione all'Iraq, cioè le fantomatiche armi di distruzione di massa delle quali Colin Powell aveva un campione in una provetta? E la Sinistra che crea un quotidiano affettuoso verso Berlusconi e lo chiama «Il Riformista», vi pare spiegabile? Il peggio è difficile da spiegare, anche se per fortuna nel peggio da cui l'Italia è stata toccata c'è un "meglio" che ha illustrato il peggio a tutti coloro che erano rimasti illesi dall'epidemia. Un "meglio" fatto di giornalisti, di storici, di economisti, giuristi, registi, artisti. E di alcuni scrittori. Perché, è bene dirlo con chiarezza, alcuni scrittori italiani che hanno preso la penna nei pochi spazi ancora rimasti liberi per denunciare l'epidemia, il brodo di cultura di affaristi, mafiosi, evasori, delatori, corruttori di giudici e altri stafilococchi aurei, ci sono stati: perfino un augusto poeta come Mario Luzi, che nel suo "trobar clou" in vita sua aveva cantato soprattutto le sfere oltremondane, sul finire degli anni si è visto aggredire da citrulli perché aveva detto che il sistema del Berlusconi gli ricordava il fascismo della sua gioventù.

4.

Al contrario della "notizia", che è affidata alle veline ed è eterodiretta, la scrittura vera, cioè quella che informa, adopera un altro linguaggio: l'analisi. Non è un caso se da sempre (dall'impero romano all'Inquisizione, dal fascismo allo stalinismo, dal maccartismo a Ceausescu) ogni regime che si rispetti ha avuto come principale nemico oltre alla letteratura, l'analisi, cioè l'informazione. La scrittura è pericolosa per la realtà, e questo tutti i regimi lo sanno, compresi i regimetti. Se volete toccar con mano l'odio che il regimetto nostrano attuale nutre per la let-

teratura e per gli scrittori, aprite a caso uno dei tanti fogli che appartengono a Berlusconi. Lì, l'odio è quasi fisico: è bile, è livore facinoroso, è antico, ha lo stesso fetore dell'odio di quelli che hanno assassinato Pasolini. Ma non solo contro la letteratura, contro la scrittura, contro coloro che scrivono. Vi siete chiesti perché? Perché la letteratura (ma, ripeto, tutta la scrittura, anche quella giornalistica, allorché essa si allontana dalla "notizia pura", che ovviamente è una variabile, e dipende da come è data) scende nel cuore delle cose. Bisogna dire però che il regimetto berlusconiano "reclama" letteratura. Quel signorotto imbalsamato nel doppiopetto o fasciato di bandane, i suoi «mi consenta», le sue affermazioni da commedia all'italiana, lui e tutto il suo seguito – una corte dei miracoli fatta di maggiordomi, di piduisti, di amici condannati per mafia, di spie, di avvocati corruttori di giudici – sono un invito alla letteratura. Sono loro che la invocano: una letteratura burlesca, poliziesca, gotica, dell'horror, a seconda della situazione e del singolo personaggio. E con tanta forza la invocano che alcuni giornalisti, che scrittori di mestiere non erano, ma appunto giornalisti (peraltro ottimi), sono diventati veri e propri scrittori, con trovate linguistiche che possono fare invidia agli scrittori di professione. Penso ad esempio a un Marco Travaglio o a un Curzio Maltese, i cui articoli scritti per quotidiani o settimanali sono ormai veri e propri pezzi di letteratura degni della migliore tradizione satirica italiana, nel solco di un Giusti o di un Flaiano. O a un Giorgio Bocca, al quale dovevamo ragguagliati (e preziosi) volumi di storia politica italiana e i cui ultimi libri sul berlusconismo, nello stile del pamphlet illuminista, risultano di un'efficacia letteraria che va ben oltre la scrittura storico-giornalistica. Certo, se Berlusconi cadrà (e magari cadrà male) ciò sarà dovuto incon-

testabilmente al voto degli elettori, che per fortuna è ancora valido nonostante il regimetto in corso. Ma sono convinto che a quel voto avranno contribuito più tutti coloro che scrivendo lo hanno smascherato restituendoci la sua vera natura, che i suoi avversari politici i quali, tutto sommato, lo hanno sempre trattato da "onorevole collega".

5.

Il caravanserraglio di pennivendoli, di show-men, di banditori, di notai televisivi, di delatori della CIA, *di columnist e politologi "in offerta speciale", di pubblicisti disponibili a occupare il posto dei licenziati Biagi e Santoro, tutta questa chincaglieria trista e funerea che Berlusconi si è trascinato dietro come una calamita che attira la limatura, di pari passo con il silenzio complice di chi poteva parlare e non ha parlato, ha fatto pensare all'Europa che l'Italia dell'intelletto, della cultura e del giornalismo fosse quella roba lì che appare sui mezzi d'informazione di Silvio Berlusconi (l'oltre ottanta per cento del purgante che gli Italiani bevono quotidianamente), a scapito di tutti coloro che nei confronti del sistema berlusconiano, con coraggio, con determinazione, con competenza – e spesso con la disapprovazione di una opposizione che con Berlusconi ha sempre temuto di alzare la voce per paura di disturbarlo e di esserne disturbata – hanno impiegato le loro risorse umane e intellettuali.*

Questo nuovo libro di Felice Froio è un esempio di come l'Italia repubblicana, laica, democratica, onesta, non si sia rassegnata al consenso quasi generale che ha accompagnato la presa di potere (le repellenti leggi della coalizione berlusconiana non sono altro che l'esercizio sfacciato e "legale" di un pote-

re totalitario che nulla ha a che vedere con la democrazia) dell'attuale maggioranza governativa. Un libro che in un futuro, se e quando il morbo di cui l'Italia soffre attualmente sarà passato, potrà costituire una sorta di "libro di testo", un manuale circa la progressiva patologia di cui l'Italia fu vittima. Concepito in una maniera sistematica che esamina via via e punto per punto le ferite che le leggi di Berlusconi hanno inferto al corpo della Repubblica (con l'apporto di alcune "sorprese" inedite), dalla legalità all'economia all'informazione al lavoro alla ricerca fino al vulnus profondo portato alla Costituzione, questo Libro nero dell'Italia di Berlusconi *(questo signore che chiama «toghe rosse» i magistrati che hanno affrontato o affrontano i punti neri delle sue holding o dei suoi amici corruttori e mafiosi) è anche, indirettamente, un ritratto di questo personaggio: del suo disprezzo per le Istituzioni, dei suoi vantaggi personali, della cerchia che si è creato. Ed è anche il ritratto di una certa Italia. Quell'Italia ancora clerico-fascista del Ventennio dove sulla democrazia delle Istituzioni prevalgono i diktat di uno Stato teocratico come il Vaticano, enclave fondamentalista e finanziaria esente da qualsivoglia controllo incuneata nel corpo dell'Europa. Quell'Italia di estrema destra nella sostanza che disinvoltamente definisce se stessa "moderata" e che costituisce un agente patogeno per la democrazia europea e, in qualche modo, per l'equilibrio del mondo. Mentre scrivo queste righe, dopo aver letto le bozze del libro di Froio, è all'ordine del giorno l'affare "Nigergate", che per ovvi motivi questo libro non può registrare; un affare di spropositate dimensioni (rivelato da un eccellente quotidiano italiano che ha sempre esercitato una grande vigilanza durante il berlusconismo) nelle cui trame i servizi segreti italiani sembrano avere una responsabilità non indiffe-*

rente, per aver fornito alla massima potenza mondiale uno dei pretesti per mettere il mondo sottosopra. Un'Italietta quanto si vuole, come la pensano i più sprovveduti, ma con un'innegabile "grandezza", e con un sottosuolo che evidentemente ha fatto passi da gigante, se oggi riesce a mestare nel torbido di altri Paesi come riuscì a mestare nel nostro durante la cosiddetta "stagione delle stragi". Se le inchieste di «Repubblica» del 29, 30 e 31 ottobre condotte da Giuseppe D'Avanzo avranno un riscontro veridico, e cioè se un falso dossier, una "patacca" made in Italy e rifilata a un presidente degli Stati Uniti avido di "patacche", è servita come pretesto per far compiere a quel Paese il passo decisivo nell'invasione dell'Iraq, possiamo ben dire che se il tradizionale made in Italy (dagli stilisti al barolo) sembra in crisi, un ben più importante made in Italy sta conquistando il mercato mondiale. La sequenza di questo film è la seguente: l'Italia, che sulla sua Costituzione è un Paese che ripudia la guerra, dà una spintarella alla maggiore potenza mondiale per intraprendere una guerra illegittima. A tale guerra il governo italiano si unisce subito con slancio, inviando una "missione di Pace" sotto forma di truppe armate di tutto punto. Cosa ha prodotto e cosa produce quella guerra, lo sappiamo. Sappiamo anche il disprezzo e le ingiurie che dai governanti italiani e dai loro servi mediatici sono piovuti sui milioni di pacifisti che in Italia e nel mondo hanno manifestato contro quella guerra. Ma ecco che oggi Berlusconi dichiara pubblicamente di essere sempre stato un pacifista, anzi di aver sempre cercato di convincere "l'amico Bush" a non compiere quel fatidico passo. Dunque lui era in buona fede, era ignaro di tutto. Vogliamo credergli? Ebbene, crediamogli. Ma allora, all'interno del contesto storico del nostro passato prossimo che tutti sembrano aver dimenticato, una domanda è inevitabile: dietro Ber-

lusconi, chi c'è? Costui è davvero Silvio Berlusconi o un figurante, un attore (neanche tanto male, fra l'altro, perché per fare il ruolo del mediocre bisogna essere bravi) che è stato ingaggiato per questo ruolo? Dopo che, con un paziente "lavoro" trentennale che comprende la "cooperazione" italiana con la Somalia di Siad Barre, il CAF*, i traffici d'armi, le Brigate Rosse, le stragi, le bombe, l'assassinio di Moro, la mafia militarmente operativa (assassinio di Falcone e Borsellino), la corruzione dei partiti politici, le infiltrazioni nelle banche, nelle Istituzioni, nelle Forze Armate, nei centri nevralgici del Paese, le connessioni con servizi segreti stranieri (*CIA *soprattutto) operanti sul nostro territorio (cfr. gli «Atti della Commissione Parlamentare Stragi») – dopo tutto questo "lavoro", dicevo, che ha incontestabilmente spostato l'Italia non tanto a destra quanto su posizioni anticostituzionali e antidemocratiche e i cui manovratori effettivi restano comunque ignoti, di questo "nuovo modello italiano", di questa Repubblica ancora senza numero, Berlusconi è l'erede più autorevole o il giocondo segretario, l'uomo della Provvidenza?*

Parigi, 20 ottobre-2 novembre 2005

ANTONIO TABUCCHI

1
Berlusconi presidente del Consiglio

Da "padrone" a premier

Che Berlusconi avrebbe governato da "padrone" era scontato. Erano noti i suoi modi di condurre gli affari, l'intraprendenza e la disinvoltura. Non era invece scontato che avrebbe subordinato il ruolo di presidente del Consiglio a quello di "padrone".

È entrato in politica al momento giusto. Anni prima aveva intuito che bisognava abbandonare l'edilizia e puntare sulla nascente televisione. Contava su un appoggio politico determinante: l'amicizia di Craxi. La storia della legge sulle emittenze televisive è emblematica: è una vicenda che ha travolto ogni regola giuridica, politica, morale. I fatti, documentati e denunciati finanche in Parlamento mentre si svolgevano, vanno ricordati, sia pure sinteticamente, per meglio conoscere chi è il capo del governo degli italiani.

Nel 1978 in Italia ci sono 434 televisioni private ma manca una legge che regoli il settore. Per ben tre volte (1978, 1980, 1981) la Corte Costituzionale ha invitato il Parlamento a regolamentare l'uso dell'etere ai fini delle trasmissioni per impedire «lo sfrenamento dei saccheggiatori». È il periodo in cui molti pretori, per la mancanza di una legge, oscurano le TV che trasmettono fuori del territorio locale per il quale dichiarano di essere nate.

Nell'ottobre del 1984 Berlusconi ha già tre televisioni che infrangono questa regola e quindi è interessato alla revoca del divieto di trasmettere su tutto il territorio nazionale. Il presidente del Consiglio Bettino Craxi lo accontenta: pur non essendoci i requisiti di necessità e urgenza, il 20 ottobre 1984 convoca il Consiglio dei ministri e fa approvare il decreto legge che vieta l'intervento dei pretori. Il giorno dopo le televisioni del Cavaliere riprendono le trasmissioni. Però il decreto viene bocciato dalla Camera il 28 novembre e i pretori ricominciano a oscurare le televisioni. Craxi minaccia la crisi di governo e i democristiani sono costretti ad accettare un altro decreto.

La scandalosa telenovela delle leggi in favore delle reti televisive del Cavaliere va avanti con l'approvazione nel 1990 della legge Mammì, voluta da Craxi. Così l'impero televisivo di Berlusconi è salvo.

Berlusconi in ginocchio: «Ministro non rovini me e le mie due famiglie»

Quindici anni dopo il ministro Mammì, in una intervista[1] rilasciata a Vittorio Pezzuto, racconta un colloquio con Berlusconi davvero sorprendente: «Venne a trovarmi al ministero alla vigilia della presentazione della legge sulle TV. Lo ricevetti mantenendo un atteggiamento doverosamente istituzionale. Lui invece non smise un attimo di scherzare e far battute, cercando in ogni modo di accattivarsi la mia simpatia. Alla fine, con sguardo impassibile, gli dissi solo che avrei tenuto in debito conto le sue parole. Un commesso aveva appena aperto la porta per accompagnarlo all'uscita quando accadde l'incredibile. Berlusconi mi s'inginocchiò davanti e, baciandomi la mano, mi disse: "La prego, ministro, non rovini me e le mie due famiglie!"».

Ottenuto quel che chiedeva, tutto diventa facile per il Cavaliere, il quale nel giro di pochi anni diventa un

[1] «Vanity Fair», 1 luglio 2005.

"magnate". Le cifre dicono che nel 1993 la Fininvest aveva 4528 miliardi di debiti, mentre nel 2003 l'attivo del gruppo veniva stimato in 30.000 miliardi. A quel punto doveva difendere ed estendere il suo patrimonio e l'unico modo certo era quello di entrare in politica: fondare un partito e diventare capo del governo. E lo ha fatto. Fedele Confalonieri in una intervista[2] a «Repubblica»: «La verità è che se Berlusconi non fosse entrato in politica, se non avesse fondato Forza Italia, noi oggi saremmo sotto un ponte o in galera con l'accusa di mafia. Così col cavolo che portavamo a casa il proscioglimento nel lodo Mondadori». Ma Forza Italia che razza di partito è, si chiede Giovanni Sartori? E risponde: «Forza Italia nasce nel 1994. Da allora sono passati dieci anni; dieci anni e soltanto due congressi. Aggiungi che il congresso di Assago è stato improvvisato con il solo fine di lanciare Berlusconi alle prossime europee. Un congresso di partito è tenuto a discutere di se stesso, tenuto a votare per qualcuno o per qualcosa. In Forza Italia non è mai successo. Forza Italia si riunisce ad ogni morte di papa (come si diceva una volta) soltanto per acclamare un leader che non è mai stato insediato da un voto del suo partito. Un partito così fatto non esiste in nessuna democrazia occidentale. Il che legittima la domanda: Forza Italia che razza di partito è?».

La denuncia di Andreotti: «Attenzione, si può scivolare verso la dittatura»

Disponendo di una schiacciante maggioranza in Parlamento, Berlusconi impone quel che vuole e non ammette che qualcuno possa contrastarlo. Bisogna però sottolineare che i suoi alleati di governo hanno votato

[2] «la Repubblica», 25 giugno 2000.

tutte le leggi, comprese le più scandalose definite "leggi *ad personam*".

Il 2 agosto 2002, il governo mette il voto di fiducia sulla legge che prevede il legittimo sospetto. Andreotti chiede di parlare e dice: «I decreti-legge, specialmente da quando, giustamente, la Corte Costituzionale stabilì che, passati i sessanta giorni, non possono essere reiterati, devono sempre di più corrispondere a quel requisito di straordinarietà e urgenza che la Costituzione prevede.

Ma c'è di più: adottare un decreto-legge sapendo che ci sono sessanta giorni per discutere, e vararlo il 7 luglio sapendo che trentuno di questi giorni sono di agosto e quindi non saranno utilizzati, ha un odore di pieni poteri che a me non piace nemmeno lontanamente. Da un lato noi assistiamo ad un abuso (anzi doppio abuso, data la ristrettezza del tempo) dei decreti-legge da parte del governo e, dall'altro, anche ad una certa negligenza.

Quando Lei signor presidente, in quest'aula chiese al governo di venirci a riferire in merito al vertice tenutosi a Pratica di Mare, ciò non è accaduto. Lei signor presidente, durante la cerimonia del Ventaglio, ci ha consegnato un saggio molto importante di storia del Senato, il saggio di Emilio Gentile che fornisce delle risposte sul ruolo del Senato del Regno per impedire lo scivolamento verso la dittatura.

Si vede che ha fatto pochissimo. Con questo non intendo fare il processo alle intenzioni, né fare delle insinuazioni, però se si comincia – come è accaduto alcuni anni fa – a confondere il dialogo parlamentare con il parlamentarismo ed il confronto di tesi anche opposte con il cosiddetto consociativismo, attenzione, perché lo scivolo può essere, indipendentemente dalla volontà degli uomini, fatale. E noi non possiamo permetterlo alla nostra nazione».

«Andare in Parlamento è una perdita di tempo»

La mentalità del presidente gli impedisce di comprendere il senso della democrazia, e candidamente dice che andare in Parlamento è una perdita di tempo. Il 6 marzo 2002, durante una conferenza stampa, un giornalista chiede a Berlusconi se accoglierà la richiesta di Massimo D'Alema di riferire alla Camera sulla grave crisi tra Israele e Palestina, dove ogni giorno ci sono decine di morti. Risposta: «Dovrei andare in Parlamento per spiegare cosa? Si tratta di una richiesta ridicola, si leggano "L'Unità". Sarebbe solo riempire le orecchie degli italiani: la politica del governo è chiara e l'ho illustrata a suo tempo alla Camera».

L'opposizione reagisce duramente e accusa Berlusconi di scarso senso della democrazia. Il «Corriere della Sera» titola: *Politica estera, lite Berlusconi D'Alema: «Ridicolo chiedermi di riferire alle Camere»*. «la Repubblica»: *Parlamento, il no di Berlusconi. L'Ulivo: «Il Parlamento non è un ingombro»*.

Stante il perseverare di questo atteggiamento, alla fine di maggio del 2003 il presidente della Camera è costretto a richiamare Berlusconi per il suo assenteismo. Con una lettera, resa pubblica, Casini rileva che il regolamento della Camera prevede che il presidente del Consiglio o il vicepresidente sono tenuti, per due volte nell'ambito di ogni calendario, a intervenire per rispondere alle interrogazioni. E osserva: «Nella scorsa legislatura il premier o il suo vice sono intervenuti 50 volte su 102 sedute; dall'inizio di questa legislatura le sedute complessive sono state 56; Berlusconi non si è mai presentato, mentre il vice premier Fini ha partecipato soltanto in quattro occasioni». E conclude: «Ho già avuto modo con lettera del 10 dicembre 2002 di investire di tali questioni il ministro per i rapporti con il

Parlamento. Nel constatare, tuttavia, il perdurare di tale situazione non posso che rappresentare direttamente, con viva preoccupazione, i dati sopra riportati».

Il 17 luglio 2004 il presidente della Camera è costretto a sospendere la seduta perché il governo è assente. Casini invia un'altra lettera al presidente del Consiglio: «La partecipazione del governo ai lavori parlamentari è un dovere istituzionale e la sua mancanza impedisce lo svolgimento del calendario dei lavori, fissato dalla conferenza dei presidenti di gruppo con la presenza del governo. Sono certo che ella comprenderà le ragioni di questa mia e vorrà adoprarsi affinché nel futuro episodi del genere non abbiano a ripetersi, nel rispetto di quanto stabilito dall'articolo 64 della Costituzione». Infine Casini gli ricorda che l'assenza del governo si era già registrata nella seduta dell'8 luglio e per tre volte consecutive la presidenza è stata costretta a sospendere la seduta. Mai accaduto prima d'ora un fenomeno del genere.

C'è anche un altro atteggiamento arrogante verso l'opposizione e poco rispettoso degli alleati di governo. Quando vuol fare approvare celermente una legge o quando si profila il minimo dubbio, il governo non esita a chiedere il voto di fiducia, eliminando, oltre ai tempi, il dibattito.

«Sono in politica perché il male non prevalga»

Dopo circa quattro anni da premier, il 18 gennaio 2005, Berlusconi, rivolgendosi ai militanti di Forza Ita lia alla manifestazione di Roccaraso, ha detto: «Sono in politica perché il male non prevalga. Se andasse al governo la sinistra, l'esito sarebbe miseria, terrore, morte». Può un presidente del Consiglio pronunciare parole come queste? Finanche Follini, suo vice a Palazzo Chigi, e segretario del CDU, ha commentato: «Non è il mio linguaggio e non sono i miei fantasmi». Il giorno dopo Berlusconi, come già in altre occasioni, ritratta: «È stata una colossale calunnia e la capacità di una menzogna assoluta da parte di chi ha voluto far passare questa mia frase come riferimento alla sinistra attuale in Italia. Io ho detto che in tutti i Paesi dove il comunismo è andato al potere si è verificata una situazione che ha prodotto miseria, terrore e morte». Ma la conferma di quel che aveva detto viene da lui stesso alcuni giorni dopo. Intervenendo al convegno di Milano che ricordava Bettino Craxi, Berlusconi dice: «I pericoli per la libertà e la democrazia non sono finiti. I comunisti hanno cambiato nome, ma non hanno cambiato metodi».

In un editoriale Pierluigi Battista commenta: «Dividendo gli italiani in apostoli del bene e in portatori del male, Berlusconi inevitabilmente finisce per agitare lo spettro della guerra civile permanente come sbocco di una politica che non sa trovare ciò che è consueto nelle democrazie più collaudate: un comune terreno di valori in cui i contendenti, pur ferocemente divisi su tutto il resto, non possono non riconoscersi»[3].

Berlusconi: «Ciampi non ascolti le sirene della sinistra»

Il 27 febbraio 2005, il premier interviene a un convegno degli imprenditori e parla anche di alcune leggi all'esame del Parlamento; tra queste c'è quella che farebbe scattare la prescrizione al processo di Previti, da più parti ritenuta incostituzionale. Poiché l'opposizione e alcuni giornali hanno ipotizzato la possibilità che il presidente della Repubblica potrebbe rinviarla al Parlamento, Berlusconi dice: «Il capo dello Stato non ascolti le sirene della sinistra». È un'accusa grave e il Quiri-

[3] «Corriere della Sera», 31 maggio 2004.

nale emana questa dura replica: «Hanno destato sorpresa le parole attribuite al presidente del Consiglio in materia di promulgazione delle leggi. È a tutti ben noto che, in questa come in altre materie, non è costume del presidente della Repubblica dare ascolto a suggestioni o critiche gratuite da qualsiasi parte provengano. Tutti i provvedimenti legislativi rinviati dal capo dello Stato al Parlamento sono stati sempre accompagnati da messaggi debitamente, convintamente, dettagliatamente motivati». Dal Quirinale si è appreso che Ciampi prima di fare il comunicato ha atteso per 24 ore una spiegazione da palazzo Chigi.

Come replica Berlusconi? Come al solito, dice di non aver detto quel che gli si attribuisce. Questa la nota di Palazzo Chigi: «Le dichiarazioni del presidente del Consiglio non hanno palesemente inteso mettere in dubbio la correttezza costituzionale delle decisioni del capo dello Stato. Erano invece una chiara allusione ai tanti personaggi della sinistra che pretendono di dargli consigli non certamente disinteressati».

È seguito il coro degli esponenti della maggioranza che hanno ripetuto, con parole ancor più pesanti, la risposta di Palazzo Chigi. L'unico che non si è unito al coro è stato Follini, vicepresidente del Consiglio: «La correttezza istituzionale di Ciampi è un punto fermo, non diamolo alle sinistre».

Il richiamo di Ciampi

Alla fine del 2004, in occasione degli auguri natalizi alle più alte cariche dello Stato, il presidente della Repubblica ha fatto un discorso inusuale: ha indicato quel che un governo non dovrebbe fare. Ecco i passi più importanti del discorso del presidente. «Lo scorso anno conclusi il mio discorso augurale commentando positivamente alcuni segnali di dialogo tra maggioranza e opposizione, che si erano manifestati sul tema essenziale delle riforme costituzionali. Rinnovai allora la mia calda esortazione a perseverare con costanza e determinazione nella ricerca di costruttive intese, per una riscrittura il più possibile condivisa della seconda parte della nostra Costituzione. Purtroppo quei segnali non hanno avuto il seguito sperato. Avverto, quindi, il dovere – nell'esercizio di quella primaria funzione di garanzia che compete al capo dello Stato – di manifestare, dinanzi ai più alti rappresentanti delle istituzioni, la mia preoccupazione per l'accentuarsi di uno stato di difficile comunicabilità tra i principali schieramenti politici e parlamentari su un tema che interessa le strutture portanti della vita democratica della Nazione, in primis, il Parlamento. La modifica di queste strutture, per dare luogo a soluzioni durature, deve essere frutto di un dibattito approfondito e aperto, non irrigidito da precostituite posizioni di maggioranza e opposizione. Non intendo, certo, entrare nel merito delle riforme e ho ben presente l'articolo 138 della Costituzione; ma debbo ribadire quanto ebbi modo di affermare il 31 dicembre 2003, nel messaggio di fine d'anno agli italiani: le istituzioni fondamentali dello Stato non possono certo essere cambiate ad ogni mutare di maggioranza. La riforma dell'Ordinamento giudiziario, recentemente approvata dal Parlamento – e sulla quale ho ritenuto di dover richiedere alle Camere una nuova deliberazione con riferimento ad alcuni importanti profili di costituzionalità –, è mossa dall'esigenza di migliorare l'efficienza degli apparati giudiziari e di far rientrare lo svolgimento del processo civile e penale nell'alveo di quella "ragionevole durata", che è un puntuale precetto della nostra Costituzione. Ribadisco, infine, un principio più volte affermato fin dall'inizio del mio mandato: i magistrati vanno rispettati nell'esercizio delle loro funzioni, tutelate dai princìpi costituzionali di autonomia e indipendenza. Dal canto loro, i magistrati devono essere sempre consapevoli dell'altezza e della delicatezza del compito loro affidato, così come del dovere di essere e anche di apparire, in ogni loro comportamento, autonomi e indipendenti».

Come sempre, Berlusconi ha risposto ai rilievi del presidente della Repubblica a modo suo: «Non commento Ciampi, la mia finanziaria è epocale e la Cirielli (la legge salva-Previti, *n.d.a.*) è una legge sacrosanta. Da parte nostra c'è sempre stata la massima apertura al dialogo e ci sarà ancora, sempre che dall'altra parte ci sia qualcuno che sia disponibile al dialogo».

Com'è possibile fare queste affermazioni quando sulla base dei suoi ordini la maggioranza non ha mai accolto le proposte dell'opposizione e tutte le leggi che lo interessano vengono approvate col voto di fiducia?

Porta a porta viene prima del Parlamento

Il 15 marzo 2005 Berlusconi va a *Porta a porta* e annuncia il ritiro delle nostre truppe dall'Iraq. Curzio Maltese in un editoriale su «Repubblica» precisa: «La lettura del labiale e l'ascolto della cassetta recita alla lettera: "Credo che cominceremo a ridurre il nostro contingente anche prima della fine dell'anno, a partire da settembre, d'accordo con gli alleati e con il governo iracheno"». Una notizia clamorosa ripresa dai giornali italiani e stranieri.

«Un politico statista», commenta Paolo Galimberti[4], «sarebbe andato in Parlamento per annunciare che a settembre inizierà il ritiro del contingente italiano dall'Iraq. Ma un politico mediatico, per il quale l'ascolto conta più delle forme e la propaganda delle istituzioni, sceglie la televisione, dove il messaggio arriva diritto

[4] «la Repubblica», 16 marzo 2005.

al cuore e alle menti cui è diretto, senza la mediazione dei giornali come accade ai discorsi e ai dibattiti in Parlamento: dunque, un annuncio elettorale, a due settimane e mezzo dalle Regionali, in una sede impropria». Le polemiche si susseguono ma Berlusconi chiama Bush e Blair per smentire la notizia. Rivolgendosi ai giornalisti dice: «La colpa è vostra, avete costruito castelli in aria. Io non ho mai detto che è stata fissata la data del ritiro. Non ci muoveremo certo unilateralmente, se c'è un vero alleato su cui gli USA possono fare affidamento quello è l'Italia. A George ho detto che non è cambiato nulla, tutto come prima». E scrive una lettera anche a Casini dicendogli che è inutile un suo intervento in Parlamento perché «non posso venire a pronunciare una non notizia».

Non c'è alcun dubbio che Berlusconi abbia pronunciato quelle parole e bene ha fatto Maltese a precisare che la lettura labiale della cassetta lo conferma. Uno scenario già visto ma più serio dei precedenti perché ha creato molto imbarazzo al nostro presidente della Repubblica, che era a Londra in visita ufficiale. Da Oxford, prima di rientrare in Italia, a un giornalista che gli chiede se il grande elogio del Parlamento fatto a Westminster sia stato un messaggio anche per gli italiani, Ciampi risponde: «Uno Stato che si voglia chiamare democratico non può non avere un Parlamento effettivamente funzionante, quale luogo dove si prendono le decisioni più importanti, attraverso il dibattito che in Parlamento non è mai inutile. Se non c'è un Parlamento, come esprimiamo la libertà di parola? Certamente, c'è pure lo strumento dei mass media. Ma quello più autentico, più vero, è il Parlamento».

Nel dicembre del 2004 il presidente Ciampi rinvia alle Camere, per incostituzionalità, la legge del governo sulla riforma dell'ordinamento giudiziario. Berlusconi, che si trovava a Bruxelles, dice ai giornalisti: «È una buona riforma anche se non è quello che ci vorrebbe per il problema della giustizia in Italia. Il mestiere del riformatore è difficilissimo e pericoloso perché quando vai a toccare privilegi e sprechi hai contro tutti quelli che sono toccati nel proprio interesse».

Parole pronunciate da chi ha fatto approvare leggi che gli hanno evitato alcuni processi.

Elezioni regionali 2005: clamorosa sconfitta di Berlusconi

Nelle elezioni regionali dell'aprile 2005 l'Ulivo conquista 11 regioni su 13 con il 53% di voti (14.547.000), rispetto al 44,1% (12.119.000) della Casa delle libertà. Un successo che segue quelli delle elezioni amministrative del 2002, delle europee e delle suppletive per il Parlamento.

Berlusconi tace per due giorni, poi, improvvisamente, si presenta alla trasmissione televisiva *Ballarò*. Ha di fronte Massimo D'Alema e Francesco Rutelli. Da notare che da quattro anni si era sempre rifiutato di partecipare a un faccia a faccia in televisione. Questa volta le proporzioni della sconfitta l'hanno indotto a parlare, scegliendo un vasto pubblico.

Nell'aprile del 2000, quando la Casa delle libertà vinse le elezioni regionali, Berlusconi, raggiante, disse: «Ci sono state due elezioni consecutive, le europee prima e le regionali poi, che hanno ratificato questa verità: la maggioranza in Parlamento è minoranza nel Paese. Oggi bisogna restituire al popolo la sua sovranità. Come prevede l'articolo 1 della Costituzione. Ci vogliono elezioni anticipate, sono la cosa più urgente da fare. Alla luce di questi risultati non credo che questo governo sia legittimato a governare». Anche Fini aveva detto: «La legislatura è finita con le Regionali. Questo governo minoritario nel Paese è ormai un'offesa alla sovranità popolare, il premier è un abusivo».

Nell'inatteso faccia a faccia televisivo, D'Alema ricorda a Berlusconi che nel 2000, quando il centrosinistra perse le Regionali, si dimise da presidente del Consiglio, e lo invita a fare altrettanto. Berlusconi: «La situazione è assolutamente diversa, D'Alema non era stato eletto dagli italiani, cercava una legittimazione che non aveva avuto. Non mi dimetto, ho dimostrato in questi quattro anni di avere la leadership della mia coalizione, questa è l'ora di serrare le fila e mettere a fuoco le cose da fare. Sono assolutamente convinto di non perdere le elezioni del 2006».

Galli della Loggia[5], in un editoriale, scrive: «La destra sta al governo come dentro un fortino. Non riesce ad organizzare alcuna iniziativa di rilievo, alcuna sortita verso il mondo esterno, verso la società, dalla quale finisce per non ricevere alcuna fiducia, innanzitutto perché non mostra di essere capace di dargliene. Sarebbe sbagliato, oltre che ingeneroso, dare colpa di tutto ciò al solo Berlusconi. Anche per Alleanza nazionale e per l'UDC, infatti (della Lega è inutile parlare, dato il suo programmatico delirio "padano-centrico"), anche per loro contano solo i propri gregari, i fedelissimi, quelli che sono i "nostri" da sempre». In quattro anni di governo la destra non è riuscita a liberarsi nei confronti della società italiana del parrocchialismo più miope e del desiderio del profitto politico più immediato. Non ha capito che cercare energie fuori dalle proprie file comporta anche dare la necessaria autonomia, riconoscere la libertà e lo spazio di manovra indispensabili alle persone con cui si intende stabilire un rapporto. Significa cioè mirare ad avere degli amici, non dei camerieri. E invece, nella RAI come in mille altri enti pubblici, in mille altri luoghi, Forza Italia, Alleanza nazionale e associati hanno perlopiù mostrato di volere soltanto dei camerieri.

[5] «Corriere della Sera», 11 aprile 2005.

«Non si fidano di nessun altro: probabilmente perché non si fidano di se stessi. La destra, si direbbe, non è sicura delle proprie capacità di farle valere al di fuori di un rapporto servo-padrone. [...] Essere inclusivi vuol dire soprattutto essere capaci di coinvolgere l'opposizione fino al punto, in certa misura, di modellarla, di condizionarla. Gli strumenti per concretizzare tali forme sono parecchi: dall'accoglimento in Parlamento di emendamenti dell'opposizione, alla nomina di personalità *bipartisan* in alcuni posti di particolare significato, al pubblico riconoscimento del valore di questo o quel leader avversario e magari della ragionevolezza delle sue proposte. [...] Alla lunga la destra non ha fatto altro che darsi la zappa sui piedi. È apparsa timorosa e insieme arrogante compattando lo schieramento avversario invece di tentare di ammansirlo e di dividerlo. Berlusconi e i suoi, invece, non si sono finora mostrati per nulla all'altezza di un simile compito, sicché non meraviglia che da quattro anni raccolgano al momento delle consultazioni elettorali quello che hanno seminato».

Dopo le Regionali e la crisi di governo Berlusconi impone la sua soluzione

Nessuno ha potuto smentire che la sconfitta elettorale, clamorosa e inattesa, ponesse un problema politico chiaro, ossia che la maggioranza degli italiani ha votato contro il governo. I primi a riconoscerlo sono stati gli alleati Follini e Fini. Immediatamente arrivano le dimissioni dei ministri e sottosegretari dell'UDC; poi Fini incontra Berlusconi e lo convince a dimettersi. Ma il premier, mentre si reca al Quirinale, ci ripensa e chiede al presidente della Repubblica di rinviare il governo alle Camere. La direzione di Alleanza nazionale, irritata, non ci sta e affida a Fini il compito di gestire le dimissioni dei suoi ministri. A questo punto Berlusconi è costretto a tornare da Ciampi per dare le dimissioni. Berlusconi si irrita e dice ai giornalisti che si dimette perché glielo impone la Costituzione che, per fortuna, verrà riformata. Non riesce a ragionare politicamente, gestisce anche questa crisi da "padrone" e con insulti all'opposizione.

AN e UDC ritengono d'aver messo la crisi sul binario giusto, ma Berlusconi va per la sua strada a testa bassa. Inspiegabilmente Follini e Fini accettano le decisioni del premier. Berlusconi nomina Tremonti vicepresidente del Consiglio, quel Tremonti che fu costretto alle dimissioni proprio per volere di Fini; e, pur avendo denunciato la politica dei ricatti della Lega, accettano anche la conferma di Calderoli al Ministero per le riforme.

Poi arriva la nomina dei ministri, dei viceministri e dei sottosegretari. Rispetto al precedente governo ci sono 3 vice ministri e 10 sottosegretari in più. Battuto ogni record, in tutto 99.

La crisi si conclude senza novità di rilievo per quel che riguarda il programma, ma c'è un invito importante di Berlusconi ai suoi alleati: «Se vogliamo vincere le prossime elezioni politiche facciamo un partito unico della Casa delle libertà; o lo facciamo o non mi candido».

Edmondo Berselli[6] si chiede: «Che cosa fa un capo populista quando le cose si mettono male? Procede a tentoni come Silvio Berlusconi in questi giorni. Cerca di inventarsi la tapioca momento per momento. Prima evita la crisi con un'acrobazia circense, lasciando storditi gli alleati, AN e UDC, a cui aveva promesso seppure a malincuore il "nuovo inizio"; poi si lascia avvolgere dalle spire della crisi stessa: infine si ritrova nel gioco, per lui mortificante, delle consultazioni, degli incontri al Quirinale, delle trattative degli incontri riottosi. Tutto troppo complicato, faticoso, frustrante. Nella breve

[6] «la Repubblica», 23 aprile 2005.

comunicazione al Senato, si era lamentato platealmente delle pastoie costituzionali».

Due settimane dopo, nelle elezioni amministrative della Sicilia, a Catania, contrariamente alle previsioni, viene eletto sindaco Scapagnini, medico di Berlusconi. Enzo Bianco, favorito della vigilia, è sconfitto; quindi Berlusconi riprende fiato e per giorni continua a dire che vincerà le politiche del 2006.

Effetto-governo per Berlusconi, patrimonio familiare triplicato

Ettore Livini[7] osserva che Berlusconi da quando è entrato in politica ha moltiplicato le sue ricchezze: «L'economia italiana fatica a tenere il passo con il resto d'Europa, ma l'impero di Arcore – malgrado il prestito del suo timoniere alla politica – continua a non conoscere crisi: oggi i beni di famiglia sono lievitati a 9,6 miliardi. L'elenco degli "aiutini" dall'esecutivo è lungo: il salva-calcio ha consentito a Berlusconi di evitare di staccare un assegno di 242 milioni (la svalutazione dei giocatori ammortizzata in dieci anni). La riforma Tremonti sulla tassazione delle plusvalenze ha consentito di rimbalzo al premier di risparmiare 340 milioni di tasse sull'ultimo collocamento Mediaset. E la madre di tutte le riforme, la legge Gasparri, regala a Mediaset "un bacino di crescita potenziale di 1,2 miliardi", come ha candidamente ammesso lo stesso Fedele Confalonieri. Forse – a undici anni dal primo successo elettorale e con un portafoglio che ha triplicato il suo valore – anche Berlusconi si è convinto che la politica è un calice meno amaro del previsto».

[7] «la Repubblica», 9 maggio 2005.

Il governo italiano come quello della Thailandia

L'Italia è stata abbinata alla Thailandia, dove c'è un altro primo ministro miliardario che si comporta come Berlusconi. Piero Ottone, in un articolo su «Repubblica» del 7 marzo 2002, scrive: «Berlusconi somiglia a Thaskin Shinawatra che ha fatto fortuna partendo da zero. Figlio di un poliziotto, ha mostrato ben presto di avere il bernoccolo degli affari, e si è costruito un impero nel mondo delle telecomunicazioni, creando un monopolio, con l'aiuto di uomini politici, nella telefonia portatile. Oggi si calcola che Thaskin valga due o tre miliardi di dollari (siamo all'inizio degli anni Novanta, *n.d.a.*). A un certo momento ha scoperto di avere anche lui una grande passione della politica, come il Nostro, e ha fondato un partito. Ma perché Thaskin, ricco com'è, si è dato alla politica?

Qui compare un'altra analogia col Nostro: anche lui aveva qualche guaio con la giustizia. In particolare era stato accusato di avere falsificato bilanci, guarda caso, e occultato una parte della sua ricchezza, ricorrendo talvolta a sotterfugi miserelli, intestando, ad esempio, denaro a vari prestanome. [...] I due personaggi ragionano alla stessa maniera, dicono le stesse cose. Anche Thaskin ha dichiarato, quando era sotto processo, che i giudici non avevano il diritto di giudicare un uomo eletto dal popolo. Anche Thaskin, quando la stampa straniera lo critica, attribuisce le critiche a campagne di denigrazione internazionali. E anche Thaskin, tra una polemica e l'altra impone al Parlamento leggi che portano vistosi benefici alle sue società: asserendo, peraltro, che lui non c'entra perché le società in questione sono intestate ai figli. [...] Thaskin si è preoccupato soprattutto di estendere il suo potere, ha acquistato (attraverso rami familiari) l'ultima televisione ancora libera, ha subito licenziato i giornalisti più irrequieti. Ha intimidito gli altri, si è adoperato per dirottare gli investimenti pubblicitari delle imprese dai giornali ostili a quelli che parlano bene di lui».

Non solo la Thailandia, anche il Kazakistan

Il tedesco Freimut Duve, commissario per la libertà dei media dell'OSCE, l'Organizzazione per la sicurezza e la cooperazione in Europa, dice: «In Italia permane un sistema unico al mondo, paragonabile solo a quello del Kazakistan, dove le TV di Stato, una volta privatizzate, sono passate alla moglie del presidente. E quando abbiamo fatto presente che la situazione era insostenibile, quel regime ci ha risposto che c'è un caso analogo nel cuore dell'Europa, in Italia. Dunque cosa pretendete da noi?». E aggiunge: «Da un anno l'OSCE invita il governo italiano a separare il potere esecutivo da quello dei media. Invano. Il controllo di Silvio Berlusconi sulle TV pubbliche e private rappresenta una sfida all'architettura costituzionale europea». E rivela che l'11 marzo 2002 ha scritto a Valéry Giscard d'Estaing, presidente della Convenzione europea, questa lettera: «Caro Giscard, non vorrei che l'Italia fosse il primo Stato membro a subire le sanzioni del Trattato di Nizza: cioè la perdita del diritto di voto in Commissione europea a causa del monopolio dell'informazione del suo premier».

Berlusconi: nessuno al mondo può confrontarsi con me

Il 10 dicembre 2003, alla consueta presentazione di un libro di Bruno Vespa, Berlusconi venne provocato dai giornalisti sul tema della legge Gasparri. Daniele Castellani Perelli racconta[8]: «Il premier, infastidito per l'interruzione della celebrazione, cadde nella provocazione. Il tema della stampa è uno di quelli che lo manda su tutte le furie, perché il premier, come molti potenti, è un uomo che non sopporta i contropoteri. I contropoteri di Silvio Berlusconi (i cattivi) sono quattro: la magistratura e la stampa (sia italiane sia straniere), le opposizioni politico-sindacali e le istituzioni a lui gerarchicamente superiori (l'Europa e la presidenza della Repubblica). Viene il sospetto che quello che Berlusconi non riesce a tollerare è che qualcuno non lo ami. Quando l'"Economist" lo raffigura a Napoleone, un magistrato lo indaga o qualche leader europeo si fa beffa di lui, quando Ferruccio de Bortoli osa contraddirlo, Silvio Berlusconi allora diventa cattivo o bolla i suoi avversari come "l'internazionale giacobina", "l'odio". Irritato con un liberale come Ferruccio de Bortoli, in occasione di una visita ai terremotati del Molise il Cavaliere si rivolge a Cesare Romiti chiedendogli di salutargli il suo direttore del "Manifesto"».

È il caso di ricordare che nel marzo 2001 Berlusconi replicava così agli attacchi della stampa estera: «Sono un uomo di fronte al quale nessuno, sulla scena europea e mondiale, visto che ho coordinato un G7-G8, può pretendere di confrontarsi per storia personale e capacità. Quando incontro un ministro, un primo ministro, un capo dello Stato, sono loro che devono cercare di essere più bravi di me».

Berlusconi: «Il mio governo merita 10 e lode», ma Paul Ginsborg lo boccia

Al seminario Ambrosetti dell'agosto 2005, che si tiene ogni anno a Cernobbio, Berlusconi dice: «Questo governo ha fatto il massimo e io mi assegno 10 e lode: cre-

[8] Daniele Castellani Perelli, *Giornali e TV negli anni di Berlusconi*, Marsilio, Venezia 2005.

do che quello che abbiamo portato a casa come riforme sia assolutamente notevole e siamo orgogliosi del ruolo dell'Italia sul palcoscenico internazionale. Ci presenteremo agli elettori con il bilancio di quello che abbiamo fatto senza badare alla vecchia mentalità della politica. Io sto fuori dal teatrino della politica, resto un uomo del fare che si presenterà agli italiani ancora una volta così: se mi voteranno, mi sacrificherò per altri cinque anni. Altrimenti salirò su una bellissima barca, andrò a Tahiti e ringrazierò la fortuna che mi ha salvato dalle responsabilità».

Paul Ginsborg[9], invece, lo boccia: «Forte del controllo dei media, Berlusconi rivolge la sua attenzione allo Stato. Intende, come priorità assoluta, porre freno al potere della magistratura e salvaguardare la propria posizione legale nonché quella dei membri del suo entourage. La retorica della giustizia, della democrazia e della libertà è diffusa in ogni area dell'attività governativa, ma la realtà marcia su ben altre linee. In Parlamento i banchi di Forza Italia sono occupati in non scarsa parte da parlamentari che hanno lavorato in vari settori dell'impero di Berlusconi e dai suoi avvocati difensori. I ranghi superiori dell'amministrazione statale, analogamente, vengono progressivamente rinnovati da un radicale *spoil sistem*. La fedeltà al partito e alla persona, piuttosto che precisi criteri di professionalità ed esperienza, è il faro della recente riforma. L'intraprendente ministro Letizia Moratti, per un breve periodo presidente e amministratore delegato della *News Corporation Europe* di Rupert Murdoch, ha cercato di porre il Consiglio nazionale delle ricerche sotto il suo stretto controllo. I fondi a disposizione delle scuole e delle università sono stati drasticamente ridotti. Il sistema sanitario pubblico è fortemente a rischio».

[9] Paul Ginsborg, *Berlusconi*, Einaudi, Torino 2003.

Le intercettazioni a Fazio, le dimissioni di Siniscalco e lo scontro fra Tremonti e il governatore

Nell'estate del 2005 i giornali riportano alcune intercettazioni che accusano il governatore della Banca d'Italia d'aver favorito il banchiere Gianpiero Fiorani in una importante operazione finanziaria. Per giorni e giorni stampa e televisione si occupano di questo fatto. Il governo è imbarazzato e diviso: per legge non può costringere Fazio a dimettersi; la Lega lo difende e nei partiti di maggioranza ci sono pareri discordanti.

Sulle intercettazioni occorre fare una precisazione. I media non hanno spiegato la questione e l'opinione pubblica ritiene che il giornale che pubblica le intercettazioni commetta un reato. Vittorio Grevi, sul «Corriere della Sera», spiega: «La procura di Milano che sta svolgendo le indagini sulle intercettazioni dei colloqui tra Fazio e Fiorani si è comportata correttamente: tutti i brani di intercettazioni telefoniche finora pubblicate dai giornali non derivano da illecite fughe di notizie, ma riguardano i risultati di intercettazioni non più segrete in quanto già utilizzate all'interno di provvedimenti giudiziari o, comunque a disposizione delle parti». Non c'è stata quindi alcuna violazione delle relative disposizioni di legge. Fazio non intende dimettersi, sostiene d'aver rispettato la legge e perciò di non aver commesso alcuna scorrettezza. Ma le intercettazioni lo smentiscono.

All'annuale seminario Ambrosetti di Cernobbio il ministro dell'Economia, Domenico Siniscalco, dice: «Il presidente del Consiglio ha detto che si tratta di atto di coscienza. E in tutta coscienza, se io fossi stato Antonio Fazio me ne sarei andato da tempo. Forse la questione deve essere posta in modo formale, attraverso passi istituzionali». Immediatamente il ministro Maroni (la Lega ha ottimi rapporti col finanziere Fiorani e fin dall'inizio della vicenda ha sempre difeso Fazio) precisa: «In Consiglio dei ministri non si è parlato delle dimissioni di Fazio, quello di Siniscalco è un giudizio personale».

Il ministro replica: «È una posizione personale, ma anche istituzionale». E il Governatore non si dimette neanche quando Berlusconi lo sfiducia in Consiglio dei ministri e in televisione.

Siniscalco si dimette e Tremonti lo sostituisce

Era quindi scontato che Siniscalco si sarebbe dimesso. Berlusconi non ha dubbi: nomina Tremonti ministro dell'Economia, quel ministro giudicato responsabile della nostra situazione economica. Fini è stato determinante per la nuova nomina di Tremonti. È lo stesso Fini che aveva imposto a Berlusconi la sostituzione del ministro dell'Economia.

Incomprensibile atteggiamento, ma in politica accadono anche episodi del genere.

La nomina di Tremonti coincide con l'inizio della riunione del Fondo mondiale internazionale. Lo scenario è davvero penoso. Il 24 settembre ministro e governatore non stavano, come sempre, uno accanto all'altro, erano separati; tra i due c'era un dirigente del Ministero dell'economia.

Non solo: Tremonti ritira a Fazio la delega per partecipare alla riunione del Comitato dello sviluppo e il Governatore lascia la riunione e torna a Roma con un aereo privato. Episodi che ci squalificano dinanzi all'opinione pubblica mondiale.

Tremonti presenta la Finanziaria e riconosce gli errori del passato

In pochi giorni il ministro prepara la Finanziaria e la presenta al Senato. Sergio Romano scrive: «Ieri, al Senato, il ministro dell'Economia ha riconosciuto che le sue diagnosi degli anni scorsi erano sbagliate. Gli attentati dell'11 settembre non hanno sconvolto il quadro dell'economia internazionale e i mali italiani non possono essere attribuiti all'ondata del terrorismo che si è abbattuta sul mondo negli ultimi quattro anni. Lo sapevamo. Anche noi avevamo letto i dati dell'economia mondiale e sapevamo che altri Paesi, maggiormente esposti alla minaccia (gli USA e la Gran Bretagna, ad esempio), avevano superato rapidamente lo choc delle Torri gemelle»[10].

Romano osserva poi che è sbagliata anche la convinzione di Tremonti che le cause della "criticità" della nostra economia siano l'euro e la Cina. «Il quadro sarà completo e convincente», prosegue, «soltanto quando Tremonti avrà detto perché gli altri Paesi, costretti ad affrontare le stesse sfide, abbiano registrato risultati positivi. Non penso soltanto ai casi migliori (Stati Uniti, Gran Bretagna, Spagna), e spero che il ministro, per giustificare i cattivi risultati italiani, non invochi il caso della Germania. La Repubblica federale non è ancora uscita dalla sua stagnazione, ma ha enormemente aumentato negli scorsi anni le sue esportazioni, anche verso la Cina, e ha messo in cantiere, con alcune buone riforme, la trasformazione dello Stato assistenziale. [...] Non pretendiamo dal ministro dell'Economia un atto di contrizione. Ci limitiamo a ricordare che alle analisi incomplete corrispondono generalmente terapie insufficienti».

[10] «Corriere della Sera», 3 ottobre 2005.

Il «Corriere della Sera»: la riforma elettorale è un sopruso

Il segretario del CDU, Follini, alla ripresa dei lavori parlamentari chiede una nuova legge elettorale proporzionale. Berlusconi dapprima è incerto, poi gli dimostrano che da quel tipo di proporzionale il Polo si avvantaggerà notevolmente e difende la legge ad oltranza.

Scrive Pierluigi Battista, vicedirettore del «Corriere»: «Cambiare radicalmente all'ultimo minuto una legge elettorale, come ha deciso ieri il centro destra, sancisce il trionfo della convenienza di parte a scapito dell'interesse pubblico. Può darsi addirittura che le nuove regole proposte siano migliori e più efficaci. Può darsi, ma non conta. Conta solo che il giocatore al momento (ma solo al momento) più forte decide con atto d'imperio come darsi un vantaggio improprio e sfavorire platealmente l'avversario: non solo uno strappo al fair-play istituzionale, ma il sintomo di un uso troppo disinvolto del potere della maggioranza.

È stata una scelta per cercare l'accordo con i centristi dell'UDC che avevano posto come condizione per la loro permanenza nella Casa delle libertà il passaggio decisivo a una legge proporzionale. Gli esponenti dell'UDC, è vero, chiedono che venga coinvolta anche l'opposizione. Ma se, come è ovvio, l'opposizione (compresa la sua ala proporzionalista) non accetterà di cooperare alla realizzazione di un abito elettorale cucito apposta per favorire l'attuale maggioranza, anche i moderati del centro-destra si assumeranno la responsabilità di stravolgere la cornice delle regole a colpi di maggioranza e di infuocare oltremodo una già isterizzata campagna elettorale.

Ai politologi l'onere di soppesare il valore della legge elettorale proposta dal centro-destra. Ma chiunque può comprendere come lo strappo dell'ultimo minuto rischi di trasformarsi in un atto di prepotenza che confida su una maggioranza in cerca (vanamente?) della formula magica per restare anche nella prossima legislatura. Conviene a chi la propone, forse. Non conviene a chi pensa ancora che sui modi in cui dovrà esprimersi la volontà popolare una maggioranza non può decidere a suo insindacabile piacimento».

La legge elettorale proporzionale: «una inammissibile manifestazione di arroganza e spregiudicatezza»

Anzitutto bisogna parlare del comportamento del presidente del Consiglio che, come abbiamo documentato, malgrado i richiami anche scritti del presidente della Camera, ha continuato a disertare il Parlamento. Questa volta però è stato sempre presente in aula perché bisognava approvare una legge fatta per favorire la Casa delle libertà e si temevano eventuali franchi tiratori. I suoi interessi hanno sempre la precedenza. In quattro giorni la riforma della legge elettorale è stata approvata; per protesta i deputati della sinistra non hanno partecipato al voto.

Sergio Romano nell'editoriale del «Corriere della Sera», premesso che la legge elettorale è un «abito fatto su misura», scrive: «È lecito chiedersi perché Berlusconi non abbia dato prova di altrettanta energia nelle numerose questioni che il suo governo ha lasciato insolute. Perché non ha riformato gli ordini professionali? Perché ha lasciato che il disegno di legge sul risparmio restasse in Parlamento per più di due anni? Perché ha prodotto, in materia di pensioni e mercato del lavoro, riforme incomplete e insufficienti? Perché ha delegato alla Banca centrale europea la soluzione del caso Fazio? Perché ha lasciato che la Lega, in molte occasioni, dettasse l'agenda del governo? La fermezza dimostrata in alcune circostanze (leggi *ad personam* e ritorno al proporzionale) rende ancora più macroscopicamente evidente la prudenza con cui ha trattato problemi che mettevano in discussione interessi corporativi e clientelari».

Approvata la riforma, Follini si dimette da segretario dell'UDC

Questa legge elettorale ha determinato le dimissioni di Marco Follini da segretario dell'UDC. I motivi li leggiamo su «Repubblica»: «Ritenevo che bisognasse fare di più per coinvolgere l'opposizione, auspicavo una legge in cui la furbizia e la virtù si tenessero in equilibrio, non una situazione in cui l'una schiacciasse l'altra. Ho chiesto un altro leader e un modo democratico per sceglierlo. Tutto questo è stato rifiutato e mi è sembrato giusto trarne le conseguenze. I nostri ministri hanno amministrato la loro influenza in modo opaco, non dirò ossequioso, ma almeno ripiegato».

Riferendosi al partito, in particolare a Casini: «Il problema siamo noi. Il problema è se i nostri propositi sono di pastafrolla. Quale paura ci induce oggi a giocare improvvisamente al ribasso? Abbiamo spiegato agli italiani che occorreva "discontinuità". Abbiamo detto "O si cambia o si muore". E adesso sento dire che se non si cambia troppo si sopravvive più agevolmente. È una svolta che non mi appartiene».

2
La politica del governo, la legalità

Legalità, moralità pubblica, coesione sociale è il titolo della relazione di Alfredo Carlo Moro al convegno sul tema *Quale etica per la politica* che si è svolto a Trieste nell'aprile del 2004. Ho ritenuto di iniziare il capitolo con questa denuncia di Moro, riportando molti brani, perché, oltre ad essere puntuale e motivata, rientra nel discorso che riguarda il presidente del Consiglio e la sua maggioranza di governo. Sono parole che invitano ad una seria riflessione: in Italia la legalità e l'etica pubblica hanno raggiunto un livello che ci relega tra i Paesi che hanno poca dimestichezza con le regole democratiche. È allarmante e dovrebbe preoccupare tutti noi. Moro si rivolge anche al mondo cattolico chiedendogli di reagire a questa eclissi della legalità e a questa deriva di eticità politica.

Un cristiano dovrebbe ritrovare la virtù di sapersi indignare

Moro dice: «Un cristiano dovrebbe ritrovare una virtù dimenticata, e cioè quella del sapersi indignare di fronte a tutto ciò che rende disordinata la vita collettiva e meno buona la vita umana. Dopo Tangentopoli ci illudemmo che la reazione del Paese portasse al superamento dell'eclisse di legalità e ad una rinnovata eticità pubblica e privata. È stata invece purtroppo una fiammata effimera e velleitaria. La situazione oggi mi sembra ancora più pesante. Non solo o non tanto perché le notizie di cronaca ci dicono che la corruzione continua a proliferare nella attività pubblica e la frode è utilizzata a piene mani nella vita finanziaria ed aziendale e perché nella società civile va accentuandosi un forte disimpegno dal senso della legalità (continua l'evasione alle imposte di chi non è lavoratore dipendente, oltretutto improvvidamente legittimata dallo stesso presidente del Consiglio; si accentua la sistematica inosservanza delle regole di comportamento, si ratifica la prevaricazione dei gruppi forti sui gruppi deboli; si teorizza in una trasmissione televisiva di massimo ascolto che è giusto e opportuno coltivare amicizie criminali)».

Si teorizza una doppia morale e si sta diffondendo una deriva populista

«Assai più preoccupanti sono alcune idee-forza che si stanno, senza trovare ostacoli, diffondendo nella nostra vita sociale.

a) Innanzitutto viene oggi teorizzata una doppia morale per il cittadino: una, rigorosa, che deve valere per gli uomini qualunque che vanno severamente puniti se entrano clandestinamente per fame nel nostro Paese o se commettono i vituperati "reati di strada"; una, del tutto diversa, per i potenti. Abbiamo sentito affermare con grande sicumera dai nuovi maestri di pensiero che sul piano pubblico il rispetto della moralità è puro moralismo (Ferrara), che la politica è e deve essere riconosciuta come il regno della sopraffazione (Miglio), che la corruzione è inseparabile dalla vita politica e che perciò è assurdo pretendere di estirparla (l'ex ministro de Michelis), che solo il corpo elettorale, e non i giudici, può condannare o assolvere coloro che dalla sovranità popolare derivano direttamente il proprio potere (Ferrara).

b) Si sta poi diffondendo una pericolosissima deriva populista: l'attuale leadership politica nostrana va sempre più teorizzando che devono essere superati tutti quei meccanismi di mediazione, di controllo e di bilanciamento che la democrazia moderna ha ideato proprio per superare il pericolo di una dittatura della maggioranza e i rischi, sperimentati nel XX secolo, di totalitarismi che crescono proprio sull'assolutizzazione del principio della maggioranza. Il ricorso al "popolo" – facilmente manipolabile, specie attraverso la potenza suggestiva degli attuali mezzi di comunicazione di massa – deve assicurare al "demagogo" – come definiva Aristotele il capo populista – la possibilità di coltivare e sviluppare i propri interessi, forte del legame diretto ed esclusivo tra popolo e potere, usufruendo di una delega in bianco conferitagli nel momento elettorale».

Delegittimate le istituzioni di garanzia

«Nel Parlamento l'opposizione viene sempre più frequentemente emarginata e non ascoltata; la pubblica amministrazione – attraverso il sistema dello "spoglio" – viene asservita alla maggioranza di turno con buona pace del principio costituzionale, della sua doverosa imparzialità; si vagheggiano riforme della Corte Costituzionale per ridurne l'autonomia; si propone una riduzione dei poteri di controllo del presidente della Repubblica e si va delineando una forma di "premierato assoluto" che contrasta con il costituzionalismo elaborato dopo il Settecento proprio per evitare la concentrazione di troppi poteri in un solo titolare di ufficio pubblico; si tende a ridurre l'autonomia della magistratura come vedremo più avanti.

E finché non si riesce a realizzare tale controllo si ricorre ad una sistematica azione di delegittimazione che inquina la ordinata vita statuale: se la Corte Costituzionale ritiene non perfettamente coincidente con i dettami della Costituzione una assai ambigua legge che assicura l'impunità al capo del governo, non si pensa minimamente di fare autocritica ma si grida allo scandalo tacciando i giudici di essere tutti comunisti e quindi in perfetta mala fede; se la Cassazione a Sezioni Unite ritiene che non si debba spostare un processo dalla sua sede naturale per mancanza degli elementi, si insorge contro la politicizzazione dei giudici rei di non avere accolto supinamente le tesi del potente di turno; se il capo dello Stato rinvia una legge alle Camere per il riesame si mormora che lo abbia fatto solo in odio al presidente del Consiglio, interessato personalmente a quella legge.

Ed è assai inquietante che alla leale collaborazione tra le istituzioni dello Stato – essenziale per non sfasciare l'intero sistema costituzionale – si vada sostituendo l'idea che è pienamente legittimo il ricorso alla tecnica dello sgambetto e dell'intralcio: tristemente esemplare è il recentissimo comportamento del ministro di Giustizia nei confronti del capo dello Stato e dei poteri che sono suoi propri».

Diritto e delirio di onnipotenza

«*c*) Questo delirio di onnipotenza, per cui tutto è lecito a chi osa, è inoltre sicuramente incrementato dalla diffusa sicurezza dell'impunità per chi viola le regole comuni: il sistema penale rende facile, a chi ha i mezzi per avvalersi di potenti strumenti di difesa, di dilazionare al massimo la sentenza e di arrivare facilmente alla prescrizione; comunque l'impunità è assicurata a chi sa attendere perché prima o poi giungerà provvidenzialmente un condono, una sanatoria, una amnistia ovvero, se si è sufficientemente potenti, una legge *ad hoc* che depenalizzi gli illeciti.

d) E non infrequentemente – negli ultimi anni – la legge ha svolto essenzialmente la funzione di garantire che gli interessi particolari del gruppo di potere che ha vinto le elezioni fossero assicurati a qualunque costo: se alcuni uomini della maggioranza sono imputati di falso in bilancio si depenalizza di gran carriera il reato assicurando l'impunità; se potenti sono sotto processo e le eccezioni di nullità della difesa vengono giustamente rigettate dai giudici, si presentano e approvano a ranghi serrati leggi che rendono giuridicamente vincolanti le eccezioni difensive rigettate; se i giudici condannano un ex ministro, nelle more del processo di appello si propone di approvare una legge che, assicurando di diritto le attenuanti generiche a tutti gli incensurati, faccia automaticamente cadere in prescrizione il reato e quindi annullare la pesante condanna; se sono in pericolo gli interessi aziendali del capo del governo, e vi è rischio che la legge appositamente proposta per salvarli non sia condivisa del tutto dalla sua stessa maggioranza, il proprietario dell'azienda – presidente del Consiglio – impone il voto di fiducia inibendo così ogni forma di dissenso.

e) Cardine di un reale sistema di legalità è una efficiente ed autonoma struttura giudiziaria in grado di consentire la tutela di diritti fondamentali dei singoli o della collettività. Di fronte alla prepotenza del re di Prussia, al povero mugnaio tedesco non restava che sperare che vi fosse un giudice a Berlino; per un costituzionalista inglese l'esercito e la flotta dell'Inghilterra avevano la sola funzione di rendere possibile che il giudice emanasse le sue sentenze.

Negli ultimi anni sembra invece che nel nostro Paese il massimo impegno sia posto a rendere sempre più difficile ai giudici di emanare le proprie sentenze. Abbiamo assistito ad una indecorosa corsa del Parlamento per varare nuove norme processuali che stralciassero il lavoro dei giudici impegnati in un processo in cui risultava imputato il presidente del Consiglio; abbiamo visto con stupore il ministro della Giustizia prima cercare di impedire che nello stesso processo un giudice che componeva il collegio giudicante potesse permanere nella sua funzione, con l'evidente scopo di far saltare il processo ed arrivare alla prescrizione, e poi tentare di bloccare una rogatoria che poteva accertare la responsabilità di imputati eccellenti; abbiamo dovuto assistere esterrefatti ai ripetuti tentativi di sottoporre a processi penali e a provvedimenti disciplinari pubblici ministeri, rei di aver osato sostenere l'accusa nei confronti degli stessi imputati».

Il ruolo del mondo cattolico

«Il mondo cattolico reagisce come dovrebbe a questa eclissi della legalità e a questa deriva di eticità nella politica? Dobbiamo sempre più renderci conto che la virtù cristiana della prudenza non significa sottrarsi all'impegno, né agire solo tatticamente: significa, invece, capire prima di agire, ma poi procedere con sufficiente coraggio; che la virtù cristiana della tolleranza non significa affatto accettazione per comodità di qualunque cosa e qualunque idea, ma è lo sforzo di capire gli altri e di aiutarli a capire, e solo rinuncia ad usare la propria verità come una clava; che la virtù della fortezza non significa un cieco procedere, pura espressione di forza vitale, né assalto iroso per far prevalere il proprio punto di vista, ma è la consapevolezza che ci si può, e talvolta ci si deve, porre a rischio per un bene superiore.

La crisi della legalità e la grave caduta di un'etica politica e sociale costituiscono una questione centrale per la coscienza cristiana. Perché se il cristiano è chiamato non solo ad impiantare la fede e le sue esigenze etiche nella storia ma anche a far fiorire la storia e la città dell'uomo come espressione e segno della salvezza, esso deve sentirsi corresponsabile e fortemente impegnato nella costruzione comune; perché una convivenza umana in cui alla forza della legge si sostituisce la legge della forza è una convivenza in cui la dignità di ogni uomo viene ad essere necessariamente compromessa;

perché senza reale eguaglianza di diritti e di doveri tra tutti i cittadini non è possibile né sviluppare la solidarietà, indispensabile in una comunità di persone, né assicurare una autentica pace; perché i valori del Regno che il cristiano conosce – la verità, la giustizia, la dignità di ogni essere umano, la fraternità, il superamento dello sfruttamento dell'uomo sull'uomo – devono essere in qualche modo tradotti, anche se imperfettamente, nella storia degli uomini».

La stampa cattolica ha preferito tacere

«Dobbiamo invece constatare una preoccupante atonia: la stampa cattolica – salvo qualche sporadica anche se lodevole eccezione – ha preferito tacere quando non si è accodata in modo supino alla campagna scatenata ad arte contro la magistratura; il mondo organizzato cattolico o è stato silente o ha assunto posizioni assai ambigue. Mi ha profondamente turbato, per esempio, che in una assemblea di cattolici organizzati si sia tributata un'ovazione – come ad un eroe o ad un martire – ad una persona (Cusani) che ha, è vero, pagato la sua colpa con una dignitosa carcerazione, ma che è pur sempre stato lo strumento di forti corruzioni; mi ha sconvolto che i responsabili di una grande organizzazione ecclesiale abbiano in una trasmissione televisiva affermato, senza un minimo di scrupolo, che si poteva collaborare e sostenere qualunque politico, anche se gravemente compromesso, se da questa collaborazione discendevano benefici all'organizzazione.

Resto più che mai perplesso e preoccupato. Per l'amore che porto alla Chiesa che è in Italia – che è anche mia –, non posso non rilevare i gravi pericoli per la diffusione del messaggio di salvezza insiti in una politica ecclesiale radicata sulla tecnica dello scambio, per cui si assicura un certo consenso ad una forza politica se in cambio si ottengono benefici. È una tecnica già sperimentata con effetti tutt'altro che positivi nel passato: basta ricordare l'alleanza della Chiesa con il cattolicesimo anticristiano – come fu definito a suo tempo il fascismo – che ha non poco compromesso la missione evangelizzatrice; basta ricordare che certe pericolose compromissioni della Chiesa in altri Stati con regimi politici tutt'altro che esemplari – pronti a dare privilegi ma che esigevano in corrispettivo consensi e appoggi – avrebbero dovuto insegnarci ad essere assai prudenti. Ed è una tecnica che a lungo andare si rivela anche pastoralmente controproducente: non appare francamente giustificata la miopia del guardare solo ai propri, sia pur leciti e buoni, interessi, disinteressandosi del contesto generale della vita sociale. Nessuna elargizione di privilegi per alcuni valori a cui i cattolici tengono può compensare l'inquinamento della vita sociale, la rottura della legalità, la contrazione degli autentici diritti di cittadinanza, l'abbandono del principio dell'eguaglianza degli uomini di fronte alla legge, la sopravvalutazione degli interessi privati nei confronti di quelli pubblici, la confusione istituzionale e la rottura di quell'equilibrio fatto di pesi e contrappesi e di reciproci controlli su cui solo si regge un'autentica democrazia. Vi è il terribile rischio che ancora una volta si venda, come Esaù, la primogenitura per un piatto di lenticchie».

La denuncia di Moro dovrebbe far riflettere tutti, ma purtroppo buona parte degli italiani non si accorge di quel che sta accadendo nel nostro Paese.

La legge sulle rogatorie

La rogatoria è la richiesta che un giudice fa a un suo collega di un altro Stato per avere prove, atti processuali o documenti che riguardano una causa che sta istruendo. Molti processi di Tangentopoli, per terrorismo o per mafia, si sono potuti svolgere sulla base dei documenti acquisiti per rogatoria. Perché la legge sulle rogatorie è una delle prime varate dal governo Berlusconi? Perché si stava indagando su Berlusconi e sulla Fininvest ed erano già state chieste notizie per rogatoria. Il sospetto che a questa legge fosse interessato il gruppo Fininvest è avvalorato dalla grande fretta della maggioranza nell'approvarla. Tanta fretta che il presidente del Senato, Pera, per la prima volta nella storia parlamentare, aperta la seduta, ha modificato l'ordine del giorno dei lavori rinviando una legge per dare la precedenza a quella sulle rogatorie. Il 2 ottobre 2001 Occhetto, in aula, ha detto a Pera: «È un'aberrazione non consentita e non praticata in nessun Parlamento. L'unico precedente è quello di Mussolini che nel novembre del 1936 interruppe i lavori della Camera fascista per istituire il grado di Maresciallo dell'Impero, di cui fregiarsi».

La legge sulle rogatorie dice che non sono utilizzabili i documenti acquisiti se presentano vizi di forma anche lievi (ad esempio, se manca un timbro in una pagina) ed è specificato che si applica anche alle rogatorie già fatte e utilizzate nei processi in corso.

Con una risoluzione del 29 novembre il Parlamento europeo, dopo aver affermato che nella lotta alla criminalità organizzata è in gioco la credibilità degli Stati membri, ha stigmatizzato «le modifiche legislative adottate dall'Italia con le quali rendono difficile, se non impossibili, le rogatorie internazionali».

Il giornalista Gail Edmond[1] scrive: «Dall'11 settembre, giorno degli attentati negli USA, i dirigenti americani ed europei si sono affrettati a incrementare la cooperazione internazionale nel settore delle indagini penali e dello scambio di informazioni sui conti correnti utilizzati dalle reti dei terroristi, e a rendere più severe le leggi in materia di riciclaggio di danaro sporco e di altri reati finanziari. Eppure c'è un Paese che si muove

[1] «Business Wnd», 13 ottobre 2001.

nella direzione opposta, l'Italia, tra la costernazione delle autorità giudiziarie. E a guidare questa carica altri non è se non il primo ministro Silvio Berlusconi».

È stato calcolato che la legge riguarda 252 rogatorie svizzere di Mani pulite, 7000 rogatorie, di cui 810 per delitti di mafia, 1045 per traffico di droga, 746 per corruzione e 66 per delitti di terrorismo.

Il decreto-legge sul rientro dei capitali portati dall'estero

Nell'aprile del 2001 il governo approva un decreto che consente di riportare in Italia i capitali esportati illegalmente all'estero pagando una tassa di appena il 2,5% dell'importo complessivo. Conseguenza: chi in Italia non ha denunciato un reddito sarà perseguito come evasore, mentre chi ha nascosto all'estero capitali li ha riportati in Italia pagando una tassa irrilevante. La legge ha consentito, di fatto, anche il riciclaggio di capitali provenienti da affari mafiosi.

Legge sul falso in bilancio: ne beneficiano subito Dell'Utri, Silvio e Paolo Berlusconi

Approvata la legge sul falso in bilancio, Dell'Utri evita il carcere: il giudice di Milano, Italo Ghitti, gli concede la sospensione condizionale della sua condanna per i fondi neri di Publitalia. In base alle nuove norme viene diminuita di un anno la pena dei reati societari, quindi non c'è più il rischio di andare in carcere. Dell'Utri, accusato d'aver truccato i bilanci della Fininvest, era stato condannato dai giudici di Torino a tre anni e due mesi di carcere, pena ridotta a due anni e tre mesi dalla Cassazione.

E i giudici del processo SME hanno dovuto cancellare a Silvio Berlusconi l'accusa per i fondi neri all'estero della Fininvest; restava però un altro reato, quello di corruzione giudiziaria, ma la legge aveva previsto anche la via d'uscita stabilendo l'archiviazione se la società interessata (in questo caso la Fininvest del presidente del Consiglio) non avesse presentato querela di parte. Ve lo immaginate Confalonieri che querela il suo padrone!

Anche Paolo Berlusconi si avvale della legge sul falso in bilancio perché, in mancanza di querela, il fatto di cui era accusato non costituisce reato. «The Economist» del 10 agosto 2002 commenta: «La scorsa settimana il Parlamento italiano ha approvato una legge che riguarda il falso in bilancio. È una legge di cui si vergognerebbero persino gli elettori di una repubblica delle banane».

E Antonio Di Pietro osserva: «C'è l'imprenditore Berlusconi che ha un processo per aver falsificato i bilanci Fininvest per 1500 miliardi. E c'è il presidente del Consiglio Berlusconi (sempre lo stesso) che cambia la legge. E come la cambia? In modo tale che il reato attribuito al "primo" Berlusconi non ci sia più per merito del "secondo" Berlusconi».

All Iberian: annullato anche il processo a Berlusconi per il falso in bilancio

Il «Corriere della Sera» del 28 settembre 2005 racconta le vicende di questo processo: «La procura di Milano l'ha iniziato nel 1996 per aver individuato la "tesoreria" occulta di Fininvest architettata dall'avvocato inglese David Mills. Imputava a Berlusconi d'aver utilizzato i fondi extrabilancio per ottenere frequenze televisive e per illeciti finanziamenti di uomini politici, tra i quali 21 miliardi al leader del PSI, Bettino Craxi. Berlusconi viene condannato a 2 anni e 4 mesi per finanziamento illecito, condanna però cancellata dalla prescrizione. Il processo ricomincia, ma nel 2002 viene cambiata la legge sul falso in bilancio e quindi nel settembre del 2005 è assolto perché il reato non c'è più (Berlusconi è stato convocato a presentarsi all'udienza del 28 ottobre)».

La legge sul legittimo sospetto

Approvata con procedura d'urgenza sia al Senato che alla Camera (ridotto il tempo degli interventi e chiesto il voto di fiducia), la legge aveva un obiettivo: far sospendere i processi di Milano a carico di Previti e Berlusconi e trasferirli a Brescia. La legge reintroduce il legittimo sospetto per consentire alla difesa di chiedere il trasferimento di un processo da una sede giudiziaria all'altra. E prevede la sospensione del processo se la richiesta viene fatta prima dello svolgimento delle conclusioni e della discussione. Ma per la fretta la legge non ha tenuto conto di alcuni aspetti importanti e la Corte Costituzionale ha annullato la decisione della Cassazione costringendola, con altra sentenza, a respingere la richiesta dei difensori di Berlusconi e Previti di trasferire da Milano a Brescia i processi. Osserva Paolo Franchi: «Adesso dubbi non ce ne sono più o non dovrebbero esserci. Le sorti processuali di Silvio Berlusconi, Cesare Previti e degli altri imputati restano e, definitivamente, sono affidati al giudice naturale. Berlusconi, Previti e i loro avvocati, nonché i partiti della Casa delle libertà, farebbero bene, anzi benissimo, a prenderne atto il più rapidamente e il più serenamente possibile».

Ma Berlusconi protesta contro la sentenza della Cassazione: registra una cassetta con una lunga dichiarazione e la invia ai giornali e alle televisioni. Dice, tra l'altro: «Il governo è del popolo e di chi lo rappresenta, non di chi, avendo vinto un concorso, ha indossato una toga, ha soltanto il compito di applicare la legge. [...]

C'è tuttavia qualcosa che non appartiene all'imputato Berlusconi e nemmeno al presidente del Consiglio Berlusconi: questo qualcosa è il mandato degli elettori a governare nell'interesse della sicurezza e della libertà degli italiani, il mandato a cambiare il Paese attraverso la realizzazione del programma delle riforme e di libertà civili approvato dai cittadini con il loro voto».

Incredibile, ma vero! Queste sono parole del capo del governo di un Paese democratico. Insomma, Berlusconi sostanzialmente dice che, essendo stato eletto con una grande maggioranza, è autorizzato a fare quel che vuole, comprese le modifiche del codice per evitare il rischio di andare in carcere.

Il 14 ottobre 2004 l'avvocato generale della Corte di Giustizia dell'Unione Europea boccia la legge perché non conforme al diritto comunitario.

La legge sull'immunità delle più alte cariche dello Stato

Questa legge, approvata in brevissimo tempo nel giugno del 2003, dice: il presidente della Repubblica, i presidenti del Senato e della Camera, il presidente del Consiglio e il presidente della Corte Costituzionale non possono essere sottoposti a processi penali per i reati commessi prima della nomina e finché restano nelle rispettive cariche. Siamo alla vigilia del semestre di Presidenza italiana dell'Unione Europea e bisogna tutelare Berlusconi da eventuali incidenti.

Dalla Grecia, dove partecipava alla riunione del Partito popolare europeo, Berlusconi dichiara: «Finalmente l'Italia si allinea agli altri Paesi europei introducendo l'immunità per le cinque più alte cariche dello Stato. C'è gente che lavora per governare e per aumentare il prestigio e l'importanza dell'Italia sulla scena internazionale e ci sono altri che lavorano per screditare l'Italia. La legge mette un limite all'uso di queste armi improprie, che sono parte della democrazia, che si basa sulla sovranità popolare, su libere elezioni, sulla libera stampa, sulla libera televisione e non su altro».

Ma non è vero che negli altri Paesi esiste una legge del genere.

Leopoldo Elia, ex presidente della Corte Costituzionale, osserva: «La sospensione dei processi per fatti estranei all'esercizio dei poteri della carica vale solo per tre capi di Stato: Grecia, Portogallo e Israele. Il presidente del Consiglio, invece, non ha alcuna particolare protezione da nessuna parte».

Ma la Corte Costituzionale annulla la legge

Nel gennaio 2004 la Corte Costituzionale annulla la legge perché doveva essere fatta seguendo l'iter delle leggi costituzionali.

Ed è clamoroso che nell'ottobre del 2004 il presidente della Commissione Giustizia della Camera, Gaetano Pecorella, che è anche uno degli avvocati del presidente del Consiglio, riveli che quella legge è stata fatta per favorire Berlusconi.

Nella riunione dell'assemblea delle Camere penali, parlando con amici, dice: «Abbiamo fatto una legge, poi dichiarata incostituzionale, per consentire al presidente del Consiglio di governare per sei mesi a Bruxelles». Dopo qualche ora, per evitare di essere frainteso, precisa: «Quella legge la rifarei anche oggi perché era l'unico modo per consentire a Berlusconi di affrontare il semestre europeo. Ero e sono per l'immunità. Fu un errore non fare una legge costituzionale, ma allora, sull'onda dell'emergenza, non sarebbe stato possibile».

La Corte d'Appello: ridotte le pene per l'IMI-SIR, assolto Berlusconi per il Lodo Mondadori

La Corte d'Appello ha ridotto le pene. Previti da undici a sette, Pacifico da undici a sette, Acampora da sei a cinque, Metta da tredici a sei, Squillante da otto a cinque, Rovelli da sei a tre, Battistelli da quattro a due. Pene ridotte, ma con il rischio del carcere in attesa delle decisioni della Cassazione, che dovrà pronunciarsi sui ricorsi degli interessati.

Sulla questione del Lodo Mondadori Berlusconi, che era stato riconosciuto colpevole, beneficiando della prescrizione, è stato assolto con formula piena, trattandosi di «prova contraddittoria, insufficiente o mancante».

Esultano i sostenitori del premier e criticano quelli dell'opposizione. «Finalmente finiscono le gogne mediatiche», dicono quelli di Forza Italia. Di Pietro replica: «Cosa gioiscono? È come se a una persona accusata di due omicidi ne venisse riconosciuto uno e gli esprimessero solidarietà. In realtà, visto che Berlusconi non si dissocia dall'operato del suo uomo di fiducia, questa sentenza lo chiama a rispondere di gravi responsabilità politiche».

Gli interessi

Nel marzo del 2001 Montanelli scriveva sul «Corriere della Sera»: «Nei Paesi seri, l'incompatibilità fra interessi pubblici e interessi privati è affidata non a una legge (che si può sempre aggirare e figuriamoci se il Cavaliere non ne conosce i mezzi), ma alla sensibilità degli elettori. Ecco perché né un Morgan né un Ford né un Dupont si sono mai presentati per la Casa Bianca. Lo fece Rockefeller, dopo aver messo il suo patrimonio sotto controllo pubblico (credo si trattasse di un *blind trust*). Anche in Italia si usava farlo ai tempi dei galantuomini. Sonnino e Sella, prima di accettare la carica di ministri, liquidarono tutte le loro azioni, e ne misero il loro ricavato in buoni del tesoro».

Televisioni e case editrici. Berlusconi ha tre reti televisive e come presidente del Consiglio controlla indirettamente la RAI. È proprietario delle case editrici Mondadori, Einaudi, Elemond, Le Monnier, Sperling & Kupfer e di altre ancora. È proprietario di «Panorama», «Il Giornale» e molti settimanali; la moglie Veronica è proprietaria del «Foglio». Publitalia è una delle più importanti agenzie pubblicitarie d'Europa e può influenzare i quotidiani e le televisioni locali che non sono di sua proprietà.

Nel 2001 Giovanni Valentini scriveva[2]: «Gli interessi privati che sono in conflitto con il ruolo pubblico ammontano a oltre 4500 miliardi l'anno, più di 12 milioni di lire al giorno che la macchina pubblicitaria è in grado di rastrellare sul mercato, sfruttando un bene collettivo come l'etere. È poco meno di quanto raccoglie ogni anno la stampa italiana messa insieme, tutti i giornali quotidiani, settimanali, periodici».

Quattordicimila uffici postali a disposizione di Mediolanum (Berlusconi ha il 35% delle azioni)

Così la Banca Mediolanum si è imbucata nelle Poste. È il titolo di un articolo di Attilio Giordano[3]. «Ennio Doris, leader della banca Mediolanum, l'ottavo uomo più ricco d'Italia. Consigliere di Mediobanca, ha porta-

[2] Federico Orlando, *Lo Stato sono io*, Editori Riuniti, Roma 2002.
[3] «Il Venerdì di Repubblica», 27 agosto 2004.

to a segno un colpo da vero eroe: ha ottenuto di potersi servire della rete di sportelli delle Poste italiane. Un contratto che mette a disposizione di Mediolanum 14.000 uffici dove i clienti potranno versare e, soprattutto, prelevare, con il solo aggravio di una telefonata [...]. Altri, come Deutsche Bank, nel 2001 non erano riusciti a strappare il risultato. Il contenuto finanziario dell'accordo è top secret. Alla direzione delle Poste dicono che si tratta di un contratto privato».

Emilio Miceli, segretario generale della CGIL comunicazioni, dice: «Anche questo contratto con Mediolanum solleva una questione: le Poste sono un'azienda privata o pubblica? Il capitale è pubblico, ma dare in appalto 14 mila sportelli senza gara è un modo di procedere da privati. Un equivoco dal quale bisogna uscire». Mediolanum per il 35,5% è di proprietà del presidente del Consiglio, e sua figlia Marina siede nel Consiglio di amministrazione, e Doris ha il 36,7%. In pratica, un'azienda controllata interamente dal Ministero del tesoro ha appaltato il suo servizio di sportelli ad una sola banca, di cui è azionista, in misura rilevante, il presidente del Consiglio.

Il conflitto di interessi cova? Lo ha fatto rilevare, con una interpellanza al ministro Maurizio Gasparri, anche il deputato Giorgio Panettoni che dice: «È evidente che Mediolanum può fare accordi con chi vuole, ma se li fa con le Poste italiane si solleva un evidente conflitto di interessi. Che prospettive si aprono per la più grande azienda di proprietà di tutti gli italiani? È il primo passo per una privatizzazione? Il governo ha partecipato all'accordo?».

A che servono gli uffici postali

I libri scolastici in conflitto di interessi è il titolo in prima pagina dell'articolo di Gian Antonio Stella sul «Corriere della Sera» del 28 luglio 2005. Una vicenda direttamente collegata all'affare dei 14.000 uffici postali.

La notizia viene dall'interrogazione del senatore Stefano Passigli (DS) del 27 luglio 2005 ai ministri dell'Economia e dell'Istruzione. Il parlamentare dice d'aver ricevuto per posta un *dépliant* che offre alle famiglie la possibilità di prenotare via Internet o per telefono i libri scolastici, con consegna a domicilio. Il servizio è completato da una offerta di finanziamento al tasso del 7,50% (il tetto massimo è del 7,77%) rimborsabile in dodici rate mensili.

Dietro, come vedremo, c'è un grosso affare. Le Poste italiane acquisteranno i libri dalla società BOL di proprietà dei gruppi editoriali Bertelsmann e Mondadori, quest'ultima controllata dal presidente del Consiglio, e quindi si configura il conflitto di interessi. Passigli denuncia anche che le Poste hanno ottenuto dal ministro Moratti la lista delle adozioni dei testi con largo anticipo rispetto alle librerie e cartolibrerie che ne sono tuttora sprovviste.

Scrive Stella: «Cosa rappresentano i libri scolastici è presto detto: con 400 milioni di euro l'anno di fatturato sono la fetta di un terzo circa dell'intero mercato del libro. Ma, ciò che più conta, sono la boccata di ossigeno che una volta l'anno permette alle piccole librerie sparse per la provincia italiana, dove si vende il 28% scarso di tutti i volumi, di tirare il fiato e non abbassare le saracinesche vinte dalla sciatta indifferenza di un Paese che legge poco come il nostro. Il Ministero dell'istruzione e le Poste a chi hanno deciso di affidare l'operazione? Voi direte: avranno fatto una gara d'appalto. Macché! Avranno sentito gli editori? No, tranne uno: indovinate quale! Avranno consultato i librai? Neppure: "Manco una telefonata", spiega furente Rodrigo Diaz, presidente dell'Associazione Librai Italiani, "abbiamo saputo tutto a cose fatte e tutti i telegrammi mandati alla Moratti e a Letta non hanno avuto risposta. È stata una cosa sporca".

Avranno sondato il mercato per vedere chi è il più forte nel commercio dei libri on-line? "Assolutamente no", risponde Mauro Zerbini, amministratore delegato di IBS, gruppo Longanesi. "Il nostro sito è il più visitato d'Italia, a giugno abbiamo avuto 991 mila contatti e nel 2004 abbiamo fatturato 13,2 milioni di euro. Ma non abbiamo avuto dal ministero o dalle poste neppure una telefonata".

Il fortunato prescelto è BOL, una società di vendita online che fattura meno della metà di IBS ma, per pura coincidenza, appartiene alla Mondadori. Cioè alla casa editrice di proprietà del "principale" di Letizia Moratti, il presidente del Consiglio Silvio Berlusconi».

Le precisazioni della Moratti e la replica di Stella

Il giorno dopo la Moratti scrive al «Corriere della Sera» «per chiarire direttamente ai lettori, che hanno il diritto di essere informati, lo spirito del Protocollo d'intesa siglato con le Poste». Ecco le più importanti repliche del ministro:

«L'accordo con le Poste è finalizzato ad assicurare alle famiglie un servizio più pratico, sicuro ed economicamente conveniente, non comporta alcun obbligo né onere finanziario a carico del Ministero e non genera alcuna situazione di esclusiva a vantaggio delle Poste;

– qualora altri soggetti offrissero analoghi servizi, l'Amministrazione è disponibile a sottoscrivere nuovi protocolli d'intesa;

– spetta alle singole scuole aderire alle iniziative e le famiglie sono libere di usufruire del servizio;

– i primi riscontri evidenziano un rilevante interesse: finora hanno aderito il 20% delle scuole; vorrei ricordare all'articolista che anche questa iniziativa, come tutte le altre adottate in questi anni, è all'insegna della massima trasparenza».

Anche le Poste Italiane hanno inviato una lettera di replica al giornale, ma non dicono nulla di importante rispetto alle precisazioni del ministro.

Della contro-replica di Stella mi sembra sufficiente riportare il punto più importante: «Che Letizia Moratti prenda le distanze dalle Poste precisando che il *Protocollo d'intesa non prevede assolutamente le modalità organizzative ed i soggetti che le attueranno, che sono di totale e autonoma responsabilità di Poste italiane*, da una parte rassicura e dall'altra sconcerta. Rassicura perché conferma che lo stesso Ministero si rende conto dell'anomalia di avere affidato un servizio come la distribuzione dei libri scolastici (un affare potenziale da 400 milioni di euro e se la risposta è già del 20% siamo a 80 milioni: sedici volte il fatturato dell'azienda benedetta dall'accordo) a una società della Mondadori, cioè del presidente del Consiglio. Sconcerta perché, visto l'ammontare del business e visti i precedenti conflitti di interesse, ci saremmo aspettati che un ministro accorto ci mettesse il naso pretendendo almeno la gara d'appalto».

Berlusconi (editore) si nomina presidente del Comitato per il libro

Il 27 novembre 2002 il governo, con un decreto, istituisce un Comitato per il libro presso la presidenza del Consiglio. Coincidenza: il premier è anche proprietario della Mondadori e di tante altre case editrici. Giuseppe Laterza scrive in un articolo sull'«Unità»[4]: «Il senso del limite, le convenzioni di opportunità sociale, il rispetto di regole non scritte sono alcuni elementi che di-

[4] «L'Unità», 15 gennaio 2003.

stinguono il regime liberale. Non c'è bisogno che una norma scritta dica ogni volta al cittadino come comportarsi nei suoi rapporti con gli altri perché – in base alla sua educazione e alla sua cultura – egli si diriga verso il comportamento più corretto. Tra gli interessi personali di Silvio Berlusconi c'è anche l'editoria libraria, essendo egli proprietario – attraverso la Fininvest – del gruppo Mondadori, che a sua volta comprende diverse sigle importanti come l'Einaudi. Ma ciò non ha impedito che il recente decreto istitutivo del "Comitato per il libro" ponesse al suo vertice il presidente del Consiglio. Il quale, dunque, essendo giocatore della partita (il mercato librario) ne diventa anche l'arbitro – quanto meno ne suggerisce le regole e gli incentivi».

Mondadori e IBM entrano nella scuola

«L'Espresso» il 10 marzo 2005 scrive: «In quattro regioni italiane (Lombardia, Toscana, Lazio e Puglia) sta per iniziare la sperimentazione del libro elettronico.

Uno strumento che in un futuro assai vicino potrebbe sconvolgere l'editoria scolastica e il suo ricco mercato da 650 milioni di euro l'anno. Il via libera all'operazione "e-book" è arrivato a sorpresa martedì 8 febbraio dal Comitato dei ministri per la Società dell'informazione (CMSI), con i Dicasteri dell'istruzione e dell'innovazione tecnologica. E a chi hanno affidato la sperimentazione Letizia Moratti e Lucio Stanca? A Mondadori e IBM. La prima, azienda del premier Silvio Berlusconi. La seconda, ex datore di lavoro di Stanca, che ne è stato vicepresidente fino al marzo del 2001.

I concorrenti restano di sasso. Nessuno si è sognato di interpellare aziende come Zanichelli, La Scuola, Giunti, Eds o Ericsson. Alessandro Musumeci, responsabile dei sistemi informatici del Ministero dell'istruzione, minimizza: "L'AIE collabora con noi, quanto a Mondadori e IBM, sono solo due partner scelti perché stavano già sperimentando autonomamente l'"e-book". Peccato che nel comunicato interministeriale l'AIE non figuri per nulla. "Allora sarà un errore del comunicato", replica Musumeci. Ma all'AIE ribadiscono che non ne sapevano nulla. E Musumeci aggiunge che per il futuro, quando i fondi saranno superiori a 3 milioni, si faranno le gare. Intanto IBM e Mondadori hanno messo un piede oltre la linea di partenza».

Berlusconi premier compra pubblicità da Berlusconi Mediaset

Aldo Fontanarosa[5] ci fa sapere che Palazzo Chigi ha enormemente aumentato l'acquisto di spot pubblicitari da Mediaset. Questo articolo potrebbe essere utile al ministro Frattini che si occupa della legge sul conflitto di interessi. Fontanarosa scrive: «Gli spot della presidenza del Consiglio sono ormai un ingrediente abituale delle nostre giornate televisive: informano e a volte convincono i giovani a non correre in macchina, gli sportivi a non doparsi. Ed è normale che vengano trasmessi anche dalle reti Mediaset molto viste. Meno normale è che l'investimento pubblicitario sia aumentato molto su Mediaset da quando Berlusconi, proprietario di queste reti, siede a Palazzo Chigi.

I dati Nielsen, una delle più autorevoli società del Paese, sembrano eloquenti. Da gennaio ad agosto 2001, nell'era dell'Ulivo, la presidenza del Consiglio ha comprato spot su Mediaset per 1 milione 571 euro. Nello stesso periodo dell'anno dopo, in piena era Berlusconi, Palazzo Chigi ha acquistato da Mediaset spot per 9 milioni 218 euro. L'aumento è di quasi 6 volte. Finisce così che Berlusconi diventa il maggior finan-

[5] «la Repubblica», 30 ottobre 2002.

ziatore di Mediaset (e anche di se stesso), sul fronte dello spot pubblico.

Da Palazzo Chigi, un portavoce nega "qualsiasi favore" al gruppo di Berlusconi. In generale ci sarebbero state molte più campagne, alcune necessarie, come quelle per l'euro».

Spot televisivo svedese su Berlusconi

Un canale della televisione statale svedese diffonde uno spot pubblicitario sull'indipendenza e sull'obiettività delle televisioni e come testimonial sceglie anche il nostro premier quale proprietario del 90% delle televisioni italiane. Immediatamente il direttore generale del nostro Ministero degli esteri, Giovanni Caracciolo, convoca l'ambasciatore di Svezia a Roma, Staffan Wrigstad, lamentandosi dello spot. L'ambasciatore spiega che la televisione Sverige non dipende dallo Stato e quindi la protesta deve essere fatta all'emittente; inoltre la SVT fa sapere che con lo spot intendeva additare l'Italia come esempio di un sistema televisivo pubblico al collasso.

Sergio Romano, nella rubrica delle lettere del «Corriere della Sera», così risponde a un lettore: «Lo spot è di cattivo gusto ma credo che vi siano almeno due fattori di cui, ci piaccia o no, dobbiamo tenere conto. In primo luogo l'affermazione della TV svedese (Berlusconi ha in mano il 90% della televisione) è un po' sommaria e sbrigativa, ma non troppo lontana dalla realtà. Sappiamo che il presidente non potrà mai dettare da Palazzo Chigi l'intero contenuto dei notiziari e dei dibattiti politici dei canali di Fininvest e della RAI. Ma sappiamo che la sua condizione di presidente del Consiglio suscita nelle due aziende un atteggiamento di prudenza o, peggio, di conformismo. Non è necessario dare ordini per essere obbediti. Sarei davvero sorpreso se industriali e finanzieri, quando agiscono in un settore di cui Berlusconi possiede una quota, non tenessero istintivamente conto degli interessi, veri o presunti, del presidente del Consiglio».

La legge sul conflitto di interessi

Il 14 luglio 2004 il Parlamento approva la legge sul conflitto di interessi, una legge che lascia a Berlusconi presidente del Consiglio tutte le sue proprietà, comprese quelle televisive ed editoriali. Ha osservato Giovanni Sartori: «Fino a ieri potevamo denunciare lo scandalo del conflitto di interessi. Ormai la fattispecie non esiste più. Abolita per legge». E Ciriaco De Mita: «In Italia un concessionario dell'affissione dei manifesti non può essere eletto consigliere comunale. Eppure il concessionario dell'utilizzo dell'etere, concessionario dello Stato, è riuscito a diventare presidente del Consiglio».

Nel giugno del 2001, appena eletto presidente del Consiglio, Berlusconi aveva ripetuto più volte che entro cento giorni avrebbe fatto approvare la legge sul conflitto di interessi. Ma ci sono voluti tre anni prima che il Parlamento l'approvasse. Perché? Non è stato un ritardo casuale, ma ben meditato: c'era in vista la riforma della televisione che, tra l'altro, doveva regolare il passaggio al digitale e tutti i problemi connessi, compresi quelli riguardanti la pubblicità, quindi bisognava evitare intralci e danni.

Per far vedere che lui non vuole influire su questa legge, quando il Consiglio dei ministri comincia a discutere la riforma, che cosa fa? Esce dalla riunione. Poi specificherà: «Il presidente del Consiglio, che è un *primus inter pares* e coordina l'attività degli altri ministri, ha l'obbligo morale di astenersi quando sono sul tappeto decisioni che potrebbero riguardare anche i suoi interessi». È una offesa all'intelligenza degli italiani.

La sceneggiata si ripeterà il 4 ottobre 2005 quando il Consiglio dei ministri comincia a discutere la legge sulla previdenza complementare dei lavoratori presentata dal ministro Maroni e concordata con i sindacati. Berlusconi esce e i ministri, tranne quelli della Lega, la bocciano rinviandola al Parlamento, perché si oppongono le assicurazioni e le banche. E poiché Berlusconi è azionista di Mediolanum non partecipa alla decisione.

Le critiche dei costituzionalisti, di Dahrendorf e del cardinale Tettamanzi

La grande maggioranza dei costituzionalisti ha criticato la legge. Giovanni Sartori, in numerosi articoli, ha dimostrato che la legge, oltre ad essere incostituzionale, non elimina il conflitto di interessi. Queste le conclusioni di un articolo: «L'Italia è oramai una democrazia in bilico, insidiata (strutturalmente e quindi costitutivamente) dall'eccesso e dall'abuso di potere. Perché il regime berlusconiano sta violando di fatto, e addirittura violerà al coperto del diritto (con questa legge), tutti i principi fondamentali dello Stato di diritto:

a) che il controllato non può essere il controllore;
b) che gli interessi privati non possono essere tutelati da atti di ufficio;
c) che i media che formano l'opinione pubblica debbono essere adeguatamente pluralistici;
d) che il mercato non deve essere dominato dalla collusione tra politica e affari;
e) che ogni potere deve essere limitato da altri poteri, da contropoteri».

Il conflitto di interessi di Berlusconi ha squalificato l'Italia e siamo stati severamente criticati dalla stampa di tutto il mondo. Siamo stati condannati anche dal Parlamento europeo e dal Consiglio d'Europa. Il richiamo di Strasburgo dice: «L'Europarlamento è preoccupato per la situazione in Italia, dove gran parte dei media e del mercato della pubblicità è controllato dalla stessa persona. Tale situazione potrebbe costituire una grave violazione dei diritti fondamentali a norma dell'articolo 7 del Trattato UE, modificato dal Trattato di Nizza».

La risoluzione del Consiglio d'Europa, approvata con 104 sì e 14 no, denuncia: «In Italia il conflitto di interessi potenziale, fra le funzioni politiche che esercita il signor Berlusconi e gli interessi privati di quest'ultimo nell'economia e nei media, costituisce, se non saranno attuate misure chiare di salvaguardia, una minaccia per il pluralismo dei media e dà un cattivo esempio alle giovani generazioni».

Il politologo inglese Ralf Dahrendorf scrive: «La proprietà di Berlusconi riguarda i media e l'unica soluzione possibile e soddisfacente è la totale dissociazione del leader dal suo interesse imprenditoriale: la vendita totale e la rinuncia a ogni influenza sull'azienda. Mediaset deve diventare di qualcun altro, neanche riconducibile a Berlusconi. C'è un evidente interesse pubblico in gioco che prevale sull'interesse privato».

Un pressante richiamo verrà, dopo l'approvazione della legge, dal cardinale di Milano, Dionigi Tettamanzi. Il 10 ottobre 2004, chiudendo a Bologna la Settimana sociale dei cattolici, dice: «Le istituzioni democratiche, per essere vitali, devono essere sganciate da un controllo che non sia, appunto, democratico. Non devono essere oppresse da poteri estranei come quello delle concentrazioni mediatiche o finanziarie: telecrazia e plutocrazia non hanno nulla a che vedere con la democrazia, la soffocano inesorabilmente e rovinosamente. Di più: soffocano l'uomo stesso. Difatti l'uomo esce a pezzi da una informazione monodiretta e martellante, chiunque la promuova, e da una dinamica economica che impone un mercato senza regole o regole destinate a far crescere un potere concentrato nelle mani di pochi».

Un decreto-legge salva Rete 4

Il 23 dicembre 2003 il presidente del Consiglio firma il decreto-legge che consente a Rete 4, di sua proprietà, di continuare a trasmettere in analogico, evitando, com'era previsto dalla legge, di trasmettere via satellite.

Il messaggio sull'informazione inviato al Parlamento e i ripetuti appelli del presidente Ciampi vengono ignorati. Berlusconi, con l'acquiescenza degli alleati di governo, continua a tutelare i suoi interessi. Ma firmare un decreto che tutela le sue televisioni non configura un conflitto di interessi?

CSM: la legge salva-Previti cancellerebbe 4500 processi

Incredibile ma vero: dopo quattro anni di governo che ha visto il Parlamento approvare leggi a favore di Berlusconi e di altri personaggi, ecco che arriva la cosiddetta salva-Previti, ossia una legge che diminuisce gli anni di carcere per alcuni reati. La conseguenza è che il reato verrà prescritto.

I processi che salterebbero riguardano i reati puniti con 5-6 anni e la maggioranza di quelli puniti con 8 anni, ossia corruzione, violenza o minaccia a pubblico ufficiale, truffa, usura, rivelazione di segreto di Stato. Una indagine della Corte d'Appello di Bologna ha stimato che verranno prescritti 4500 processi.

La Cassazione ha calcolato che i processi per reati punibili fino a 8 anni hanno una durata media di nove anni, quindi per la massima parte dei processi il termine di prescrizione maturerebbe prima della sentenza definitiva, ma dopo la decisione d'appello.

Un emendamento alla legge e alcune incompatibilità vengono ripristinate

Quanta fantasia hanno questi nostri politici quando devono tutelare i loro interessi! Berlusconi *docet*. Un emendamento infilato nella legge di conversione di un decreto-legge e il gioco è fatto. Lo denuncia il «Corriere della Sera»[6]: «La tagliola dell'Antitrust stava per mettersi in azione. Vi sarebbero incappati ben cinque esponenti del governo che sono al tempo stesso amministratori locali, circostanza che in base alla legge sul conflitto di interessi prefigurerebbe una situazione di incompatibilità. I loro nomi: Silvano Moffa, sottosegretario alle Infrastrutture e sindaco di Colleferro (Roma); Nino Sospiri, collega di ministero e presidente del Consiglio comunale di Pescara; Antonio Martuscello, viceministro azzurro ai Beni Culturali e consigliere comunale di Napoli; Francesco Bosi e Filippo Berselli, entrambi sottosegretari alla Difesa, l'uno dell'UDC e sindaco di Rio Marina (Isola d'Elba), l'altro di AN e sindaco di Montefiore Conca (Bologna). I cinque, una volta che l'Antitrust avesse accertato l'incompatibilità, avrebbero dovuto rassegnare le dimissioni dal governo o dall'amministrazione locale. Ma sono stati salvati da un emendamento infilato nella legge di conversione del decreto sugli enti locali che il Senato ha approvato il 25 maggio e la "Gazzetta Ufficiale" ha pubblicato il 31. Giusto in tempo per evitare ai cinque la sanzione politica.

È stato così modificato un passo decisivo della legge sul conflitto di interessi: d'ora in poi sarà consentito ai membri del governo di occupare, oltre al seggio parlamentare, anche la poltrona di consigliere comunale e provinciale, di sindaco e di governatore di una Regione».

[6] «Corriere della Sera», 3 giugno 2005.

Berlusconi: non esiste alcun conflitto di interessi e non ci sono leggi che mi favoriscono

Il lettore di questo libro si trova dinanzi a una lettera di Berlusconi del 7 agosto 2005 che smentisce buona parte di quello che ho scritto fin qui. Si tratta di una lettera di replica a un editoriale di Ezio Mauro, direttore di «Repubblica».

Il premier afferma: non è vero che la legge sul conflitto di interessi mi favorisce; non è vero che le leggi sulle televisioni, compresa la Gasparri, mi hanno favorito; o mi favoriscono; non è vero che sono state approvate leggi per favorirmi dinanzi alle accuse dei magistrati. Smentisce così anche gran parte della stampa di tutto il mondo che più volte ha denunciato il conflitto di interessi del presidente del Consiglio italiano, nonché il suo comportamento dinanzi alla legge. Ma, come è documentato in questo libro, i benefici economici ottenuti da Mediaset (dichiarati anche da Fedele Confalonieri) sono enormi, tanto che hanno fatto salire Berlusconi ai primi posti tra i più ricchi del mondo.

Ecco le parole di Berlusconi:

Conflitto di interessi. «Non c'è stato atto governativo che sia stato ritenuto illegittimo e dunque volto a favorire i miei interessi, economici o di qualunque altro genere. In assenza di atti ufficiali, fossero pure di semplice natura istruttoria, nessuno è titolato a sostenere la tesi che il governo sia condizionato dal conflitto di interesse. Farlo equivale a emettere condanna nei miei confronti prima ancora che si istruisca un processo. Un atteggiamento totalmente illiberale, questo sì, distorsivo dello Stato di diritto».

Monopolio televisivo. «Voglio sottolineare il fatto che, in questi anni di governo Berlusconi, l'azienda pubblica, la RAI, ha combattuto ad armi pari con Mediaset ed ha in molti casi superato in ascolti Mediaset. Non crede che, se fossi stato spinto dai miei interessi imprenditoriali, avrei agito per ottenere l'esatto contrario? Basta guardare i telegiornali e i programmi di approfondimento (compresi quelli di Mediaset) per rendersi conto che non esiste monopolio né controllo sull'informazione da parte del presidente del Consiglio. Io e il governo che presiedo siamo oggetto di critiche e di polemiche – sia nei telegiornali della RAI che in quelli delle TV private – più di ogni altro governo che ci ha preceduto. Questo è indubitabile».

Leggi cosiddette ad personam. «Su questo punto è stata compiuta in questi anni una manipolazione che ha dell'incredibile. E che non ha tenuto alcun conto di un fatto fondamentale. Cioè che il presidente del Consiglio e altri esponenti del suo partito, sottoposti a processi penali (infondati e per alcuni esclusivi motivi politici), non hanno ricevuto alcun beneficio da leggi che, invece, hanno agevolato nei loro diritti di difesa migliaia di cittadini.

Se si esclude la provvisoria sospensione di poche settimane dei procedimenti nei miei confronti seguita all'approvazione del cosiddetto "lodo Maccanico", dal nome dell'esponente del centrosinistra che lo aveva proposto, nessuna legge che ha innovato aspetti importanti della procedura penale ha procurato "vantaggi" giudiziari a me o ad altri esponenti del mio partito».

Cultura populista. «Qui entriamo nel campo dei puri giudizi politici. Ma anche in questo caso l'accusa mi appare frutto di un atteggiamento di snobismo intellettuale che considero un vizio di certa aristocrazia culturale del nostro Paese. Non mi stupisce allora che anche Lei consideri populista chi sa parlare ai cittadini con un linguaggio semplice, comprensibile a tutti, e non si rifugia nel gergo elitario, il cui scopo è escludere dalla conoscenza dei fatti e dalla comprensione dei problemi la grande maggioranza degli elettori. Quello che Lei chiama populismo, con qualche, mi consenta, punta di sussiego, lo considero l'essenza della democrazia. Perché chi governa e chi si occupa della cosa pubblica ha il dovere di far comprendere a tutti il suo pensiero».

La risposta del direttore di «Repubblica»

Conflitto di interessi. «Le proprietà private di Silvio Berlusconi sono tutte ancora riconducibili direttamente alla sua persona, e sono così estese da incrociare ogni giorno – persino involontariamente – il percorso del governo. Tra questi interessi attivi e patenti, ne esistono alcuni particolarmente sensibili in una democrazia politica e in una democrazia economica. La televisione è il caso più clamoroso, e la nomina del direttore generale RAI va ricondotta direttamente alla volontà e ai desideri del Cavaliere: mentre recentemente il nuovo presidente della RAI è stato nominato solo dopo aver fatto visita al premier nella sua abitazione privata.

Ma a queste evidenze, gravi per qualsiasi democrazia, vorrei aggiungere una notazione psicologica. L'ultima volta che ho incrociato Berlusconi in uno studio televisivo, sei anni fa, ho parlato del conflitto di interessi. Immediatamente il Cavaliere si è volto verso di me e mi ha interrotto in diretta: "Ma lei è ancora lì con quella roba?". Ecco lo stato d'animo, l'atteggiamento psico-politico davanti ad un problema per Berlusconi eterno. Quella "roba", a mio giudizio, è la preoccupazione di base per far politica correttamente».

Monopolio televisivo. «Al conflitto di interessi si lega ovviamente il monopolio televisivo. Le "mani pulite" che il Cavaliere rivendica nel merito delle scelte televisive, atteggiandosi anzi a vittima, sono sconcertanti alla fine di un quinquennio in cui sono stati epurati dal video (e in qualche caso su sua richiesta pubblica) Biagi, Santoro, Sabina Guzzanti, Luttazzi, Paolo Rossi, mentre personaggi organici alla destra come Del Noce, Ferrario, Casotti e Berti sono saliti al potere in RAI. Ma c'è molto di più. Il conflitto di tre reti private per via proprietaria e di tre reti pubbliche per via politica significa la confisca della moderna agorà, lo spazio delicatissimo dove si svolge il moderno mercato del consenso. Che tutto ciò sia in mano di un solo soggetto politico, capo di un partito, della maggioranza parlamentare e del governo, altera di per sé questo mercato».

Leggi ad personam. «Berlusconi sa che alcune prescrizioni a suo favore (come nel processso per falso in bilancio sul consolidato Fininvest) sono scattate grazie alle sue "riforme" legislative. E in ogni caso, proviamo a giudicare la questione da questo punto di vista: c'è un Paese dove il capo del governo, imputato per reati gravissimi ma estranei alla politica, commessi secondo l'accusa prima di "scendere in campo", usa la maggioranza parlamentare per costruirsi uno scudo legislativo d'emergenza da usare nei processi in corso, immediatamente prima che i tribunali della Repubblica si pronuncino con la sua assoluzione o la sua condanna. È un Paese normale, questo, oppure è anomalo per le abitudini dell'Occidente?».

Cultura populista. «Per Berlusconi il populismo è solo un problema di linguaggio: l'intellighenzia nazionale "è distante anni luce dai problemi dei cittadini", come dimostrano le poche copie di giornali venduti in Italia, mentre il "parlare ai cittadini con un linguaggio semplice, comprensibile a tutti è l'essenza della democrazia". A mio giudizio, una delle caratteristiche di fondo della cultura populista è la negazione della realtà, non per puro spirito menzognero, ma per non intaccare con elementi concreti, reali, veritieri, quello specchio artefatto dentro il quale si svolge tutta la narrazione dell'epopea leaderistica, fatta di fantasmi e anche di vittimismi, in una concezione eroica della storia che non prevede errori ma solo congiure interne e manovre esterne da cui il Capo può uscire vincitore o anche vinto, o almeno ferito, ma sempre innocente o meglio ancora "intatto" nella purezza del suo progetto al servizio della nazione, e in ogni caso – ciò che politicamente più conta – privo di ogni responsabilità negativa. Esattamente questo mi sembra l'impianto della lettera del Cavaliere.

Il conflitto di interessi non esiste perché una legge berlusconiana dice che non esiste. La tautologia è ideologia».

Sergio Romano: nella società italiana il conflitto di interessi di Berlusconi suscita soltanto sbadigli

Il giorno dopo la pubblicazione della lettera di Berlusconi a «Repubblica», Sergio Romano, rispondendo a un lettore scrive sul «Corriere della Sera»: «Berlusconi è presidente del Consiglio, leader di un partito politico che ha vinto le ultime elezioni e, salvo ripensamenti dell'ultima ora, candidato a leader del centro destra alle elezioni che si terranno fra nove mesi. È anche persona che ha più volte assicurato il Paese, ancor prima dell'approvazione in Parlamento di una legge sul conflitto di interessi, di aver drasticamente separato le sue vecchie attività di imprenditore dalle sue presenti funzioni di governo. In alcuni Paesi (gli Stati Uniti, ad esempio) la legge prevede che l'uomo politico, in circostanze simili, depositi i suoi averi in un "fondo cieco" (*blind trust*) che verrà liberamente gestito da un amministratore. Se è proprietario, per esempio, di un pacchetto di azioni della General Motor, quelle azioni potranno essere vendute o scambiate senza che egli ne sia consapevole e senza sapere se gioveranno o nuoceranno al suo portafogli.

Sapevamo che questa formula non può essere applicata a una persona che, come Berlusconi, controlla, direttamente o attraverso la sua famiglia, alcune aziende. Ma non immaginavo, le confesso, che dopo tante assicurazioni avrebbe offerto 50 milioni di euro per un fondo d'investimento creato in questi giorni da Carlo De Benedetti al fine di risanare aziende che attraversano fasi difficili. Si direbbe che il conflitto di interessi, nella società italiana, sia dato per scontato e che parlarne susciti ormai soltanto sbadigli».

Centotrenta professori universitari protestano contro la mozione dei senatori del Polo

Non era mai accaduto che il Parlamento approvasse una mozione contro decisioni di giudici. Stupiti, 130 professori universitari di diritto nel dicembre del 2001 firmano il seguente *Manifesto* per denunciare il grave atto intimidatorio dei senatori di centrodestra.

«I sottoscritti, consapevoli delle loro responsabilità di fronte agli studenti e di fronte al dovere di rispettare i princìpi basilari delle discipline giuridiche, ritengono di non poter tacere su un evento mai verificatosi nella storia parlamentare dell'Italia unita, che mette a repentaglio le stesse fondamenta dello Stato costituzionale.

Il Senato della Repubblica, con la mozione approvata a maggioranza il 5 dicembre 2001, ha sottoposto a violente critiche alcuni provvedimenti giudiziari relativi ai processi penali in corso, qualificandoli come errati nel merito, eversivi nel corretto esercizio delle funzioni giurisdizionali e lesive delle prerogative del legislatore; il tutto nel quadro di gravissime accuse rivolte ai singoli magistrati che avrebbero tentato e tenterebbero tuttora di interferire nella vita politica del Paese.

Questo intervento costituisce un grave attentato di intimidazione perché contiene un giudizio di merito su provvedimenti giurisdizionali ancora sottoposti agli ordinari mezzi di impugnazione, e come tale attenta alla libertà di valutazione dei giudici negli attuali e successivi gradi di giudizio; al punto di creare il presupposto di un conflitto di attribuzioni tra poteri dello Stato in ordine alle funzioni interpretative che necessariamente ineriscono all'esercizio della giurisdizione».

L'Italia firma l'ordine di cattura europeo dopo tre anni

Nel dicembre 2001 la Commissione europea propone che il mandato di cattura emesso dalla magistratura di uno Stato membro divenga automaticamente eseguibile su tutto il territorio dell'Unione. In altre parole ogni Stato può eseguire sul proprio territorio un mandato di arresto emesso da un altro Paese membro dell'UE, dopo la sentenza definitiva.

L'Italia, completamente isolata, si rifiuta di firmare perché la Lega non vuole intromissioni nella giustizia italiana. Il mandato elenca una trentina di reati che l'Italia avrebbe voluto limitare soltanto a sei. Il ministro belga della Giustizia Marc Verwilghen, presidente di turno, ha detto: «È una grande occasione perduta dall'Europa nella lotta alla criminalità organizzata. Il veto posto dal ministro Castelli è incomprensibile tanto più che all'ultimo vertice di Gand i capi di governo, compreso il presidente del Consiglio italiano, avevano dato il loro accordo per comprendere nel mandato di arresto europeo un largo ventaglio di crimini. Non posso disfare un accordo per un solo Paese membro».

I ricatti della Lega funzionano sempre. Ci sono voluti tre anni per ratificare il trattato.

Allarmante rapporto della Commissione ONU sull'indipendenza dei giudici

Nei mesi di marzo e novembre 2002 il giurista malese Param Cumaraswamy ha svolto una indagine sull'indipendenza dei giudici in Italia ed ha poi presentato due rapporti in conformità della «risoluzione della Commissione sui diritti umani 2001/39».

L'incaricato dell'ONU osserva anzitutto che in Italia i processi hanno una enorme durata e provocano «giustamente un disincanto da parte dell'opinione pubblica». E prosegue: «Vi è inoltre un altro fattore aggravante, rappresentato dai tre processi in corso presso le procure milanesi e che riguardano accuse di corruzione e falsi in bilancio di esponenti politici fra cui il presidente del Consiglio e Cesare Previti, membro del Parlamento. Il relatore speciale non vuole entrare nel merito di questi casi. Si dice che se questi processi fossero trasferiti da Milano occorrerebbe riprendere tutto da capo. È possibile che subentri la decorrenza dei termini. Il modo in cui vengono usati cavilli procedurali al fine di ritardare lo svolgimento dei processi desta preoccupazioni, così come la sensazione che si ricorra agli strumenti legislativi al fine di approvare delle leggi che vengono poi usate durante lo svolgimento dei processi.

Una di queste è la legge sulle rogatorie che istituisce un accordo bilaterale con la Svizzera con effetto retroattivo. La questione di sapere se questa legge possa incidere sulle prove già ammesse nell'ambito dei processi costituisce uno dei modi attualmente in discussione davanti al Tribunale di Milano che vede coinvolti imputati eccellenti.

Diversi avvocati degli esponenti politici coinvolti nei processi sono inoltre membri del Parlamento, e questo provoca la sensazione che possano avere un'influenza in Parlamento per difendere la causa dei loro clienti in quella sede. Ciò provoca un problema di conflitto di interessi».

Il commissario ONU osserva ancora: «Alla luce degli avvenimenti illustrati, il relatore speciale è convinto che vi siano motivi ragionevoli perché giudici e pubblici ministeri sentano minacciata la loro indipendenza. Benché gli attacchi del governo siano diretti contro alcuni giudici e pubblici ministeri, occorre ricordare che alcuni attacchi contro i singoli verranno percepiti come attacchi contro tutta la magistratura. E anche come attacco all'amministrazione della giustizia. D'altra parte, i giudici e i PM non devono assumere nessun comportamento che possa compromettere la loro indipendenza e imparzialità.

Per quanto riguarda la priorità dell'azione giudiziaria riguardo all'azione parlamentare, possiamo dire che l'assenza di un solo deputato durante le sessioni parlamentari non inficia né ritarda i lavori del Parlamento. Invece, quando l'imputato non si presenta in aula per rispondere alle accuse rivolte contro di lui, il processo non può andare avanti e ciò crea di fatto un intralcio e un ritardo dell'azione giudiziaria. Questa è la differenza. In base a questo dato di fatto, l'azione giudiziaria deve necessariamente essere prioritaria in determinate circostanze.

Per di più l'articolo 14 (3c) dell'Accordo internazionale per i diritti civili e politici e l'articolo 6 della Convenzione europea per i diritti umani affermano che le cause penali devono essere giudicate senza il benché minimo ritardo. È perciò un dovere dei tribunali fare in modo che queste cause vengano portate in aula e risolte quanto prima».

Le raccomandazioni del rappresentante dell'ONU

«Gli esponenti politici imputati nei processi milanesi devono rispettare i princìpi dell'azione giudiziaria e non devono provocare ritardi nello svolgimento di tali processi. Benché essi possano, come qualsiasi altro cittadino, avvalersi di tutti i diritti di cui dispone la difesa, dal momento in cui si trovano in una situazione di potere, ogni ritardo del processo verrà percepito con sospetto e potrebbe nuocere all'integrità del sistema giudiziario.

Le decisioni giudiziarie devono essere rispettate da tutti. Benché queste decisioni possano essere commentate e anche criticate, i giudici che emettono le sentenze non devono essere attaccati e sottoposti ad alcuna forma di calunnia da nessuna persona o istituzione. Qualora le decisioni dovessero essere ritenute scorrette, si possono invocare i procedimenti di appello appropriati.

Ho appreso che di recente il premier si è rifiutato di comparire in due processi – Palermo e Milano – come testimone. A mia richiesta mi è stato spiegato che il codice consente alle alte cariche come il premier, di scegliere fra la comparizione personale e la convocazione del Tribunale presso una sede a sua scelta. Trovo questa disposizione, specialmente di questi tempi, insostenibile. Offende il diritto di eguaglianza di fronte alla legge che è fissato fra i princìpi fondamentali della Costituzione italiana ed è in contrasto con la convenzione internazionale sui diritti civili e politici.

Altra fonte di preoccupazione è che uno dei principali difensori del premier è membro della Camera dei deputati ed è anche presidente della Commissione Giustizia. Il conflitto di interessi e i problemi etici che una simile posizione crea non sembrano essere recepiti dal Parlamento o dalle autorità di controllo disciplinare della professione legale».

Ciampi non firma la legge sulla riforma della giustizia

Il 16 dicembre 2004 il presidente della Repubblica rinvia alle Camere «per palese incostituzionalità» la legge sulla riforma della magistratura. Una legge criticata da quasi tutti i costituzionalisti. La Costituzione dice che tutte le decisioni che riguardano l'ingresso nella magistratura, le carriere, le promozioni, il conferimento di incarichi direttivi, i provvedimenti disciplinari non competono al ministro ma al Consiglio superiore della magistratura. Una norma che tutela i magistrati da interferenze politiche o d'altro genere.

Il Parlamento dovrà modificare: le norme che attribuiscono al ministro il compito di fissare ogni anno le linee di politica giudiziaria; l'ufficio al quale viene attribuito il monitoraggio dello svolgimento dei processi; il potere del ministro di impugnare dinanzi al TAR le nomine dei capi degli uffici decise dal Consiglio superiore della magistratura, in particolare le assunzioni, i trasferimenti, le promozioni e i provvedimenti disciplinari.

Il Senato vota la riforma della giustizia senza accogliere tutti i rilievi di Ciampi

Il 29 giugno 2005 il Senato vota la riforma della giustizia. L'opposione rivela che c'è stato un accordo tra Lega e Forza Italia: in cambio verrà approvata la legge salva-Previti.

Come è accaduto per la legge Gasparri sulla televisione, anche questa riforma non ha accolto i rilievi costituzionali del presidente Ciampi. Quattro giorni prima del voto Vittorio Grevi ha scritto sul «Corriere della Sera»: «Le modifiche apportate dal Senato appaiono insoddisfacenti in quanto si risolvono in mere varianti di facciata, destinate ad offrire una risposta di natura soltanto rituale alle sollecitazioni risultanti dal messaggio presidenziale. Questo è vero non solo per quanto riguarda il mantenimento del potere del ministro della Giustizia di ricorrere ai tribunali amministrativi contro le delibere del Consiglio superiore della magistratura concernenti il conferimento o la proroga di incarichi direttivi negli uffici giudiziari, ma anche per quanto riguarda il farraginoso congegno dei concorsi per l'attribuzione dei suddetti incarichi. Le poche concessioni formali rispetto alla rigidezza di meccanismi concorsuali affidate a strutture esterne non bastano a restituire al CSM la pienezza dei poteri che la Costituzione gli attribuisce in materia di assegnazioni e promozioni dei magistrati».

Grevi conclude: «È davvero singolare che, invece di promuovere leggi idonee a far funzionare la giustizia applicata, si continui a dedicare tanto tempo ad una riforma di cui (così com'è) praticamente nessuno avverte la necessità».

Approvata con il voto di fiducia la riforma della giustizia

Un record: il 20 luglio 2005 il governo chiede per la trentesima volta il voto di fiducia sulla riforma della giustizia. Berlusconi dice: «È un primo passo, poi verrà la riforma del codice penale, ma è un passo importante contro i pubblici ministeri di sinistra». Invece Vittorio Grevi sul «Corriere della Sera» scrive: «È una riforma "contro" la magistratura, realizzata senza il necessario rispetto di quella esigenza di conformità con la Costituzione che la stessa Carta costituzionale aveva stabilito quale criterio guida in materia. La legge è stata approvata sulla base di modifiche che spesso accolgono solo in chiave elusiva i rilievi di incostituzionalità formulati a dicembre dal presidente Ciampi».

Dura la protesta dell'Associazione dei magistrati, e gli avvocati penalisti annunciano uno sciopero alla riapertura dell'anno giudiziario.

Come per la legge Gasparri, anche questa volta il presidente della Repubblica, per motivi istituzionali e per evitare complicazioni politiche, ha deciso di firmare la legge. La Costituzione prevede che dopo il secondo rifiuto il Parlamento può approvare definitivamente la legge.

Berlusconi indagato per i diritti televisivi e cinematografici di Mediaset

A metà febbraio 2005 la Procura di Milano chiude le indagini sulla compravendita dei diritti televisivi e cinematografici che riguardano 15 persone. Tra gli indagati c'è anche Silvio Berlusconi. Dalla testimonianza di Franco Tatò risulta che anche dopo la vittoria del 1994, quando è stato nominato premier del governo di centrodestra, Berlusconi ha continuato ad occuparsi della società. Ecco la dichiarazione di Franco Tatò che risulta nel verbale di interrogatorio del 17 dicembre 2003. «Sono entrato nel Consiglio di amministrazione di Fininvest nell'ottobre 1993. Nell'intenzione doveva essere un Consiglio di amministrazione che avrebbe dovuto reggere la società nella fase successiva all'epoca dell'ingresso in politica di Silvio Berlusconi. Poco tempo dopo venni nominato amministratore delegato. Nella sostanza la mia nomina serviva evidentemente a dare un segnale di rigore gestionale alle istituzioni finanziarie, principalmente le banche, nella fase di grande incertezza che precedette le elezioni del 1994. Dopo la vittoria di Berlusconi sostanzialmente non ci fu più bisogno di una figura come la mia, e il potere tornò in mano ai più stretti collaboratori di Berlusconi. Il Consiglio era tutto composto da persone legate da rapporti strettissimi con Silvio Berlusconi. Lui stesso, anche dopo l'ingresso in politica e per tutto il 1994, continuava a seguire in modo molto stretto le attività dell'azienda. Ognuno dei vertici delle operative aveva un rapporto diretto con Berlusconi, il quale in definitiva aveva l'ultima parola su tutte le questioni di una certa rilevanza. Naturalmente non era più presente ogni giorno sui singoli fatti di gestione dell'azienda, ma dal punto di vista sostanziale la sua capacità di influenzare le decisioni del Consiglio era rimasta intatta».

Alla domanda del PM: «Cosa sa delle modalità di acquisto dei diritti televisivi da parte del gruppo Fininvest?», Tatò risponde: «Era un'area assolutamente chiusa ed impenetrabile, gestita al livello più alto e che dava conto della sua attività direttamente a Berlusconi e non riferiva al consiglio di amministrazione».

Altra domanda: «Chi aveva rapporti con le major?». Risposta: «Anche qui c'era una situazione un po' misteriosa. C'era una persona che si chiamava Lorenzano che da New York teneva i rapporti con le case americane. Lorenzano aveva un rapporto diretto con Berlusconi e si conoscevano da moltissimi anni».

Dai verbali delle stesse indagini risulta che Livio Gironi, manager Fininvest, interrogato sul patrimonio di Berlusconi, ha dichiarato: «Ho saputo poi, a distanza di anni, che vi erano molte società nelle isole Vergini ed in altri luoghi di cui non avevo mai sentito parlare».

La Procura, chiuse le indagini, comunica alla difesa di Berlusconi che hanno venti giorni di tempo per presentare documenti, indicare nuove prove, dimostrare di non essere responsabili delle accuse. I difensori quindi sapevano che, trascorso il termine, ci sarebbe stata la richiesta del rinvio a giudizio.

Ma arriva il commento di Sandro Bondi, coordinatore

di Forza Italia: «La macchina della giustizia a Milano è in perfetto orario, precisa come un orologio svizzero». In altre parole Bondi si riferisce alla possibilità che il processo prosegua fino alla vigilia delle elezioni politiche del 2006. Commenta il «Corriere della Sera» del 27 aprile 2005 in un corsivo non firmato, quindi da attribuire al direttore: «L'argomento della "giustizia ad orologeria", l'onorevole Sandro Bondi ne converrà, rischia esso stesso di trasformarsi in una stucchevole litania, logorato dalla ripetitività con cui viene ribadito dagli esponenti del centrodestra. In questo caso, poi, in cosa consisterebbe la sospetta puntualità dei magistrati milanesi? Le elezioni regionali si sono appena concluse, quelle politiche sono attese tra un anno... C'è un giorno al riparo dei sospetti dell'onorevole Bondi? Non resta che chiedergli di indicare una data, una finestra temporale in cui i magistrati possano muoversi senza essere accusati di agire con tempismo svizzero. Abbia la cortesia l'onorevole Bondi di stabilire quei tempi e il "Corriere della Sera", per quanto gli è possibile, si impegna sin da ora a fare opera di convincimento con i magistrati affinché (eventualmente) inviino atti giudiziari o emettano sentenze solo nell'arco temporale indicato dal coordinatore di Forza Italia».

Le proteste dei magistrati contro gli insulti del ministro Castelli

Più volte l'Associazione dei magistrati ha approvato documenti sull'operato del ministro della Giustizia, Castelli, per le sue iniziative contro la magistratura e singoli magistrati. Tra le più gravi, riportiamo quella del 20 marzo 2005, approvata all'unanimità: «L'Associazione nazionale magistrati è stata più volte costretta a deplorare attacchi ai magistrati, giunti spesso al livello della denigrazione e dell'insulto. Nelle ultime settimane si è aggiunto un ulteriore motivo di gravissima preoccupazione. Il ministro della Giustizia, che all'inizio del suo mandato aveva dichiarato di volersi attenere alla regola di non commentare le decisioni dei giudici, è intervenuto ripetutamente e pesantemente sul merito di decisioni giudiziarie con la pretesa di farsi interprete del "sentimento popolare". In un ordinamento democratico, tutti hanno il diritto di commentare, in senso positivo o negativo, le decisioni dei magistrati e quando il dibattito si sviluppa nei limiti dell'esercizio della critica esso costituisce un arricchimento per la società e per la giustizia. Peraltro, nel difficile compito di applicazione della legge nel caso concreto, il magistrato deve poter decidere in piena indipendenza e serenità senza la preoccupazione di adeguarsi alla cultura e ai desideri del ministro. L'ANM sottolinea e ribadisce che al ministro della Giustizia la Costituzione attribuisce l'iniziativa disciplinare e proprio in ragione di ciò ogni intervento sul merito dei provvedimenti giudiziari è del tutto inappropriato e sconveniente».

Castelli rimuove il capo degli ispettori del Ministero

Il «Corriere della Sera» del 24 maggio 2005 scrive: «La rimozione di Giovanni Schiavon da capo degli ispettori del Ministero di grazia e giustizia non ha precedenti. Sarebbe stata comunicata venerdì scorso, senza alcun preavviso, con modalità irrituali e sbrigative: una telefonata di pochi minuti, in cui Castelli si sarebbe limitato a informare Schiavon che aveva perso il posto. Pochi minuti dopo, lo stesso ministro, con una seconda e altrettanto inattesa chiamata da Roma, avrebbe designato il successore: Arcibaldo Miller, l'ex PM di Napoli che faceva già parte dello staff degli ispettori.

Il ministro Castelli avrebbe motivato la rimozione di

Schiavon, nel breve colloquio telefonico con il magistrato, sostenendo che il governo Berlusconi si sarebbe sentito tradito da una firma che aveva contribuito a bloccare un discusso disegno di legge. Anche il capo degli ispettori, infatti, aveva aderito all'appello di 150 giuristi contro il progetto di riduzione delle pene per il reato di bancarotta fraudolenta. Il documento, pubblicato con un'inserzione sul "Corriere" il 3 maggio scorso, denunciava il rischio che lo sconto previsto anticipasse troppo la prescrizione e garantisse così "l'impunità" anche "per fatti di bancarotta di estrema gravità", come nei casi Cirio e Parmalat. Il disegno di legge era stato inserito, con un blitz a sorpresa in Commissione giustizia, nel testo originario del "maxi-emendamento sulla competitività", su cui il governo aveva posto la fiducia.

All'indomani dell'appello dei giuristi, firmato anche da decine di magistrati e avvocati di ogni tendenza, il ministro Castelli era stato tra i primi a prendere le distanze e ad annunciare il dietrofront: "Il governo s'impegna a ripristinare pene severe e adeguate per il reato di bancarotta".

Nonostante queste dichiarazioni, proprio il no alla riforma dei reati di bancarotta sarebbe l'unico *casus belli* citato ora dal ministro per motivare a Schiavon "il venir meno del rapporto di fiducia" da parte del governo. La precedente presa di posizione di Castelli, però, alimenta il dubbio che possa non essere questa la vera ragione dell'inatteso defenestramento dell'ormai ex capo degli ispettori».

La Corte Costituzionale: Berlusconi non può insultare i giudici

Nel 1999 Berlusconi in una intervista al «Corriere della Sera» aveva dichiarato, a proposito del processo a Dell'Utri, che i magistrati eseguivano ordini politici.

Berlusconi aveva detto: «I DS usano i magistrati a fini politici».

Un gruppo di procuratori di Palermo, tra i quali Caselli, lo denunciano, ma all'udienza preliminare del 17 gennaio 2002, dopo che la Camera aveva approvato l'insindacabilità di Berlusconi, viene prosciolto perché le sue dichiarazioni rientrano nell'ambito della critica politica. Ma la Procura di Milano aveva presentato ricorso contro il proscioglimento e la Corte d'Appello lo accoglie inviando gli atti alla Corte Costituzionale. A gennaio del 2005 i giudici della Consulta hanno dichiarato ammissibile il ricorso e in una prossima udienza dovranno decidere se affidare il giudizio su Berlusconi al Tribunale di Milano o se rispedire gli atti alla Camera dei deputati.

La sentenza Dell'Utri: Berlusconi ha perso l'occasione per dimostrare la sua correttezza di imprenditore

Nel 2002 i giudici del Tribunale di Palermo si recano a Palazzo Chigi per interrogare Berlusconi come testimone, ma il premier si avvale della facoltà di non rendere l'interrogatorio.

La sentenza di condanna di Dell'Utri a nove anni di reclusione dice: «Berlusconi ha esercitato legittimamente un diritto, ma si è lasciato sfuggire l'imperdibile occasione di fare personalmente, pubblicamente e definitivamente chiarezza sulla correttezza e trasparenza del suo precedente operato di imprenditore che solo lui, meglio di qualunque consulente o testimone e con ben altra autorevolezza e capacità di convincimento, avrebbe potuto illustrare. Invece ha scelto il silenzio».

Un bilancio sulla giustizia dopo quattro anni di governo Berlusconi

«Il Sole-24 Ore» del 30 marzo 2005 dedica una pagina ai risultati ottenuti dal governo Berlusconi. Si tratta di una ricerca dettagliata di Donatella Stasio che analizza i vari aspetti della politica sulla giustizia. L'articolo comincia con un raffronto: «Cinquantatré leggi in quattro anni. È quanto ha prodotto questa legislatura sulla giustizia: 13 leggi all'anno; una al mese. Più o meno come la precedente che, dopo quattro anni ne aveva sfornate 51. C'è una differenza, però: allora tutte le più importanti riforme sulla giustizia furono approvate con voto bipartisan; negli ultimi quattro anni, invece, a colpi di maggioranza. Non solo: allora il governo riuscì a realizzare la parte preponderante del suo programma già nel primo quadriennio, mentre l'attuale esecutivo ha finora realizzato solo un quarto delle riforme promesse ai suoi elettori (3 su 12).

Nella scorsa legislatura tra maggioranza e opposizione c'era un dialogo che non è decollato in questa legislatura; le leggi sono state spesso approvate da Camere semivuote, abbandonate dall'opposizione per protesta, e a volte sotto la minaccia di un voto di "fiducia" per evitare divisioni anche all'interno della maggioranza.

Grazie alle riforme bipartisan della scorsa legislatura, nel 2001 la giustizia civile riuscì a invertire la tendenza al progressivo aumento della durata dei processi, e nel 2002 il presidente della Repubblica Ciampi segnalò l'aumento di produttività dei magistrati; una rendita che il governo Berlusconi non è riuscito a incrementare, deludendo le aspettative dell'Europa alla quale aveva preannunciato misure (processo civile, fallimentare, processo telematico) finalizzate a un recupero di efficienza, per avvicinare la durata dei processi agli standard europei.

Paradossalmente le leggi che avrebbero dovuto recuperare efficienza e che hanno incontrato un consenso più ampio, come la miniriforma del processo civile e quella del diritto fallimentare, sono da tre anni insabbiate in Parlamento, mentre hanno tagliato il traguardo alla velocità della luce proprio le leggi più contestate e in controtendenza rispetto al recupero di efficienza e di legalità: le leggi *ad personam* come il falso in bilancio, le rogatorie, la legge Cirami, il Lodo Schifani. Una ogni anno, dal 2001. In media, ciascuna di *queste leggi* ha impiegato dai tre ai quattro mesi per essere approvata perché *c'era* un'urgenza processuale indifferibile».

La Camera cambia la legge ex Cirielli e Previti viene escluso dai benefici

Ai primi di novembre 2005 si verifica un colpo di scena: la maggioranza, ormai certa di approvare la ex Cirielli, la legge definita salva-Previti, viene bloccata alla Camera dall'UDC. Invano Berlusconi, Pera e altri esponenti della maggioranza tentano di convincere il partito di Casini a votare la legge senza cambiarla. Siamo in vista delle elezioni e i deputati dell'UDC vogliono evitare di essere coinvolti in una legge di parte. Presentano un emendamento e danno l'ultimatum alla maggioranza: o viene approvato il nostro emendamento o noi votiamo contro.

Il 9 novembre 2005 la Camera approva la legge che esclude dai benefici i processi pendenti e quelli di primo grado. Ora passa al Senato per il voto definitivo.

Previti durante il dibattito si è difeso dichiarandosi innocente. «Sono orgoglioso», ha detto, «di essermi dovuto confrontare con chi mi accusa e mi perseguita, si è trattato di una persecuzione politica certificata persino da questa Assemblea. Comunque vada, io non ho bisogno della legge di prescrizione, non la voglio per me, non voglio che venga accostata al mio nome. Si tratta di una legge giusta che interviene per riparare agli enormi guasti provocati dalla discrezionalità del giudice nel determinare i tempi della prescrizione. Ma poiché avrebbe potuto riguardare anche me si è trasformata nella peggiore delle leggi possibili. Il mio nome e il mio cognome lo porto in giro per l'Italia e per il mondo con fermezza e con orgoglio. Io sono innocente».

A nome dell'opposizione ha parlato Angela Finocchiaro. «La questione», ha detto, «non è se sia da salvare Tizio o Caio ma questa legge è una amnistia mascherata perché azzera migliaia di processi». E accusa il ministro della Giustizia Castelli per aver nascosto i dati sugli effetti della prescrizione. Critica poi la maggioranza per il suo doppio gioco: «con una mano negano i benefici a Previti (ma non a Berlusconi) e con l'altra approvano una legge suicida».

La legge sull'inappellabilità: un'altra vergogna

Con una legge approvata dalla Camera il 22 settembre i pubblici ministeri non potranno più ricorrere contro una sentenza di assoluzione. Il ricorso è ammesso soltanto per eventuali vizi di forma ed è anche prevista la retroattività.

Se verrà approvata anche dal Senato l'assoluzione in primo grado di Berlusconi nel processo SME diventa definitiva e potrà essere bocciata soltanto dalla Cassazione se si rilevassero vizi di forma.

Il procuratore di Milano Armando Spataro ha commentato: «È la desolante realtà che, al di là dell'immaginazione, riguarderà l'azione del pubblico ministero nel processo penale. L'organo deputato all'accertamento della verità viene posto in posizione di disuguaglianza assoluta rispetto all'imputato».

Con i soldi destinati al lavoro si pagano i ballerini brasiliani

Nell'Italia berlusconiana può accadere che una norma bocciata dal Parlamento venga approvata dal governo. E se i benefici sono destinati al comune di Catania, nella fattispecie al sindaco Umberto Scapagnini, medico di Berlusconi, tutto diventa comprensibile. Lo denuncia il «Corriere della Sera» del 21 agosto 2005: «Decreto salva-Scapagnini con i soldi dell'8 per mille. Il governo assegna a Catania 18 milioni di euro l'anno così il Comune potrà pagare i ballerini brasiliani». Tre giorni prima della decisione del governo il Ballet Opera Brasil aveva organizzato davanti al Consolato italiano di Rio de Janeiro un presidio contro il sindaco di Catania che deve al Ballet 298.000 euro per una serie di spettacoli. E così anche i librai di Catania che vantano crediti per 400.000 euro per i buoni-libro dello scorso anno potranno avere dal Comune i soldi. Si badi bene: i 18 milioni di euro concessi a Catania, secondo la legge, dovrebbero essere destinati «ai comuni che dal 1° luglio 2004 alla presente data abbiano avviato con esito positivo iniziative per la trasformazione a tempo indeterminato del rapporto di lavoro con i lavoratori socialmente utili».

Le denunce di Mancuso: le leggi personali, la mafia, gli ordini di Letta

Filippo Mancuso[7], deputato di Forza Italia e già ministro di Berlusconi, ha concesso una intervista a Radio Radicale denunciando situazioni davvero gravi. Ecco le sue parole.

Le leggi. «Sappiamo quante leggi sono state fatte a pro-

[7] Radio Radicale, 30 aprile 2004.

fitto unicamente dell'onorevole Previti; ebbene, questo fatto – già di per sé riprovevole, cioè l'esistenza di una legislazione fatta *ad personam* – cosa trova? Trova l'Epigono, il quale non soddisfatto che l'onorevole abbia le sue leggi salvacondotto, infierisce contro chi non è gradito all'onorevole Previti, vedi il caso del deputato Nitto Palma, il quale svolge il suo dovere politico non in funzione dei princìpi che enuncia, ma delle esigenze che la tenzone politica, il tornaconto miserabile del suo complice politico gli impone.

Vi è in Italia la Commissione antimafia: ebbene, il presidente di questa Commissione, il senatore Centaro, rifiuta sistematicamente un'indagine sul suo collegio elettorale infestato di mafia».

Gli ordini di Letta. «Ricordo ancora con raccapriccio e con vergogna quante volte nell'aula di Montecitorio ho sentito dall'onorevole Vito, capogruppo di Forza Italia, bloccare la dialettica e gli interventi di colleghi con questa frase, sempre la stessa: "Ha telefonato Letta e dice di no", un imperio provocatorio e disonesto sulla libertà dei parlamentari. Io ricordo Vito ripetere questa precisa frase – a me non l'ha personalmente detta perché gli avrei dato la risposta che avrebbe meritato. Letta non è parlamentare, è un privato cittadino, è un sottosegretario, la cui opera non appare mai, telecomanda e determina la funzione pubblica responsabile di livello costituzionale con una semplice telefonata perché trova il Vito di turno, il servo di turno, che trasmette l'ordine padronale.

Dove è la dignità, non dico personale, di costoro che non ne hanno, ma dove è la garanzia che la vita parlamentare e politica si svolga senza intrusioni di disonesti intermediari? Ecco il dramma del nostro Paese: questo è destinato a durare perché si sta istituzionalizzando l'abuso e, purtroppo, il regime della menzogna».

La Corte dei Conti: troppe consulenze

Vincenzo Apicella, procuratore generale della Corte dei Conti, nella sua relazione di apertura dell'anno giudiziario, ha fatto questa denuncia: «La moltiplicazione delle consulenze esterne è un fenomeno impressionante dello spreco di danaro. Nel 2003 questa voce è costata allo Stato circa 687 milioni di euro ed è da ritenere che nel 2004 siano ulteriormente aumentati. Spesso si tratta di fenomeni di palese inutilità e di casi di sospetto favoritismo con la conseguente sottovalutazione delle strutture, con un progressivo disseccamento della pubblica amministrazione».

Il sottosegretario alle Finanze, Daniele Folgora, rispondendo ad una interrogazione, ha dato alcune cifre sulle consulenze. Nel 2002 gli incarichi di consulenze del Ministero dell'economia sono stati 94 per una spesa complessiva di 832.753 euro. L'anno dopo sono lievitati a 3 milioni 47.787 euro, ossia una spesa triplicata.

Senato: censurata una interrogazione parlamentare

Il senatore Massimo Brutti del gruppo DS ha inviato al presidente Pera una lettera protestando per la manomissione di una interrogazione su un testo utilizzato come libro d'esame all'Università di Cagliari. Nel testo originale i firmatari giudicavano «spregevole» e «ripugnante» l'istigazione all'antisemitismo e all'odio razziale contenuta in quel volume. Nel resoconto parlamentare i due aggettivi sono stati sostituiti da «criticabile» e «intollerabile».

«Questo increscioso e vergognoso episodio di censura», scrive Brutti, «è avvenuto all'insaputa dei sottoscrittori che non hanno mai dato alcuna autorizzazione a simili modifiche. È scandaloso che la presidenza del Senato si assuma la responsabilità di dichiarare "criticabile" piuttosto che "spregevole" un documento antisemita e razzista quale quello cui si riferisce l'interrogazione».

Il «Corriere della Sera»: sulle nomine all'Antitrust Pera e Casini hanno sbagliato

Il 29 dicembre 2004, alla vigilia del nuovo anno, i presidenti del Senato e della Camera hanno nominato Giorgio Guazzaloca e Antonio Pilati commissari dell'Autorità antitrust.

Il «Corriere della Sera» in un breve corsivo in prima pagina, titolato *Grave insensibilità*, non firmato e quindi da attribuire al direttore, leggiamo: «L'Antitrust sta per subire una profonda trasformazione. Dovrà vigilare sull'attuazione della legge sul conflitto di interessi aumentando le proprie competenze. Ma, dovendo nominare due commissari scaduti da tempo, che scelte hanno fatto ieri i due presidenti delle Camere? Hanno designato l'ex sindaco di Bologna Giorgio Guazzaloca e Antonio Pilati, l'uomo che Forza Italia volle come commissario dell'altra Authority, quella per le comunicazioni. Pilati è l'inventore di molte delle soluzioni tecnico-legislative alla base della Gasparri. E ora, dopo aver ideato una legge pro-Mediaset, dovrà controllare se Silvio Berlusconi, dalla postazione di Palazzo Chigi, favorisca o meno le aziende di cui è proprietario. Il meno che può succedere è che Pilati se ne lavi le mani. Un rischio che i presidenti delle Camere avrebbero dovuto valutare con maggiore sensibilità».

Critiche anche dal mondo scientifico e culturale

Sabino Cassese[8] scrive: «È stata una scelta pessima. In primo luogo, l'ex sindaco di Bologna – le cui qualità umane sono ampiamente riconosciute – non risponde ai requisiti stabiliti dalla legge. Non è una "personalità", essendo noto fuori della cerchia locale solo per aver ricoperto la carica di sindaco di una città di medie dimensioni. Non ha una "alta e riconosciuta professionalità", essendo stato attivo solo quale operatore e solo nel campo del commercio. Non ha "notoria indipendenza", essendosi presentato ad elezioni locali in uno dei due schieramenti politici.

Anche l'altra persona prescelta, ex componente dell'Autorità per la garanzia delle comunicazioni, di cui tutti riconoscono la competenza tecnica nel settore delle comunicazioni, manca dell'ultimo requisito, quello della "notoria indipendenza" (attenzione: non "indipendenza", ma "notoria indipendenza"; la legge non richiede solo che si sia indipendenti, ma anche che si appaia tali).

La scelta dei presidenti delle assemblee è stata pessima per un secondo motivo. [...] Nel primo caso, si dà un contentino ad una persona che l'elettorato non ha scelto, compensandolo dei servizi resi in altro ufficio pubblico elettivo. Nel secondo si promuove con il passaggio da una autorità all'altra, creando una sorta di esperto in autorità indipendenti».

Mario Monti[9] in un articolo più tecnico osserva: «Le nomine, criticate soprattutto perché considerate piene di politica, colpiscono ancor più per il vuoto di politica che rivelano. Non paiono il risultato di uno sforzo teso

[8] «Corriere della Sera», 31 dicembre 2004.
[9] «Corriere della Sera», 3 gennaio 2005.

a individuare quanto il Paese può dare di meglio per competenza e indipendenza. Né segnalano l'intento di potenziare un'istituzione essenziale per una moderna economia di mercato. Ritengo che questo sia grave: per il valore della concorrenza, verso il quale si è mostrata disaffezione se non fastidio; per la parte politica che ha espresso queste nomine; per le alte personalità che le hanno effettuate.

L'Antitrust, in base ad una recente legge, dovrà occuparsi anche di conflitti di interessi di membri del governo. Vi è il rischio che questa funzione, importante ma non connessa alla missione istituzionale dell'Antitrust (Autorità garante della concorrenza e del mercato), appanni la percezione di indipendenza dell'Autorità nelle sue decisioni, anche nel campo proprio dell'Antitrust.

Chi fosse stato convinto che la politica della concorrenza vada salvaguardata, avrebbe dovuto in questo momento elevare, non abbassare la soglia nell'applicare in sede di nomine i requisiti di legge».

Antonio Pilati, due giorni dopo la sua nomina, in una intervista a «Repubblica», ha detto: «Con la legge Gasparri non ho vincoli di parentela. Certo. In questi anni ho sostenuto certe tesi nei miei saggi. Se qualcuno anche al governo li ha letti, la cosa mi fa piacere». Con questa dichiarazione Pilati ritiene d'aver smentito d'essere il "suggeritore" della Gasparri.

Aldo Grasso[10], in un corsivo dal titolo *Pilati, non faccia il Pilato e lasci l'Antitrust* sul *magazine* del «Corriere della Sera», scrive: «Credo di essere stato il primo ad avere segnalato che Pilati era il vero ispiratore della legge Gasparri. Ma Pilati all'Antitrust che ci fa? Dopo aver ideato una legge pro-Mediaset, dovrà controllare se Silvio Berlusconi dalla postazione di Palazzo Chigi favorisca o meno le aziende di cui è proprietario. Il me-

[10] Magazine del «Corriere della Sera», 13 febbraio 2005.

no che può succedere è che Pilati se ne lavi le mani. Ecco: lavarsene le mani, lasciare cadere tutto nel disinteresse. La vergogna non agisca più da spauracchio. A meno che, da quel galantuomo che è, lo stesso Pilati rinunci all'incarico e porga le dimissioni: dall'Antitrust, dalla superficialità dei presidenti di Camera e Senato, da quel mostro incombente che è l'indifferenza civile».

Nominato presidente dell'Autorità per le telecomunicazioni il segretario generale di Palazzo Chigi

Dario De Vico[11], vicedirettore del «Corriere della Sera», commenta: «Nel novembre del '94 i due presidenti delle Camere, Irene Pivetti e Carlo Scognamiglio, entrambi eletti nelle file del centrodestra, affidarono il timone dell'Antitrust a Giuliano Amato. Ieri gli attuali presidenti delle Camere, anch'essi di centrodestra, hanno scelto per guidare l'Autorità per le Telecomunicazioni il segretario generale di Palazzo Chigi, Antonio Catricalà.

Uno dei più stretti collaboratori del governo presiederà, dunque, la più importante delle Authority indipendenti. Se non è un ossimoro poco ci manca. L'Autorità garante della concorrenza ha saputo conquistare negli anni un crescente prestigio, è stato un protagonista scomodo della scena pubblica. Con Amato prima e con Giuseppe Tesauro dopo, l'Antitrust non solo si è fatto sentire sulle materie di sua competenza ma ha dato un decisivo contributo alla diffusione in Italia della cultura del mercato e della competizione.

Già nello scorso dicembre, però, i presidenti delle Camere avevano operato un primo vulnus nominando come commissari l'ex sindaco di Bologna Giorgio Guaz-

[11] «Corriere della Sera», 19 febbraio 2005.

zaloca, giurista alle prime armi, e Antonio Pilati, un esperto di telecomunicazioni molto vicino a Forza Italia e ispiratore della legge Gasparri. Ora, spostando Catricalà da palazzo Chigi hanno perso un'occasione per riparare. Vale la pena ricordare che nel frattempo è stata approvata la legge sul conflitto di interessi che ha assegnato all'Antitrust un compito aggiuntivo di grande responsabilità: vigilare sull'operato dei membri del governo. Controllare – ad esempio – che il presidente del Consiglio in carica non prenda decisioni che favoriscano uno dei principali gruppi industriali del Paese, Mediaset. È troppo sostenere che sarebbe stato meglio che a esercitare questo potere non fosse chiamato un uomo che lavora dal 2001 a palazzo Chigi?».

La sottosegretaria assume la figlia nella sua segreteria, stipendio 60.000 euro l'anno

Ancora una rivelazione di Gian Antonio Stella[12]. Elisabetta Casellati di Forza Italia, appena nominata sottosegretario al Ministero della sanità, nomina il suo capo della segreteria. E chi è? La figlia.

Scrive Stella: «Avvocato, docente universitario, parlamentare di Forza Italia dal 1994, donna combattiva sempre pronta alla pugna e premiata con una serie di incarichi istituzionali fino alla presidenza della Commissione Sanità (con soddisfazione di Farmaindustria, l'associazione delle imprese farmaceutiche, generosa nei versamenti registrati nei suoi confronti) e poi alla vice presidenza del gruppo azzurro al Senato, la Casellati non ha perso occasione, negli anni, per tirar fuori grinta e fantasia.

Il massimo, però, l'ha sempre dato sul conflitto di in-

[12] «Corriere della Sera», 15 febbraio 2005.

teressi. E una volta invitava la sinistra a non aver fretta perché la Casa delle libertà aveva cose più urgenti, un'altra tuonava che "la CDL ha dimostrato che il conflitto di interessi può essere risolto", un'altra ancora si compiaceva: "Noi governiamo solo nell'interesse dei cittadini". Va da sé che i suoi avversari, adesso, l'aspettano al varco. Con tre domande.

La prima: dopo la nomina a sottosegretario ha chiuso l'attività legale che l'ha vista impegnata fino all'ultimo, per esempio nella difesa di Stefano Bettarini contro Simona Ventura? La seconda: come mai non risulta ancora essersi dimessa dalla carica di amministratore delegato della società finanziaria ESA s.r.l., carica vietata dalla legge sul conflitto di interessi? La terza: è vero che la giovane Ludovica ha avuto al ministero un contratto di 60.000 euro l'anno, cioè quasi il doppio di quanto guadagna un funzionario ministeriale del 9° livello con quindici anni di anzianità?

Sull'assunzione a capo della segreteria di sua madre, Ludovica in una intervista al "Corriere del Veneto" spiega di avere tutte le carte in regola: "Ci ho messo dieci anni perché non mi chiamassero 'figlia di' e adesso non vorrei passare per quella aiutata da mammina. Può giudicarmi solo chi mi conosce sul lavoro e sa bene qual è la mia professionalità, guadagnata sul campo, dimostrata in ogni incarico che ho avuto"».

Il fratello e il figlio di Bossi assunti dal Parlamento europeo, stipendio mensile 12.750 euro

L'elenco ufficiale dell'Europarlamento del 10 gennaio 2005 pubblica la notizia che Franco Bossi, fratello del "senatur", e Riccardo Bossi, figlio primogenito, sono stati assunti presso il Parlamento europeo con la qualifica di assistenti accreditati. Lo stipendio mensile è di 12.750 euro, pari a 24 milioni e mezzo di vecchie lire, oltre ai benefici che hanno tutti i dipendenti del Parlamento. Prima di questa assunzione Franco Bossi gestiva un negozio di autoricambi a Fagnano Olona, mentre Riccardo, che ha 23 anni, è fuori corso all'università. Ma quelli della Lega, soprattutto il capo, non sono gli stessi che gridavano «Roma ladrona»?

Parlamento, la Lega fa lo scambio di coppie

È di nuovo Gian Antonio Stella che sul «Corriere della Sera» del 27 settembre 2005 rivela che i leghisti Maurizio Balocchi, sottosegretario agli Interni, e Edouard Ballaman, questore della Camera, hanno assunto le rispettive mogli.

«Una idea che i due ebbero subito dopo la vittoria elettorale del 13 maggio 2001, quando l'ondata liberale e liberista avrebbe dovuto spazzare il vecchio sistema clientelare del passato: perché non fare cambio delle mogli? Professionalmente, si capisce. E così, detto fatto, alla metà di giugno il neo sottosegretario agli Interni Maurizio Balocchi prese come collaboratrice Tiziana Vivian, da quattro anni signora Ballaman. E contemporaneamente, la stessa settimana, il neoquestore della Camera Edouard Ballaman arruolò nel suo ufficio di Montecitorio la signora Laura Pace, cioè la nuova compagna che a Balocchi, separato dalla prima moglie, avrebbe di lì a poco tempo dato un figlio di nome Riccardo».

3
Economia e lavoro

Ringrazio Paolo Leon, professore della Terza Università di Roma, per aver accolto l'invito ad aprire questo capitolo. Il breve "saggio" si occupa di Berlusconi come premier e come persona. Un'analisi tutta particolare.

Le conseguenze economiche del sig. Berlusconi

«Il titolo ricorda un intervento di Keynes sulle politiche economiche di Churchill negli anni Venti: non mi posso certo paragonare a Keynes ma, e questo è il punto, nessuno paragonerebbe Berlusconi a Churchill. Molti ritengono infatti che non bisogna dare alcun credito alle idee e alle decisioni economiche di Berlusconi, che è visto come il più anti-intellettuale dei politici italiani. Penso però che sia sbagliato sottovalutarne l'azione, solo perché il presidente del Consiglio guarda all'economia come alla somma dei profitti, dei fatturati, del potere di mercato degli imprenditori, indipendentemente da quali siano i mezzi per raggiungere quei fini. È allora utile classificare rapidamente i princìpi sui quali si fondano le posizioni economiche di Berlusconi:

1. Non c'è alcuna differenza tra profitto e rendita. Che i suoi utili dipendano dalla natura pubblica dei beni che ha in concessione (le TV, la radio, le banche, i giornali, ecc.) non rileva: l'importante è guadagnare, non come si guadagna. Se altri imprenditori non seguono questa

linea, è solo colpa dei loro scrupoli. Così, se questa filosofia dovesse portare ad un declino dell'economia del settore o del Paese, tanto peggio per il settore o per il Paese. Nella mente di Berlusconi, tuttavia, se ciascuno persegue il proprio egoismo il declino non si manifesterà e qualsiasi regolazione, norma, procedura che non porti alla massimizzazione del profitto (meglio, dell'utile) di chi se lo merita (e cioè di chi ha la minor quantità di scrupoli) riduce il profitto e perciò il reddito e la ricchezza del Paese.

2. La distribuzione del reddito è irrilevante. Che vi siano poveri e ricchi è naturale, ma se i ricchi sono sempre meno e i poveri sempre di più, è colpa dei poveri che "non si danno da fare", oppure che hanno troppi scrupoli. L'unica leva per cambiare la distribuzione è nella proprietà: come si acquisisce la proprietà è di nuovo irrilevante, ma l'unica regola economica da rispettare è che chi ha la proprietà è autorizzato a difenderla con ogni mezzo.

3. Questa idea della proprietà è tuttavia contraddittoria: se qualsiasi mezzo è lecito per acquisirla, nulla può proteggere la proprietà. Per Berlusconi, allora, i proprietari debbono potersi proteggere utilizzando il potere pubblico a proprio vantaggio. Lo Stato deve limitarsi a questa funzione di salvaguardia dei proprietari; tutto il resto dell'azione pubblica può essere sostituito dai privati, se non addirittura eliminato.

4. Se inquadriamo la sua azione in questo modo, dobbiamo riconoscere che Berlusconi non è né un caso particolare né una stranezza: semplicemente, si rivela un seguace della scuola di Public Choice. I miei colleghi di Scienza delle finanze si schermiranno e affermeranno che non si può assimilare Berlusconi a Buchanan o a Tullock, i fondatori della Virginia School of Economics. Eppure c'è più di qualche parentela».

Berlusconi seguace della scuola di Public Choice

«La scuola di Public Choice (d'ora in poi SPC) nasce dopo un soggiorno in Italia di Buchanan che, sia pure in ritardo, legge e assimila la lezione di Machiavelli. Tornato in patria, e osservando insieme con Tullock la somiglianza tra i comportamenti politici negli USA (la cui epitome, all'epoca, era Tammany Hall, la burocrazia centrale del Partito democratico) e le motivazioni al massimo profitto dell'imprenditore della teoria economica, pensò di applicare alla politica le "leggi" dell'economia. Nasce in questo modo la trasposizione delle regole del mercato (dove, secondo la SPC, nessuno è malato di scrupoli) alla politica, e questa è vista come una somma di interessi egoistici personali volti a massimizzare un qualsiasi indicatore di potere.

Indipendentemente dalla delega degli elettori, il politico opera a favore di se stesso e, pur nelle regole costituzionali, non avrà alcuna inclinazione a soddisfare l'utilità degli elettori prima della propria. Di passaggio, è bene ricordare che le "leggi" del mercato e i comportamenti individuali non determinano la dinamica dell'economia, se non in presenza di norme, consuetudini morali, simpatia per i deboli, giustizia, come fin da Adam Smith sappiamo.

Non si può certo negare che sia la politica sia l'economia siano pervase da istinti egoistici, da prevaricazioni, da asimmetrie informative: tutti fenomeni che gli economisti chiamano, appunto, fallimenti del mercato. Che però la vicenda economica e quella politica siano sempre il risultato dell'incontro tra volontà volte a nuocere gli altri per premiare se stessi, più che alla scienza, si avvicina alla paranoia.

Tuttavia, la forza di questa scuola è stata veramente impressionante, e sia la scienza della politica sia molti economisti, anche di vaglia, vi si appoggiano. Una buona parte della politica di Reagan si deve a questa impostazione teorica: essa implica che l'economia e la politica riposino sulle motivazioni di un estremo individualismo, che la misura del successo sia nel profitto e nel potere, che ogni potere sia impostato sullo stesso egoismo.

Le regole della destra classica – pareggio del bilancio, pareggio dei conti con l'estero, minimo debito pubblico – non possono costituire un ostacolo al raggiungimento e al mantenimento del potere. Non si può comprendere l'ammirazione del popolo americano per Reagan, se non si collega la fonte della sua azione al mito sociale del successo individuale, che una società di immigrati come quella USA ha utilizzato per unificare le diverse identità.

Bush senior è stato meno incline – forse meno geniale – di Reagan a superare le regole della destra classica, ma Bush junior ha perso ogni scrupolo. I neoconservatori, infatti, sono un epigono della SPC: ciò che è rilevante per Bush junior è il mantenimento del potere, e per farlo ogni mezzo è giusto, dal deficit pubblico alla svalutazione del dollaro, dal rapporto collusivo con le grandi imprese alla guerra, dal ridurre l'efficacia della divisione dei poteri fino – paradossalmente, ma logicamente – alla riduzione delle libertà individuali e alla umiliazione dei princìpi democratici (all'interno degli USA con il Patriot Act, all'estero con l'imposizione del proprio sistema di potere con la forza e la corruzione).

Tra l'altro, dalla SPC nasce anche una piccola branca di "economia della giurisdizione", dove il comportamento del giudice è visto dipendere dal suo egoismo, e in genere la divisione dei poteri è solo il risultato di un grande scambio politico tra individui assetati di potere».

Autoritarismo: Berlusconi più estremista di Bush

«Berlusconi è tutto questo, ma spogliato del potere imperiale degli USA, e tuttavia desideroso di coglierne almeno una quota. Non è la prima volta che l'Italia segue un alleato più forte, imitandone le strategie e, soprattutto, le tattiche. In altre epoche, il *burlesque* che ne seguiva sfociò in tragedia nazionale. Questo non sarà il caso di Berlusconi, ma i danni sono ben visibili. La divisione dei poteri – tra esecutivo e legislativo, e tra esecutivo e giudiziario – è per Berlusconi una deviazione rispetto alla sovranità popolare; e poiché questa sovranità si può ottenere con i mezzi giusti – dal monopolio della comunicazione alle norme che imbavagliano l'opposizione in Parlamento – è possibile giungere ad un potere personale quasi illimitato. Questa pulsione all'autoritarismo rende Berlusconi, allo stesso tempo, più estremista di Bush junior, ma anche molto meno efficace per i propri propositi. In campo economico, ad esempio, che le imprese di Berlusconi facciano ampi profitti non implica che l'Italia cresca ad un ritmo soddisfacente; se, poi, per far crescere l'Italia si segue Bush ampliando il deficit pubblico e quello estero, ma restando in Europa e rispettandone le regole – perché uscirne farebbe precipitare l'impalcatura della sua maggioranza –, si genera una contraddizione che cade sui redditi dei cittadini, mettendo in pericolo il consenso elettorale.

Da queste contraddizioni nasce l'impazienza – quasi fanciullesca – di Berlusconi, e le tensioni nella sua maggioranza. La differenza con Bush junior e anche con il pensiero della SPC, è che mentre negli USA il potere presidenziale può crescere, ma non dura più di due mandati, l'impazienza di Berlusconi con le regole della democrazia e con quelle dell'economia (anche di destra), si traduce in un'ulteriore spinta verso l'autoritarismo personale, visto come il mezzo per durare nel tempo, al di là di ogni ragionevole regola costituzionale. Ad esempio, rinnovando il proprio mandato con il premierato forte, ai danni del Parlamento e del potere giudiziario, per giungere alla presidenza della Repubblica, che a quel punto sarebbe modificata così da comprendere sia la funzione di governo sia quella di garanzia costituzionale.

Nulla impedisce a Berlusconi di perseguire un'ambizione di questo tipo, ma tutto congiura per perderlo, e quanto più si dimostra impaziente, tanto più rapida sarà la sua caduta. Ciò che impressiona, in questa contraddizione, è l'indifferenza di Berlusconi per l'economia del Paese; sembra quasi stizzito dal fatto che l'economia non risponde al proprio disegno: è vero che insegue il consenso attraverso la promessa della riduzione fiscale, ma poiché per lui (come per la SPC) il consenso si basa sul benessere dei singoli individui, non riesce a legare la ricerca del consenso con il benessere (l'interesse) generale, e inevitabilmente il consenso gli viene a mancare.

Esiste soltanto una possibilità di salvare capra e cavoli, per Berlusconi, ed è la ripresa economica europea, che accrescendo il benessere dei cittadini, sarebbe facile trasformare in consenso. Questo azzardo, però, è stato già tentato da Tremonti, nei primi tre anni della legislatura, e senza successo.

Non è detto che Berlusconi abbia già perso la sua partita. Finora, le sconfitte elettorali sono forse dovute più alle sue contraddizioni che al valore dell'opposizione. Anzi, nelle forze che si oppongono al presidente del Consiglio sono presenti molti che aderiscono alla SPC. L'idea di questa parte è che occorra recuperare l'elettorato perso da Berlusconi, utilizzando la sua stessa ideologia, ma depurandola delle esagerazioni, dell'arroganza, e delle pulsioni personali. Per questa parte, occorre maggiore sobrietà nei conti pubblici, privatizzare tutto ciò che è possibile, ridurre drasticamente il ruolo dello Stato, in particolare nel welfare (pensioni e sanità). Per far ciò, è necessario prendere un foglio dall'album di Berlusconi, e valorizzare al massimo la proprietà privata. In questo modo, si pensa anche di annullare l'accusa di comunismo da parte della destra, che si lega alla pretesa inclinazione della sinistra ad abolire, minacciare, ridurre la santità della proprietà privata. Poiché ormai oltre il 70% delle famiglie italiane ha la casa di proprietà e poiché il valore della proprietà è il maggior capitale nelle mani della stragrande maggioranza delle famiglie, questa sirena dovrebbe convincere gli elettori che la sinistra è veramente riformista.

È vero che Berlusconi ha avuto successo proprio su questo terreno: l'eliminazione della tassa di successione riguarda tutti i possessori di case, indipendentemente dalla loro ricchezza; il condono edilizio riguarda tutti coloro che hanno costruito abusivamente; il condono fiscale salvaguarda il patrimonio di chi l'ha acquistato con l'evasione. È passata l'idea che se Berlusconi ha avuto successo in quanto proprietario, ciascun proprietario, non importa quanto piccolo, avrà lo stesso potenziale di ricchezza di Berlusconi.

Anche se l'opposizione non l'ha denunciato, questo delirio piccoloborghese non dura, quando l'economia cessa di crescere. È vero che i valori immobiliari sono molto aumentati, e che perciò ciascun proprietario è più ricco: ma come avveniva per i nobili decaduti, i proprietari dovrebbero liquidare il patrimonio (ma dove andrebbero ad abitare?) per compensare la riduzione del loro reddito disponibile. Gli elettori hanno anche capito che le leggi di Berlusconi servono a proteggere le grandi proprietà (con la depenalizzazione del falso in bilancio, la liceità del conflitto di interessi, la delegittimazione del potere giudiziario), le grandi rendite, i grandi contribuenti e i grandi evasori: insomma, tutto ciò che è grande e perciò irraggiungibile dalle singole famiglie».

Leon conclude: «Dal riconoscimento di queste caratteristiche dell'economia del sig. Berlusconi è forse possibile costruire la credibilità di un governo di centrosinistra».

Un Paese che non ha più progetti

Per esaminare la politica del governo Berlusconi sull'economia abbiamo individuato i commenti degli esperti del settore, nonché i documenti più significativi. Trattandosi di argomenti tecnici il taglio è "giornalistico".

Giuseppe Turani in un editoriale su «Affari & Finanza» di «Repubblica» sostiene che, dopo due anni di governo Berlusconi, l'Italia non ha più progetti: «I dati sono quelli che sono e viene a cadere anche la divisione fra ottimisti e pessimisti. Nei primi mesi di quest'anno il passivo della bilancia commerciale italiana è arrivato a sfiorare quello messo insieme in metà del 2004. Servono commenti?

La produzione industriale a febbraio è sotto il 3% rispetto a quella di un anno prima. A riprova del fatto che la ripresa (se esiste) per ora è solo un sogno. I tagli delle imposte, come si era detto, non sono serviti assolutamente a niente. Il Paese è in una fase di stagnazione pesante. E soprattutto il Paese appare sperduto, senza una meta e senza traguardi da raggiungere. Si vive assolutamente alla giornata, ma con la sensazione che ogni giorno si perde qualche posizione nella grande competizione mondiale. E qui e là spuntano segnali allarmanti. Si scopre che un tale che fa jeans e altra roba giovane, ha 35.000 dipendenti in Cina e zero in Italia. Si scopre che un famoso fabbricante di scarpe, campione del made in Italy, non ha mai fabbricato una scarpa in Italia. Si scopre che una industria chimica italiana ha già tre stabilimenti in Polonia. Oppure che un'altra ditta (condizionatori e simili) nel giro di qualche anno ricaverà il 75% dei propri utili dagli stabilimenti cinesi.

Il Paese si muove senza un progetto, senza un disegno, e giorno dopo giorno diventa un po' peggio del giorno precedente.

Gli esperti di politica diranno forse che non è così, ma è molto probabile che dietro l'insuccesso della maggioranza di governo nelle elezioni regionali ci sia anche questo: e cioè la sensazione che poco a poco non siamo più il Paese di una volta (con le sue fabbriche e le sue certezze), senza però capire che cosa stiamo diventando. A questo si aggiunga che anche l'economia a breve, congiunturale, comincia a fare paura».

Sindacati confederali e ACLI contro la legge finanziaria 2005

La Finanziaria 2005 ha battuto ogni record: un solo articolo con 572 commi e ben 209 pagine, senza contare le tabelle allegate. Con tanti guasti: elargizioni clientelari, favoritismi, sovvenzioni e tagli, tanti tagli. Ed è compreso il taglio delle tasse proclamato ogni giorno, per alcuni mesi, da Berlusconi. Come vedremo, per gli stipendi bassi pochi vantaggi, per i benestanti e i ricchi tagli di rilievo.

I sindacati confederali e le ACLI denunciano i motivi della loro contrarietà alla Finanziaria 2005. «Non ci convince», dicono, «per ragioni di metodo e di merito. Le ragioni di metodo sono due: innanzitutto, per il terzo anno consecutivo, siamo di fronte ad un documento sostanzialmente "ragionieristico" che cerca di trovare le risorse per non sforare il tetto del 3% sul PIL richiesto dalla normativa europea. Le scelte più propriamente politiche – la famiglia, il lavoro, la ricerca e l'innovazione, il Sud, la cooperazione internazionale, la lotta alla povertà – o sono del tutto scomparse o fanno capolino con provvedimenti "spot" e non con misure strutturali di medio periodo.

È scandaloso che nella Finanziaria non si enunci una strategia puntuale contro l'evasione fiscale, né si prevedano controlli più severi per contrastare il lavoro sommerso. Mentre ancora una volta si riaffacciano condoni e una tantum.

Le ragioni di merito sono evidenti: innanzitutto il taglio fiscale va in una direzione sbagliata. Non siamo certo contro l'abbassamento delle tasse, ma ciò che sarebbe necessario è una riforma del sistema fiscale basata sul quoziente familiare, realizzando cioè un'equità orizzontale che oggi è del tutto sconosciuta. Siamo infatti di fronte ad una palese violazione di un principio costituzionale, in quanto le famiglie povere, numerose monoreddito e monoparentali, pagano in proporzione molte più tasse degli altri nuclei familiari.

La priorità del lavoro ha fatto capolino con le proposte di taglio dell'IRAP, ora rimesso in discussione almeno nella sua quantificazione. Per dare un segnale chiaro occorrerebbe finanziare il taglio dell'IRAP con una revisione della tassazione sulle rendite finanziarie o almeno con l'introduzione di un'unica aliquota di tutti i titoli di carattere finanziario.

Sul Mezzogiorno il monito del presidente Ciampi non sembra aver scosso una coalizione che ha sostanzialmente abbandonato al suo destino questa parte del Paese considerandolo molto spesso un peso a cui al massimo destinare qualche spicciolo. Invece il Sud è questione nazionale, è un'opportunità per ampliare il mercato interno delle imprese e farle crescere in modo tale da poter affrontare la competizione internazionale. Per di più il Sud è oggi l'unico giacimento di risorse umane per evitare che le imprese debbano, anche per vie illegali, attingere dal serbatoio dell'immigrazione.

Dalla Finanziaria i poveri sono scomparsi. Del reddito di ultima istanza, introdotto nella Finanziaria dello scorso anno, si sono quasi perse le tracce. Non c'è stata una revisione degli ammortizzatori sociali e l'insicurezza cresce. Serve una misura universalistica di lotta alle povertà, un reddito minimo di garanzia, per tenere dentro al circuito dell'integrazione chi è sempre più ai margini».

Il taglio delle tasse: «Trenta cappuccini al mese in più»

Eugenio Scalfari si chiede: la legge fiscale sulla diminuzione delle tasse è una svolta epocale? «Viene solo da ridere. E chi sono i beneficiari della svolta epocale? Le veline diramate dai saltimbanchi della manipolazione (ecco a che cosa serve avere il monopolio della TV, per chi non l'avesse ancora capito) affermano che gli sgravi sono concentrati sui redditi più bassi, e lo affermano con sicurezza assoluta. Danno le percentuali: chi ha minore reddito avrà sconti del 10%, chi sta appena un po' più in su avrà sconti dell'8 e poi, via via che si sale per la scala reddituale, la percentuale di sconto diminuisce fin quasi allo 0 per i redditi da capogiro. Tutto esatto. Ma quello che conta non sono le percentuali bensì le cifre assolute. [...] Uno sconto dell'8% su un reddito di cento equivale appunto a 8 euro; uno sconto del 4% su un reddito di mille equivale a 40 euro. Uno paga 8 euro di meno, l'altro, pur ricco, ne paga 40 di meno. È poco più di niente per tutti e due, ma la disparità si vede ed è grossa. [...] Naturalmente i poveri e i quasi poveri sono molti; i benestanti sono parecchi; i ricchi sono pochi e gli ultraricchi pochissimi. Cerchiamo dunque di capire a chi vanno quei 6,5 miliardi (4,3 nel 2005). Bisogna a questo punto guardare dentro alle varie fasce di reddito e vedere quanti sono quelli che ne fanno parte. Da reddito 0 a reddito di 40.000 euro l'anno il beneficio fiscale va da 0 a 40 euro al mese. I poveri non prendono nulla, per i quasi poveri e i meno poveri fino al ceto medio, che comunque fatica ad arrivare a fine mese, i vantaggi sono questi: da 0 fino a 40 euro mensili. Prendo la cifra massima: 40. Equivale a una modesta cena al ristorante per due persone. O a trenta cappuccini al mese in più. O a pagarsi un paio di medicine di quelle che lo Stato non pagherà più. Sapete quanti sono i cittadini compresi nella fascia da 0 a 40.000 euro di reddito? Sono il 75% del totale. Sapete quanta parte della manovra va a questo 75%? Un miliardo e 800.000 euro. Poiché le cifre non sono opinioni il risultato è il seguente: il 75% dei cittadini beneficia del 36% della manovra, mentre il 25% dei cittadini beneficia del 64%. Che ne dite? Che dice Follini che voleva concentrare quasi tutto sulle famiglie deboli? E Alemanno? Hanno perso la favella? Sono soddisfatti? Follini finalmente va al governo? Fini si spolvera la feluca perché la manovra è sociale? Un assegno da 6,5 miliardi per un terzo pagabile soltanto nel 2006, è ripartito tra la fascia debole e quella forte in proporzione del 36% agli uni e del 64 agli altri. Ma non vi vergognate? Avrei ancora parecchie altre cifre da snocciolare, ma l'essenziale per quanto riguarda gli sconti è questo».

Dopo dodici anni di attivo la bilancia dei pagamenti nel 2004 chiude in passivo

Giuseppe Turani[1], constata che la bilancia dei pagamenti è in passivo e il nostro Paese scende nelle graduatorie dell'Unione Europea: «Si può polemizzare finché si vuole sul declino italiano, ma i dati dell'ISTAT (o di altre fonti ufficiali) arrivano regolarmente a dire che al nostro Paese sta accadendo qualcosa di grave e

[1] «Affari & Finanza» di «Repubblica», 21 febbraio 2005.

di non propriamente positivo. E quindi si segnala la necessità di riflettere. Probabilmente non basta più la "scossa" invocata tante volte, e inutilmente, dal presidente Ciampi.

Ormai bisogna chiedersi un po' dove diavolo si vuole andare. Nel 1995, fatto uguale a 100 il PIL pro-capite europeo, l'Italia stava a 115, nel 2003, otto anni dopo l'Italia era a quota 107. Nello stesso periodo di tempo l'Irlanda è passata da quota 99 a quota 132.

Ancora: nel 2004 la bilancia commerciale italiana si è chiusa in passivo dopo dodici anni che questo non accadeva. Facile, dati i tempi, dare la colpa all'euro troppo forte e al dollaro troppo debole, situazione che penalizza le nostre esportazioni. Ma non è vero. Esaminando i dati si scopre che nei confronti dei Paesi extra Europa l'Italia ha chiuso il 2004 ancora con un attivo commerciale interessante. C'è stata invece un'autentica voragine nell'interscambio con i Paesi dell'area euro (che hanno la nostra stessa moneta come ovvio). Allora il cambio non c'entra. C'entra il fatto che in Europa abbiamo sempre meno cose da vendere, mentre gli altri riescono a rifilarci prodotti e servizi. Stiamo cioè diventando un'area marginale (e non molto interessante) dentro la stessa Europa. Come dire? Stiamo decadendo in casa nostra.

Siamo partiti per il 2005 con una previsione governativa di crescita del 2,1%. Subito contestata peraltro da chi aveva un po' di pratica di queste cose. Poi siamo scesi all'1,5, quindi all'1,3. Insomma doppia crisi. Di lungo periodo (gli italiani stanno diventando più poveri dentro l'Europa) e crisi congiunturale: il 2005 rischia di essere addirittura peggiore del 2004. Fare qualcosa, a questo punto, è davvero urgente».

E due mesi dopo in un editoriale dal titolo *I guasti dell'economia non gestita* Turani scrive: «Se qualcuno pensava di stimolare la domanda (e quindi la produzione) attraverso il taglio delle imposte, per ora questo non è avvenuto. Il pessimo risultato di questo primo trimestre 2005 (con la produzione sotto l'1,3% rispetto a quanto è avvenuto nell'analogo periodo del 2004) comincia a far pensare a molti che quest'anno la crescita dell'1% probabilmente non sarà raggiunta. Conviene dare un'occhiata alle ultime previsioni dell'"*Economist*" *poll of forecasters*, dove sono raccolte le opinioni di una dozzina di grandi banche di affari internazionali. Per l'Italia la previsione "media" per il 2005 è di una crescita dell'1%, dell'1,5 per il 2006.

La nostra economia è di fatto non gestita e tutto viene affidato al miracoloso effetto dei tagli fiscali e al solito stellone italiano. Cinque anni di fila di sfortuna sono tanti, si dice nei circoli governativi e prima o poi le cose cambieranno. Forse è bene ricordare che anche l'ipotesi "alta" dei banchieri più ottimisti assegna all'Italia una crescita complessiva di appena l'1,5%. Un po' poco, anche in questo caso, per mettersi a gridare "alla ripresa", e per festeggiare in piazza la fine della stagnazione».

E a maggio osserva che «con una certa dose di tardiva saggezza il governo ha tagliato praticamente a metà le sue previsioni di crescita per il 2005. Ha preso atto di una cosa che qui si va scrivendo da mesi. E cioè che nel mondo non c'era rimasto più nessuno a credere che l'Italia avrebbe conosciuto un aumento del PIL del 2,1%. Adesso la nuova previsione ufficiale è assestata sull'1,2 di crescita, e speriamo tenga.

In questo contesto, però, non si vedono scattare contromisure governative che abbiano una qualche possibilità di contrastare la congiuntura declinante. Arriverà il decreto sulla competitività, ma si tratta più che altro di un premio di consolazione per tutte le cose che non sono state fatte in questi anni e per le molte sbagliate che sono state messe in cantiere».

Aprile 2005: Unione Europea, Corte dei Conti e Banca d'Italia allarmate per il nostro deficit

Il commissario per gli Affari economici dell'Unione Europea, Joaquín Almunia, dopo aver previsto il deficit italiano al 3,6% nel rapporto con il PIL per il 2005, ha annunciato che presenterà alla Commissione un rapporto sull'Italia.

La Corte dei Conti lancia l'allarme e sollecita interventi correttivi; la Banca d'Italia denuncia che il debito pubblico è salito di 1465 miliardi con un aumento del 2,4% rispetto al dicembre 2004 e del 3,5% rispetto a un anno prima.

L'analisi della Corte dei Conti è allarmante: «Con riguardo alla crescita economica, l'incremento del prodotto interno lordo è risultato dell'1,2% in termini reali, ancora una volta assai distante dalle previsioni e particolarmente negativo rispetto ad altri Paesi europei: il Regno Unito (3%), la Francia (2,5%) e la Germania (1,6%) sembrano aver recepito prima e meglio gli impulsi derivanti da un più favorevole ciclo internazionale.

Anche le proiezioni per il 2005 e per il 2006 assegnano all'Italia una crescita del PIL inferiore all'1,5%, in un contesto europeo molto meno dinamico delle altre aree mondiali, ma comunque accreditato di una crescita media poco al di sotto del 2%.

L'indebitamento netto delle amministrazioni pubbliche ha superato i 40 miliardi di euro, collocandosi al 3% del PIL; la pressione fiscale, se misurata al netto delle imposte in conto capitale (-51,1%) ha mantenuto il livello del 2003».

Jonathan Hoffman, economista della Royal Bank of Scotland di Londra, commenta sul «Wall Street Journal» del 18 aprile 2005: «Con il suo modo creativo di fare i conti il governo di Roma sta giocando un gioco molto pericoloso. Gli italiani sono in conflitto con le autorità europee di contabilità».

L'«Economist»: l'Italia è il vero malato d'Europa

Alla fine di maggio 2005 l'Unione Europea diffonde dati sulla nostra economia davvero gravi. Il debito pubblico è sopra quota 105%, il disavanzo annuale aumenta, l'industria continua ad arretrare, rispetto al 2003 siamo scesi a quota 96, mentre Germania e Francia aumentano. L'«Economist» scrive: in Italia l'economia è stagnante, il mondo degli affari è depresso, le riforme moribonde. E le previsioni confermano gli allarmi: per il 2005 avremo il deficit a 3,6% e supererà il 4% nel 2006.

L'Europa boccia i conti dell'Italia

Il commissario agli Affari economici, Joaquín Almunia, ha comunicato al nostro ministro dell'Economia, Siniscalco, che il nostro disavanzo è balzato al 3,6% nel 2005 e sarà il 4,6% nel 2006; ed è molto preoccupante il livello del debito.

Il rapporto sui nostri conti passa ora al Comitato economico e finanziario che ha 15 giorni di tempo per valutarlo; poi la Commissione esaminerà il dossier e deciderà se è opportuno adottare una "raccomandazione", ossia la richiesta al governo italiano di intervenire sui conti pubblici.

«Il presidente del Consiglio dimostra di non avere un'idea di che cosa sia il "sommerso"»

A Bruxelles, dove nel luglio del 2005 partecipava a una riunione dei capi di Stato e di governo, Berlusconi ha dichiarato ai giornalisti: «Smettiamola di preoccuparci così tanto per l'economia: abbiamo un sommerso del 40%. Ma vi sembra che la nostra economia non tenga? Ma andiamo...».

Giorgio Ricordy, in un editoriale su «Nuova Economia Nuova Società», replica: «Dobbiamo registrare con estrema preoccupazione le difficoltà nelle quali si dibatte il governo nel compiere scelte che definire "urgenti" è ormai un blando eufemismo. E le esortazioni a non preoccuparci dell'economia giunte dal presidente del Consiglio aggravano la preoccupazione e suscitano allarme.

Indicare nell'esistenza di economia sommersa la ragione per la quale il Paese dovrebbe ritenersi al sicuro, risponde ad una logica perversa e distorcente che è proprio quella che ci ha ridotti a questo punto.

Il ragionamento di Berlusconi sembra, infatti, supporre che quel sommerso, anche se non emerge, comunque esiste e produce, e basterà, quindi, scoprirlo e farlo emergere perché lo stato dell'economia nazionale risulti quello che è, cioè solido e promettente e non quello che oggi appare: debole e in declino.

Il presidente del Consiglio dimostra di non avere un'idea di che cosa sia il "sommerso" e di non rendersi conto di quale sia l'effettivo stato del sistema produttivo nazionale». Poi Ricordy analizza le conseguenze del "sommerso".

Il rapporto allarmante del Fondo monetario internazionale: l'Italia arretra

Il rapporto del Fondo monetario del settembre 2005 è davvero preoccupante: anche nei prossimi anni l'Italia avrà gravi problemi economici. Siamo all'ultimo posto dei Paesi maggiormente industrializzati perché la crescita sarà nulla, pari cioè a zero, mentre nell'aprile scorso il Fondo aveva previsto uno sviluppo dell'1,2%.

Nel 2006 la ripresa dell'economia arriverà all'1,4%, ossia lo 0,6% di quanto previsto. L'FMI denuncia il "collasso" dell'export italiano e rilancia l'allarme per la caduta di competitività, causata da una caduta della produttività del lavoro e l'aumento dei costi di produzione. Il rapporto deficit-PIL italiano toccherà nel 2006 il 5,1% passando per il 4,3% nel 2005.

Sul debito le previsioni del fondo indicano un rialzo a quota 109,3% del PIL nel 2005 e 110,9% nel 2006 a fronte di stime del governo a 108,2% e 107,4%.

Perplessità della Corte dei Conti sulla regola del 2%

La Corte dei Conti ha voluto esaminare fino a che punto funziona la regola, introdotta nella Finanziaria del 2005, che fissa al 2% il limite massimo della spesa delle pubbliche amministrazioni. La conseguibilità dell'obiettivo è affidata alla stretta osservanza delle norme particolari che consente variazioni di spesa soltanto se vengono compensate. La Corte però non trae conclusioni positive: «Si può, in ogni caso, ribadire la perplessità sull'efficacia di strumenti di controllo di tale natura, almeno sotto il profilo della capacità di introdurre correzioni permanenti al profilo della spesa: l'introduzione di argini robusti (con l'estensione triennale della regola di contenimento e con il più rigido dimensionamento dei fondi generali di riserva) non elimina, infatti, la riserva di fondo, secondo la quale la tecnica dei tetti uniformi di spesa, pur sorretta dalla limitazione degli stanziamenti di competenza e di cassa, non è in grado di tradursi in una strutturale compressione degli oneri, restando uno strumento prevalentemente congiunturale. Un abbassamento permanente dei livelli di spesa richiederebbe un ben più complesso processo di riconsiderazione della legislazione di spesa vigente».

La cartolarizzazione: indecenti affari pubblici e privati

Per lo Zingarelli "cartolarizzare" vuol dire «trasformare crediti di banche, aziende ed enti pubblici in titoli negoziabili sul mercato». Recentemente si è esteso anche ai beni immobili. Una parola che incontriamo spesso quando leggiamo che lo Stato vende i suoi beni immobili ai privati. In Italia ha assunto un altro significato da quando lo Stato ha deciso che per fare cassa vende i suoi beni immobili.

Mario Pirani[2] nella sua rubrica spiega in termini comprensibili che cosa è la cartolarizzazione, ma anche quel che c'è dietro. Ci riferisce che Massimo Tesei, funzionario dell'INPS di Forlì, gli ha fatto un interessante racconto. Coincidenza, lo stesso giorno Corrado Augias nella trasmissione di Rai Tre parla dello stesso argomento e un esperto, suo ospite, rivela che quando lo Stato vende un immobile quasi sempre il prezzo lo fa chi compra.

Racconta il funzionario dell'INPS che un giorno otto ignoti personaggi si presentarono nel suo ufficio dell'INPS chiedendo di poter dare un'occhiata ai locali del palazzo in vista di un eventuale acquisto, ma uno degli

[2] «la Repubblica», 18 aprile 2005.

otto si lasciò scappare la notizia che la vendita era già avvenuta. Ma come era possibile che un istituto pubblico avesse ceduto la sua sede sociale per trasformarsi in affittuario? Pirani fa una indagine e viene a sapere che a Roma i palazzi venduti dai Consigli di amministrazione, nominati dal governo, sono 43 per una somma di 667 milioni 947.600 euro.

Pirani scrive: «Francesco Lotito, presidente del Consiglio di Vigilanza, mi spiega che lo scippo è avvenuto all'insaputa dell'organo di vigilanza e che riguarda non solo l'INPS ma anche i restanti enti previdenziali e probabilmente altri beni immobiliari dello Stato (ministeri, ecc.), che i Consigli di vigilanza dei tre istituti, con l'astensione o l'opposizione, hanno avanzato ricorso al TAR del Lazio perché valuti la dubbia legittimità del procedimento.

L'affare, il cui ammontare complessivo dovrebbe superare i 13 miliardi di euro (precisamente il corrispettivo del famoso taglio fiscale di Berlusconi), è stato denunciato dallo stesso Lotito in due audizioni, con scarso esito, alla Commissione lavoro della Camera.

L'INPS, per quelle che erano fino a ieri le sedi di sua proprietà, oltre ad accollarsi le spese di gestione anche straordinaria (restauri, ecc.) dovrà pagare un affitto salato pari a 52 milioni 217 mila euro all'anno, deciso dagli acquirenti, i quali hanno anche stabilito unilateralmente, al di fuori di ogni contrattazione, il prezzo di acquisto». Pirani conclude: «Resta solo da chiedersi perché di una simile indecenza si sia parlato così poco».

L'Eurostat rivede i dati dell'Italia sul deficit dei conti pubblici

Eurostat ha rivisto i conti italiani e li ha rialzati, portando al 3,1% il rapporto deficit-PIL per il 2003 e il 2004. A metà marzo l'Italia aveva notificato un deficit pari al 2,9% per il 2003 e al 3% per il 2004. Eurostat ha anche precisato che questa revisione è provvisoria e attende ulteriori informazioni dall'Italia sui conti pubblici, che potrebbero portare a un ulteriore rialzo del deficit per il 2001-2004.

La decisione Eurostat conferma i dubbi sulla correttezza ed affidabilità dei dati trasmessi dall'Italia alla Commissione (e dal Tesoro all'ISTAT), e conferma altresì che l'Italia ha superato il vincolo del 3% sia nel 2004 che – con ogni probabilità – nel 2003.

I sindacati della Polizia: le conseguenze dei tagli influiscono sulla sicurezza

Nella Polizia c'è disagio perché i tagli della Finanziaria compromettono molti servizi. In una inchiesta dell'«Unità»[3] i rappresentanti sindacali hanno denunciato alcuni problemi che possono compromettere la nostra sicurezza. Claudio Giardullo, segretario del SILP-CGIL, dice: «Il governo ha tagliato i cosiddetti consumi intermedi delle forze di polizia per un importo pari a 121 milioni di euro ed ha tagliato altri 30 milioni di euro dalle spese correnti del Ministero dell'interno, destinate soprattutto a rafforzare il poliziotto di quartiere ed il fondo antiterrorismo e anticrimine. Se la polizia potesse scioperare oggi sarebbe compatta in piazza».

Piero Colapietro, delegato sindacale del SILP-CGIL, aggiunge: «Da due, tre mesi le volanti girano 24 ore al giorno: sono usurate, hanno un chilometraggio eccessivo, più di qualche volta ci lasciano per strada. Non ci sono più i fondi per la manutenzione. Io personalmente la mattina devo caricare la batteria con i cavetti e più volte sostituisco le lampadine delle luci di posizione. Di tasca mia s'intende. Le officine non accettano buffi».

[3] «L'Unità», 8 dicembre 2004.

A Palermo è arrivata una circolare che dispone i tagli alla benzina e al gasolio.

Federico Squillaci del SILP-CGIL: «Siamo stati convocati dal direttore regionale della polizia di frontiera e ci ha comunicato che seimila ore di lavoro straordinario già fatte non verranno pagate. Gli addetti alla sicurezza per controllare tutto il porto di Palermo sono quattro; il porto di Augusta che deve controllare 3600 navi all'anno ne ha solo due».

Tommaso Delli Paoli del SILP-CGIL di Napoli: «Il Commissariato di Castellammare è formato da quindici unità e hanno una sola macchina e un solo computer».

A Padova è arrivata una circolare del Questore per avvertire che sono finiti i soldi per la manutenzione straordinaria e ordinaria. Su 480 ore di lavoro straordinario del 2004 ne sono state pagate 260.

Dati ISTAT del 12 maggio 2005: verso la recessione?

I dati ISTAT allarmano i politici e l'Italia, tranne Berlusconi. Ecco il comunicato: per il secondo anno consecutivo il prodotto interno lordo italiano è diminuito. Meno 0,5% tra gennaio e marzo rispetto al trimestre precedente, con tendenziale annuo che precipita dal +0,8 di fine 2004 al -2%, e la produzione industriale a marzo fa segnare una riduzione su base annua del 5,2%.

Incredibile la reazione di Berlusconi: «A marzo ci sono state le vacanze di Pasqua, non si può andare al mare e pretendere che il PIL cresca». Romano Prodi: «Non è vero quel che dice, questi dati sono stati già epurati, tengono conto delle giornate lavorative».

Eugenio Scalfari, nel consueto editoriale della domenica, osserva: «Adesso Berlusconi e Tremonti fantasticano di dare una spallata (parole loro) alla Commissione di Bruxelles e attribuiscono all'euro i guai provocati dalla loro insipienza. Dimenticano di dire dove sarebbe oggi la nostra economia già così disastrata se al posto dell'euro ci fosse stata ancora la lira. Dove sarebbero arrivati l'inflazione e i tassi di interesse. Dove si collocherebbe il tasso di cambio tra la lira e il dollaro, la lira e la sterlina, la lira e l'euro, perché la moneta europea sarebbe nata lo stesso anche senza di noi e la lira varrebbe più o meno ciò che vale la moneta libica, o quella argentina o quella messicana. È semplicemente vergognoso che queste verità siano nascoste da un'ondata di demagogia messa in piedi da "nani e ballerini"».

È quel che ripetutamente dice, naturalmente con linguaggio "istituzionale", il nostro presidente della Repubblica.

Ottobre 2005: per l'ISTAT l'Italia è molto più povera

I numeri sono impressionanti. Dicono che sono 2 milioni 674.000 le famiglie italiane che vivono in condizioni di indigenza; significa 7 milioni 588.000 persone, il 13,2% del Paese, rispetto al 10,8% dell'anno scorso. Con una enorme differenza tra Nord e Sud: al Nord è povero il 4,7% delle famiglie, al Centro il 7,3, al Sud il 25%, in pratica una famiglia su quattro.

Ecco in particolare come è distribuita la povertà. Nel confronto tra il 2003 e il 2004 a livello nazionale la differenza della povertà colpisce soprattutto le famiglie più numerose: quelle con 5 o più componenti passa dal 21,1% al 23,9%; per quanto riguarda le giovani coppie erano povere solo il 3,8%, ora sono salite al 5,4%; quelle con uno o due figli passano dal 9,1% al 13,9%. È povero il 15% delle famiglie con almeno un componente di oltre 65 anni.

Nuovo allarme della Corte dei Conti: l'Italia ha troppi debiti, ma dà il condono ai concessionari delle tasse

Il presidente Francesco Staderini, presentando il rendiconto generale dello Stato, ha citato dati allarmanti. Per il 2005 la Corte ravvisa un passivo tendenziale del 4% del PIL. Staderini ha detto: «Il Paese si dibatte in quella che appare ormai una recessione: le previsioni per il 2005 sono di una dinamica del PIL pari a zero o poco più. Comunque il 2006 sarà ancora più difficile per il rientro del disavanzo verso il 3% del PIL». Il procuratore generale denuncia: «Si vara un condono per i concessionari delle riscossioni. Dal governo mi aspetto una legge contraria. Io sono un perseguitato dal fisco come milioni di contribuenti ma ai concessionari si fanno i condoni. Ho ricevuto un avviso dall'Agenzia delle Entrate perché nel 2002 per un calcolo sbagliato avrei versato un acconto di 500 euro in meno; ma non c'era nessuna evasione, avrei regolarizzato tutto a novembre. In cinque anni, dal 2002 al 2004, i concessionari della riscossione hanno incassato il 5% circa dell'ammontare netto riscuotibile dei ruoli affidati nel quadriennio 2000-2003. Siamo dinanzi a una politica che di fatto indirizza le concessionarie a privilegiare non la riscossione coattiva bensì la gestione puramente amministrativa per le somme versate spontaneamente dai contribuenti a seguito della cartella di pagamento».

La legge Biagi sul lavoro

Al convegno delle piccole imprese della Confindustria che si è tenuto a Bari il 19 settembre 2005 il presidente del Consiglio ha ricordato quel che aveva detto al convegno di Parma del 2001, alla vigilia delle elezioni politiche: «In quella occasione, dopo aver ascoltato tutti i vostri interventi, vi dissi che il vostro programma, il programma di Confindustria venuto fuori dal congresso era il nostro programma». Il commento di Giuseppe Turani: «Ci vuole qualcuno che spieghi a questo governo che, di chiacchiera in chiacchiera, di taglio fiscale in taglio fiscale, stiamo finendo in recessione. Una recessione brutta e cattiva perché in Europa è solo nostra». E Danilo Taino del «Corriere della Sera»: «Essere la sola economia della zona euro in recessione non fa male tanto all'orgoglio. No, il vero guaio è che essere gli unici in recessione questa volta ci fa entrare in un territorio sconosciuto. È successo esattamente quello che era stato detto migliaia di volte prima dell'entrata in vigore dell'euro: se l'economia di un Paese non si apre e non diventa flessibile, le rigidità introdotte dalla moneta unica potrebbero strangolarla».

La legge sul lavoro è una legge ideata e voluta da Marco Biagi, ucciso dalle Brigate Rosse il 19 marzo del 2002, proprio per esserne l'autore. Ma il governo Berlusconi, come ha più volte ribadito Tiziano Treu, ministro del Lavoro nel governo Prodi, «ha operato una torsione troppo marcata verso la flessibilità esasperata e con poche regole».

Le critiche a questa legge sono numerose a cominciare da quelle tecniche. Il professore Francesco Liso (relazione del 20 gennaio 2004 alla Fondazione Brodolini) ha osservato: «In più punti appare redatta con una tecnica legislativa del tutto inadeguata, raramente giunta a questi livelli di approssimazione. In più punti il legislatore dà prova di non avere dimestichezza con la grammatica del diritto e, talvolta, con quella della logica. In alcune parti non fornisce sufficienti certezze alle imprese che avranno seri problemi di interpretazione. Ci sono molti punti di difficile comprensione ed aperti ad ogni soluzione interpretativa. Non saranno certamente sufficienti le circolari interpretative del Ministero a fare chiarezza e a dare tranquillità alle imprese.

È questa una stagione nella quale la protezione del lavoratore viene vista non più nella prospettiva tradizionale, con chiarezza portata a maturazione con lo Statuto dei lavoratori, cioè in una proiezione incentrata tutta sul controllo e sulla limitazione dei poteri datoriali di gestione del rapporto di lavoro. La protezione del lavoratore viene ora concepita, invece, come incentrata soprattutto sull'efficienza allocativa del mercato del lavoro».

Anche Tiziano Treu la critica: «Questa legge è stata ed è controversa non solo per il metodo ma anche per i suoi contenuti, soprattutto per quelle parti che introducono nel nostro ordinamento molti nuovi contratti di lavoro "flessibile": il contratto a progetto, il contratto a chiamata, la somministrazione di lavoro, il lavoro accessorio, il lavoro condiviso. Un aspetto critico, il più grave, consiste nella parzialità con cui è stata realizzata l'introduzione di nuove forme di flessibilità, che non è stata bilanciata con una previsione di adeguati strumenti di sicurezza. In coerenza con le indicazioni offerte dal modello sociale europeo, è fondamentale bilanciare l'aumento di flessibilità con nuove forme di tutela, diffuse per i vari tipi di lavoro, modulate in relazione alle loro caratteristiche e accompagnate da politiche attive del lavoro».

In una intervista di Oreste Pivetta[4], Luciano Gallino, professore di sociologia all'Università di Torino, autore del saggio *La scomparsa dell'Italia industriale* (Einaudi), valuta la legge del governo Berlusconi sul lavoro, premettendo che questa legge non può essere attribuita a Marco Biagi.

«Intanto lascerei stare il povero Biagi e la chiamerei legge 30. Hanno provato a metterla al riparo dalle critiche attribuendola al professore ucciso dai terroristi. In

[4] «L'Unità», 1 agosto 2003.

questa legge si esprime la debolezza del sistema delle imprese che, ormai incapace di innovazione e di reale invenzione nel campo dei prodotti e dei processi, punta sulla compressione del costo del lavoro che si ottiene cercando di utilizzare esattamente la quantità di forza lavoro necessaria in un certo momento del ciclo produttivo. Il lavoro a chiamata, il lavoro intermittente, le tante forme di part time, eccetera, quali che fossero le intenzioni dei proponenti la legge, servono a questo: rendere una quota della forza lavoro più adattabile alle esigenze del ciclo produttivo e alle variazioni dettate dal mercato o dal ciclo tecnologico.

Almeno un effetto razionalizzante questa legge l'avrà?

Ma è un aspetto che trovo particolarmente negativo: è una legge che dà una forma giuridica istituzionale a diversi tipi di lavoro precario, che altrimenti si potrebbe definire "poco dignitoso" o "povero di contenuti". Nel 1999, l'ILO, l'*International labour organization*, tenne la sua seduta plenaria a Ginevra, per discutere di un argomento: le travail decent. Cioè il lavoro decente, cioè il lavoro dignitoso, umano. L'ILO ha compiuto rilevazioni sia a livello Paesi sia a livello imprese per vedere quali sono Paesi e imprese che offrono tassi più o meno elevati di lavoro dignitoso... L'ILO ha definito il lavoro dignitoso attraverso una serie di parametri piuttosto precisi: la sicurezza dell'occupazione, la sicurezza del reddito, il riconoscimento delle proprie capacità professionali e altre cose del genere... Ebbene: una legge come la legge 30 con i suoi decreti attuativi nega quasi tutti i parametri dell'ILO.

Che non è un'organizzazione sindacale...

Appunto. Il bello è che si tratta di una organizzazione in cui sono rappresentati i governi, i sindacati, le associazioni padronali, un'organizzazione tripartita, sempre molto cauta. La legge 30 offre una copertura istituzionale, giuridica a quelli che secondo l'ILO sono lavori poco dignitosi, "indecenti"...

Il modello italiano rispecchia altri modelli stranieri oppure siamo all'avanguardia?

Siamo decisamente all'avanguardia... Anche se bisogna riconoscere che in un anno e mezzo il governo Raffarin s'è mosso a lunghi passi in direzione analoga, restando comunque indietro. Ormai si manifesta una linea europea, inaugurata dai governi Thatcher in Gran Bretagna, però l'Italia si piazza in testa al gruppo, raggiungendo il massimo di etichettature giuridiche di lavori sempre esistiti.

Quindi, in sostanza, il paesaggio non cambia?

Detto in modo un po' paradossale, prima c'era il vantaggio che il lavoro "indecente" non era legale. La copertura legale si rivelerà un errore anche per le imprese: aumentando il numero dei lavori precari dentro le aziende, ne soffrirà la qualità... Soffriranno l'organizzazione, la memoria aziendale, la stessa efficienza organizzativa.

Cioè, per produrre a costi più bassi si produrrà sempre peggio. Con un risultato: minor competitività.

Competitività che dovrebbe essere cercata attraverso la qualità del lavoro e una politica industriale che non esiste.

Le critiche alla rigidità del lavoro in Italia sono state assai diffuse, anche a sinistra...

S'è assistito all'adozione più o meno consapevole di certi canoni neo liberali o liberisti. Se si guardasse agli indici di rigidità della forza lavoro, ci si accorgerebbe che l'Italia già da alcuni anni è a metà della classifica. Il mercato francese tedesco o austriaco sono molto più rigidi di quanto non fosse e non sia quello italiano, con una produttività e un costo del lavoro molto più elevati. Quello tedesco intorno al cinquanta. Si preferisce rincorrere la Spagna o la Grecia o magari l'Irlanda e naturalmente la Gran Bretagna piuttosto che i Paesi che hanno una struttura industriale ben più robusta della nostra.

Altra motivazione della legge: fa emergere il lavoro nero. In questo senso può funzionare?

Esiste una legge per l'emersione del lavoro irregolare e dell'azienda irregolare. Se non ricordo male, a fine maggio i lavoratori che avevano fatto richiesta di emersione erano meno di quattromila. Le posizioni irregolari sul mercato italiano sono circa cinque milioni. La legge è stata un fallimento. Che questa nuova possa contribuire in qualche minima misura è possibile, ma che riduca il fenomeno in maniera significativa ritengo sia del tutto irrealistico, perché il lavoro nero continuerà a costare meno. La flessibilità italiana è stata quella del lavoro irregolare, come in altri Paesi peraltro... La caratteristica del lavoro irregolare è sempre stata la precarietà, l'intermittenza, la chiamata, il part time, il non avere orari, la mancanza di tutele sindacali. Questa legge ratifica tutto ciò, ma aggiunge dei costi, perché bisognerà pure pagare i contributi, pagare l'IRPEF. Flessibilità per flessibilità, uno si tiene quella vecchia.

Abbiamo letto della riforma previdenziale in Francia, dell'intesa sulla sanità in Germania. In Italia si discute in modo patologico di pensioni...

Un attacco diffuso allo stato sociale. I problemi esistono, la cosiddetta transizione demografica può imporre certe modifiche. È lecito che si parli di riforma delle pensioni, però bisognerebbe pur dire che in Italia il monte retribuzioni sul PIL è diminuito di sei punti in dieci anni e di altrettanto è diminuito il reddito disponibile alle famiglie. Il PIL si è ridistribuito a favore di altri redditi che non sono solo profitti, ma sono anche rendite, patrimoni e così via. Resta il fatto che la quota del lavoro sul PIL è fortemente calata come è calato il reddito disponibile alle famiglie. Poi si fanno i convegni lamentando la caduta dei consumi. Ma questa discesa incide anche sulle pensioni, perché se la quota di PIL destinato alle retribuzioni fosse di sei punti più alta, sarebbero più alti anche i contributi previdenziali. Il sistema pensionistico non è intangibile. Si dovrebbero però mettere sul tavolo tutte le carte, non solo quelle che fanno comodo.

L'atteggiamento così remissivo nei confronti del governo degli industriali si spiega solo con l'opportunismo politico?

Credo che ci siano di mezzo una notevole mancanza di cultura industriale e un'adozione acritica dei canoni liberisti. In Confindustria sembra si sia affermata la componente con la cultura più modesta, più provinciale, meno strategica, meno orientata ai grossi temi dell'economia contemporanea. Le richieste confindustriali per rilanciare la competitività e lo sviluppo, per fronteggiare le sfide della globalizzazione e le turbolenze dell'economia mondiale, fanno cadere le braccia: un po' più di flessibilità, una burocrazia statale più trasparente, qualche facilitazione all'export».

La flessibilità

È una delle parole nuove che compaiono nei periodi di trasformazione economica e sociale. Significa rendere variabili le caratteristiche, i tempi, i luoghi e le condizioni del lavoro. La prima conseguenza della flessibilità è la messa in discussione degli elementi di garanzia e di sicurezza dell'occupazione. Inoltre si allarga la forbice delle disuguaglianze e i salari dipendono dalla nuova organizzazione del lavoro. E nascono nuove forme di lavoro. Ecco le più importanti previste dalla legge 30.

Atipici. Sono i lavoratori collocati al di fuori dei rapporti di lavoro dipendente a tempo indeterminato.

Co.Co.Co. Sono i collaboratori coordinati e continuativi. Rappresentano l'area più estesa del lavoro atipico anche se sono lavoratori autonomi, senza vincoli di subordinazione. Svolgono sostanzialmente le mansioni di lavoratori dipendenti, senza avere garanzie e tutele. La legge 30 introduce il concetto di lavoro a progetto o di programma di lavoro per le collaborazioni coordinate e continuative.

Lavoro in affitto. Anche questo tipo di lavoro viene introdotto dalla legge 30. È la possibilità di essere dipendenti a tempo indeterminato di una società che fornisce forza lavoro, lavorando concretamente per un'altra impresa.

Lavoro interinale. È un contratto di fornitura di lavoro temporaneo da parte di un'agenzia a un'impresa che utilizza il lavoratore per un periodo di tempo determinato.

Lavoro a progetto. I contratti sono riconducibili a uno o più progetti di lavori gestiti autonomamente dal collaboratore in funzione del risultato.

Part-time. Lavoro subordinato a tempo parziale. Può essere di tipo orizzontale, quando la riduzione della prestazione lavorativa avviene rispetto all'orario giornaliero; di tipo verticale, con alcuni giorni lavorativi nell'arco della settimana o del mese; misto quando si verificano le due condizioni.

I Co.Co.Co., collaboratori coordinati e continuativi

Sarebbero 407.000, secondo l'Istat nel 2004, 800.000 secondo il CNEL, oltre due milioni secondo altre stime. Quanti di questi lavoratori hanno cambiato qualifica? Non esistono dati ufficiali. Secondo il professor Gallino, nella realtà non è cambiato quasi nulla. E nulla cambia per quei Co.Co.Co. usati come paravento per mascherare rapporti di lavoro dipendente. Ciò che si può confermare, tabelle ISTAT alla mano, è che almeno nel 50 per cento dei casi i contratti di collaborazione nascondono un rapporto di lavoro subordinato. Molti Co.Co.Co. sono stati costretti a trasformarsi in finti autonomi, ossia sono ancor più precari di prima.

Quella dei Co.Co.Co. è una figura contesa tra coloro che l'hanno considerata uno strumento, migliorabile, per aumentare l'occupazione ed introdurre elementi di flessibilità nel rigido mercato del lavoro italiano, e chi invece l'ha sempre aspramente criticata non solo per gli indubbi caratteri di precarietà, ma più complessivamente per un rifiuto aprioristico di quegli stessi elementi di flessibilità sopra indicati.

L'ISTAT smentisce Maroni

Alessandro Genovesi, sulla base della relazione trimestrale dell'ISTAT sul mercato del lavoro, smentisce la teoria del governo che ritiene finita l'epoca del lavoro a tempo indeterminato.

I numeri dicono che, pur in un rallentamento vistoso della crescita occupazionale (e con un aumento delle espulsioni soprattutto dalle grandi fabbriche), nel gennaio 2004 l'offerta di lavoro ha avuto un aumento, in confronto allo stesso mese del 2003, dello 0,3% (+76.000 unità).

La domanda è d'obbligo: allora questo lavoro a tempo indeterminato non è poi così costoso per le aziende, come ci dicono Sacconi e Confindustria? E il vecchio part-time non aveva bisogno di sostanziali peggioramenti se da 5 anni a questa parte cresce come tipologia di lavoro, con ritmi superiori alla media? E la liberalizzazione del contratto a termine non ha portato alla nascita di milioni di posti di lavoro in più, come giurato da Maroni?

«Il nuovo lavoro è sempre più nero»

È il titolo dell'inchiesta di Angelo Faccinetto[5] sui risultati della legge Biagi. I dati disponibili dicono che è cresciuto il lavoro nero. Secondo l'ISTAT negli ultimi due anni l'incremento del lavoro nero è stato dell'1%, mentre per lo SVIMEZ dell'1,9%. Non a caso all'aumento della popolazione attiva è corrisposto un calo dell'occupazione ufficiale a fronte di un aumento assai contenuto dei posti di lavoro.

Nel 2003 i dipendenti con contratto a tempo parziale sono diminuiti di 71.000 unità, un crollo rilevante perché nel complesso i lavoratori part-time sono circa un milione. Nel 2004, è vero, c'è stato un parziale recupero, ma la crescita si è fermata a 24.000 unità. Anche per l'apprendistato, che in base a una nuova legge è destinato a scomparire, è in diminuzione. Insomma, le nuove forme di lavoro non hanno avuto i risultati che si prevedevano. Tra l'altro non sono adeguate alle esigenze economiche delle imprese perché troppo costose, dovendo gestire fino a 49 diversi tipi di contratto dentro una stessa azienda.

«La legge Biagi», afferma Raffaele Bonanni della CISL, «non ha stravolto un bel nulla per il semplice motivo che i nuovi strumenti introdotti hanno una incidenza infinitesimale. Mentre il vero scandalo degli ultimi anni, i Co.Co.Co., dipendenti mascherati e senza diritti, non viene neanche affrontato».

Franco Chiriaco, segretario della FLAI-CGIL, il sindacato dei lavoratori dell'agricoltura e dell'industria alimentare dice che sono il 90% i lavoratori precari del totale: «Siamo arrivati al punto che interi settori industriali vivono e prosperano grazie al lavoro dei precari. È una realtà spesso ignorata dai grandi mezzi di informazione».

[5] «L'Unità», 27 marzo 2005.

Lavoro flessibile: le soluzioni per tutelare i precari

Bruno Trentin, in un suo recente libro, si è occupato del problema: «La rapidità e la frequenza dei processi d'innovazione con la conseguente obsolescenza delle conoscenze e delle competenze, impone un uso flessibile delle forze lavoro e una grande adattabilità del lavoro agli incessanti processi di ristrutturazione. I mutamenti possono avvenire in due modi: o con una riqualificazione costante del lavoro e una mobilità sostenuta da un forte patrimonio professionale, oppure con un continuo ricambio di mano d'opera. Il secondo è il metodo seguito dal governo di centrodestra, che ha così snaturato la flessibilità possibile, introducendo una sorta di diaspora nei rapporti di lavoro, senza diritti e tutele. Una persona oggi non può aspirare ad essere occupata per tutta la vita in uno stesso posto di lavoro. Ma può aspirare ad avere una professionalità sicura. Il che vuol dire una professionalità che cambia continuamente, un aggiornamento continuo delle proprie conoscenze. Vuol dire che cambierà lavoro, ma non perderà in termini di capacità professionale, non perderà del lavoro, sarà sempre impiegabile. La competizione si svolgerà sempre più fra chi avrà un maggior numero di cervelli nei posti di lavoro e di cervelli capaci di risolvere problemi».

4
L'informazione

Il 12 aprile 2002, neanche un anno dopo la sua nomina a premier, nella conferenza stampa a conclusione della visita ufficiale in Bulgaria, Berlusconi dice: «L'uso che Biagi, Santoro e Luttazzi hanno fatto della televisione è stato criminoso». Un giornalista gli chiede: «Questo significa che non devono lavorare più alla RAI?». Risposta: «Vuole dire che ove non cambiassero... non è un problema *ad personam*. Ma siccome non cambieranno...». Perfino «Il Foglio» di Giuliano Ferrara condanna questa dichiarazione: «Un errore politico e un abuso di potere, Berlusconi rischia di compromettere la sua carriera politica».

Anche Baldassarre, presidente della RAI, non è d'accordo: «Biagi e Santoro restano, i desideri di Berlusconi sono politici e rimangono confinati a quel livello». E Gian Antonio Stella ricorda che "Sua Emittenza" aveva esordito giurando che in RAI non avrebbe spostato una pianta: «Mai mi occuperò di cose televisive, per non dar l'impressione di voler favorire i miei affari. Non compirò mai un gesto che possa avvantaggiare gli interessi del mio gruppo».

Un fatto clamoroso, lesivo della libertà d'informazione, che per alcuni mesi ha provocato polemiche e proteste. È intervenuto anche il presidente della Repubblica: «La qualità dell'informazione televisiva è garantita dall'alta professionalità dei giornalisti, ma deve essere assicurata dall'autonomia editoriale». Un esplicito richiamo anche ai responsabili della RAI.

La prima reazione di Biagi nella sua trasmissione *Il*

Fatto: «Signor presidente Berlusconi dia disposizione di procedere, perché la mia età e il senso di rispetto che ho per me stesso, mi vietano di adeguarmi ai suoi desideri. Sono ancora convinto che in questa nostra Repubblica ci sia spazio per la libertà di stampa. E ci sia, perfino in questa azienda che, essendo proprio di tutti, come lei dice, vorrà sentire tutte le opinioni. Perché questo, signor presidente, è il principio della democrazia. Sta scritto, dia un'occhiata alla Costituzione».

Fatte le nomine dei nuovi direttori della RAI, ovviamente da Berlusconi o quanto meno con il suo consenso, il 23 giugno il direttore generale, Saccà, e Fabrizio Del Noce, direttore di Rai Uno, da Cannes, comunicano il nuovo palinsesto dei programmi, ma non figurano i nomi di Biagi e Santoro; inoltre le giornate e gli orari delle due trasmissioni vengono assegnati ad altri.

Intervistato a Siviglia, dove c'era una riunione dei capi di Stato e di governo dell'Unione Europea, Berlusconi ha detto: «È abbastanza comprensibile che quando subentra una nuova gestione, arrivi anche una nuova linea editoriale. Ci saranno anche programmi come quelli di Biagi e Santoro, affidati ad altri conduttori». I giornalisti gli ricordano le parole pronunciate a Sofia quando disse che la nuova dirigenza della RAI non avrebbe più dovuto lasciar fare a Biagi e Santoro un uso criminoso della televisione. Il premier recita la solita risposta: «Non ho fatto nessuna lista di proscrizione, è la disinformazione e la manipolazione dei giornalisti di sinistra che mi attribuiscono cose non dette».

Santoro fa causa alla RAI e la sentenza del giudice ordina la riassunzione con un incarico di prestigio pari a quello che aveva. Nel frattempo il giornalista si candida al Parlamento europeo e diventa deputato. Nell'ottobre del 2005 si dimette da deputato e ritorna alla RAI.

Ciampi: difendere la libertà d'informazione

Questo capitolo comincia con l'episodio di Sofia perché lo riteniamo emblematico dell'attuale situazione dell'informazione italiana. Se il presidente della Repubblica, nel 2002, nell'unico messaggio inviato alle Camere esorta a tutelare la libertà d'informazione e se lo stesso presidente, in ogni opportuna occasione, ritorna sull'argomento, vuol dire che questa libertà non gode buona salute. Il richiamo è rivolto soprattutto alla RAI, il servizio pubblico che dovrebbe offrire ai cittadini una informazione che, come ribadisce Ciampi, «è garanzia fondamentale del pluralismo dell'imparzialità dell'informazione e costituisce lo strumento essenziale per la realizzazione di una democrazia compiuta».

Il presidente, dopo aver ricordato la Costituzione e le varie decisioni della Corte Costituzionale e della magistratura, ha richiamato anche le direttive dell'Unione Europea. «Nel preparare la nuova legge», ha detto Ciampi, «va considerato che il pluralismo e l'imparzialità dell'informazione, così come lo spazio da riservare nei mezzi di comunicazione alla dialettica delle opinioni, sono fattori indispensabili di bilanciamento dei diritti della maggioranza e dell'opposizione. La nuova legge dovrà trovare coerente tutela dei minori, troppo spesso non tenuta nella dovuta considerazione nelle programmazioni delle emittenti televisive».

Insomma, il messaggio contiene indicazioni che dovrebbero essere recepite, e conclude: «Ho voluto sottoporre ai rappresentanti eletti della Nazione queste riflessioni, perché avverto che sta a noi tutti provvedere per il presente e, al tempo stesso, guardare al futuro, prefigurando e preparando con lungimiranza un sistema di valori e di regole che salvaguardi e sostenga la vita e l'azione delle nuove generazioni».

Ciampi ai giornalisti: «Lavorate sempre con la spina dorsale dritta»

Il presidente Ciampi, ricevendo al Quirinale i giornalisti vincitori dei premi Saint-Vincent 2004, ha voluto richiamare l'importanza della RAI come servizio pubblico. Ha detto: «Qualunque sia in futuro l'assetto aziendale, la RAI deve conservare, rafforzare e migliorare sempre più la sua attività di servizio pubblico nei contenuti editoriali e culturali, nell'informazione, nello stile e in linea con le indicazioni dell'Unione Europea sui servizi pubblici radiotelevisivi». Ai giornalisti ha raccomandato: «Lavorate sempre con la spina dorsale dritta e ascoltando la propria coscienza».

Il richiamo di Ciampi ha avuto grande rilievo nei giornali. Aldo Grasso[1] scrive: «Se il presidente della Repubblica ha sentito il bisogno di ricordare alla RAI la sua missione di servizio pubblico significa che non è soddisfatto di come oggi viene svolta questa delicata funzione. Le parole di Ciampi giungono a proposito perché mai come adesso la nozione di servizio pubblico appare sfilacciata e scolorita. [...] Si fa molta fatica, invece, a ritrovare sui canali della RAI i tratti distintivi del servizio pubblico: difficile trovarli il mattino, difficile trovarli il pomeriggio con quegli insulsi e insultanti programmi di chiacchiere e pettegolezzi, difficili trovarli la sera fra *I raccomandati* e il caso Cogne. [...] Ci serve un concetto moderno di servizio pubblico. Non una RAI pedagogizzante e minoritaria (specie se privata) ma una rete d'eccellenza, al di sopra delle parti, capace di confrontarsi con scenari mediatici internazionali (per compensare la "frattura digitale": ai ricchi i programmi migliori sulle Pay TV, ai poveri la spazzatura), ironica e divertente, che esprima uno stile, un'im-

[1] «Corriere della Sera», 14 dicembre 2004.

pronta, un garbo, una linea editoriale. Se possibile, a schiena dritta».

Lucia Annunziata si dimette da presidente della RAI

«Alle 12,10 del 4 maggio 2004», scrive Lucia Annunziata in un comunicato, «con meno di tre ore di preavviso, a spregio dunque di ogni regola di diritto societario, il direttore generale ha proposto al Consiglio una serie di nomine chiave per la gestione dell'azienda e di sue società consociate. Queste nomine, inviate in 18 pagine scritte a mano, a testimoniare la fretta e la mancanza di ogni rispetto di iter aziendale, stravolgono completamente il profilo dell'azienda, rendono chiari i condizionamenti esterni e di fatto eliminano ogni pluralismo interno.

Sono nomine che ratificano il progetto di occupazione della RAI, non a caso dopo l'approvazione della Gasparri e dopo una intensa campagna di delegittimazione della presidenza di garanzia, da mesi schiacciata sotto la maggioranza di 4 contro 1, passata anche per attacchi personali e minacce al presidente. Questo è l'ultimo atto di una organizzata campagna di maggioranza, teso al controllo pieno del servizio pubblico. Tutto il potere è ora concentrato nelle mani di pochi fedelissimi. Il Consiglio di amministrazione si è trasformato in una buca delle lettere nella quale vengono ratificate decisioni prese in luoghi altri che non quelli aziendali».

È passato un anno dalle dimissioni di Lucia Annunziata. In questi mesi in RAI si è visto di tutto: assunzioni ai vertici, incarichi incredibili, soprusi e finanche censure televisive. Il Consiglio di amministrazione non ha sentito il dovere di dimettersi: ha continuato a fare e disfare. Ha ignorato finanche le parole del presidente della Camera Casini, che nell'incontro con i giornalisti parlamentari, in occasione delle feste natalizie, ha detto: «È lapalissiano dire che questo Consiglio ha cambiato connotazione dato che non c'è più un presidente di garanzia. Intervenire ora che siamo stati opportunamente spogliati del potere di nomina sarebbe una interferenza».

La risposta del ministro Gasparri: «Il Consiglio agisce in piena legittimità e non sono scaduti i termini della nomina». E il direttore generale della RAI, Flavio Cattaneo, ha detto d'essere rimasto stupito dalle parole del presidente della Camera.

Il colpo di mano di Cattaneo: nominati 43 nuovi dirigenti

Aldo Fontanarosa[2] racconta: «È con calma notarile che i consiglieri della RAI e il direttore generale Cattaneo hanno votato ieri 43 nuove nomine dirigenziali, tra cui il leghista Ferrario alla guida di Rai Due. Un lavoro rapido, meticoloso. Fuori tutt'intorno, esplodeva un caso politico tra i più eclatanti, le dimissioni del presidente della RAI. Prima ancora della riunione formale del Consiglio, Cattaneo ne aveva già celebrate due informali, ufficiose, dove si sono risolti alcuni problemi.

Si è sfiorato anche, per la verità, un serio incidente diplomatico. Lunedì sera il direttore generale ha stilato la lista delle nomine insieme a due soli consiglieri, il sociologo Alberoni e il forzista Petroni. Non c'era Giorgio Rumi che l'ha presa molto male. Poi la rottura con Rumi è stata ricomposta. Forse un altro Consiglio RAI, di fronte alle dimissioni del presidente, si sarebbe fermato. Annunziata era stata nominata dai presidenti delle Camere. Invece questo Consiglio ha tirato diritto, incitato dai suoi sponsor politici».

[2] «la Repubblica», 5 maggio 2004.

Berlusconi non si controlla e il «Corriere» titola: *Cavaliere non esageri*

Aldo Grasso scrive: «Il Cavaliere si è presentato in televisione per dire che non accetta mai un confronto televisivo con l'opposizione, che pretende le scuse da chi lo insulta, offeso per essere stato paragonato a Saddam Hussein, a Peron o a qualche altro dittatore dello Stato libero di Bananas. La TV la guardiamo anche noi e tutto questo odio contro di lei c'è sfuggito. Sì, su Rai Tre resiste qualche sacca di dissenso, ma robetta. L'incontro tra Fabio Fazio e Marco Follini era un idillio. Serena Dandini punzecchia, infastidisce, Corrado Augias usa il fioretto. Le battute più pesanti contro di lei le abbiamo sentite a *Zelig* ma lì, se non andiamo errati, è casa sua, pensavamo fosse tutto concordato.

È sicuramente colpa della febbre se Berlusconi ha avuto le visioni. "*Ho visto e sentito una serie infinita di calunnie. Dicono che le TV sono controllate dalla nostra parte politica. È esattamente vero il contrario, perché l'85% dei giornalisti, ho visto i nomi della RAI, sono iscritti a sindacati di sinistra*". Ha visto e sentito cose che noi umani non riusciamo nemmeno a immaginare (e ha avuto persino tempo di consultare le iscrizioni al sindacato).

"*Quindi*", ha proseguito imperterrito, "*noi siamo di fronte esattamente ad un'informazione su tutti i mass media, giornali e TV, che è contro il governo e la sua politica. I signori dell'opposizione osano ribaltare anche in questo caso la realtà. Proprio in queste settimane ho sentito con le mie orecchie dire che c'è un problema di democrazia in Italia, perché il sistema informativo è tutto nelle mani di un solo uomo. Non è così*".

No, non è così, dobbiamo esserci sbagliati. Forse anche noi, con questi sbalzi di temperatura, abbiamo la febbre. Meno male che in Italia ci sono conduttori all'acqua di La Rosa, onesti faticatori del piccolo schermo, Marzulli della ragion di Stato.

Per dire, ci fossero solo un David Letterman o un Jay Leno, con un Berlusconi malato, dalle parole si passerebbe ai fatti. È stato solo un brutto sogno, presidente, scherzi della febbre. L'unico guaio è che oggi, a raccontare i sogni, si va in TV».

Dura replica del sindacato USIGRAI a Berlusconi

«È di estrema gravità», dice Roberto Natale, segretario dell'USIGRAI, «la dichiarazione del presidente del Consiglio che afferma d'aver visto le liste dei giornalisti RAI e ne trae considerazioni sui loro orientamenti politici. Significa che qualcuno a viale Mazzini fa l'informatore dell'onorevole Berlusconi e magari provvede per suo conto a schedare i giornalisti? È vero che i giornalisti sono iscritti per l'85%, ma al sindacato unitario, l'USIGRAI, la rappresentanza di tutti i giornalisti RAI, di qualsiasi orientamento politico o di nessun orientamento politico. Tutti d'accordo però, nel rifiutare quelle schedature di tipo sovietico nelle quali si è esibito Berlusconi».

Le censure

Sul «Corriere della Sera» Aldo Grasso scrive: «Se stasera non avete niente di meglio da fare e decidete di vedere il varietà di Panariello su Rai Uno sappiate che vi state perdendo qualcosa. Doveva esserci Paolo Hendel, il comico toscano. Non c'è più perché in RAI hanno avuto paura e gli hanno intimato il silenzio: di politica in tivù non si parla più, e pazienza per la brutta rima. Pazienza soprattutto se non sentirete una facezia su

Buttiglione, magari una su Vespa, una su Bondi, magari una su Berlusconi. Vietato. Viviamo in un clima in cui è meglio risparmiarsi la battuta, potrebbe anche essere l'ultima.

"*Sourtout pas de zèle*", verrebbe da intimare al mitico produttore Bibi Ballandi, da cui dipende lo spettacolo. Via, non sia così zelante, non sia più realista del re. Ma se uno come Ballandi se la fa sotto, significa che qualcuno più potente di lui gli ha imposto il silenzio o che il divieto è partito da uno che in ordine gerarchico sta sopra a chi sta sopra a Ballandi.

Insomma, dopo Grillo, Luttazzi, Guzzanti e Paolo Rossi anche Hendel ha subito l'onta della censura. Allora hanno ragione quelli che parlano di regime? E come si fa a dire che l'ironia è l'arma più forte se l'ironia non te la lasciano praticare?

Che Del Noce decida che la satira politica non si debba vedere su Rai Uno è davvero il sintomo della democrazia che esiste all'interno della TV di oggi».

Ma Del Noce è stato perentorio: «Rai Uno ha una linea editoriale che prevede il divieto di satira politica contro chiunque. Non si tratta di censura, ma garanzia per tutti, destra e sinistra». Ma Del Noce non si rende conto che ha deciso di censurare una trasmissione televisiva?

Mieli: in Italia la libertà di stampa non gode di una buona salute

Il primo editoriale di Paolo Mieli, dopo il suo ritorno alla direzione del «Corriere della Sera», è sulla libertà di stampa[3]. *La libertà di stampa non sembra godere oggi in Italia di una buona salute*, e riveste oggi una duplice, vitale importanza. Come sempre, essa costituisce

[3] «Corriere della Sera», 24 dicembre 2005.

l'elemento fondamentale di una società democratica dal momento che in essa si realizzano due condizioni cruciali per la sua vitalità: da un lato l'esistenza di un pubblico informato dei fatti, dall'altro una discussione collettiva sul significato di tali fatti, sulle conseguenze politiche da trarne, sui provvedimenti da prendere in relazione ad essi.

«La libertà di stampa significa anche la difesa della parola scritta contro l'invadenza (non solo televisiva) dell'immagine, della percezione della realtà sotto specie esclusivamente visiva. La libertà di stampa significa salvare per le future generazioni il lascito immenso della lettura, da cui dipende tutta intera la trasmissione del patrimonio culturale della nostra civiltà e la possibilità che continui ad esistere un valido sistema d'istruzione. La libertà di stampa esiste solo se i giornali, gli organi di informazione, hanno il potere, la capacità e la volontà di opporsi al potere. La libertà di stampa è un dovere per contrapposizione: se la stampa è compiacente, infatti, essa finisce per non contare più nulla, per non avere più potere. La libertà di stampa vuol dire il dovere, sì il dovere, di prendere posizione senza reticenza e chiamare i responsabili davanti al tribunale dell'opinione pubblica».

Celentano, Berlusconi e la satira

Giovedì 20 ottobre è cominciato su Rai Uno il programma *RockPolitik* di Adriano Celentano. Un successo record: 12 milioni di spettatori e una incontrollata reazione di Berlusconi. Il «Corriere della Sera» riporta quel che ha detto il premier durante l'ennesima presentazione dell'ultimo libro di Vespa: «Ecco le parole di Berlusconi. È soltanto l'ultimo episodio di una comunicazione che dal 2001 ha sistematicamente attaccato l'operato del governo e il premier. Non c'era bisogno di Celentano per avere ventate di libertà in TV. Basta guardare ogni giorno la RAI per sentire battute contro il presidente del Consiglio da parte di Serena Dandini, Sabina Guzzanti, Gene Gnocchi, Enrico Bertolino, Dario Vergassola, Corrado Guzzanti e altri che ho in mente». Dopo le inevitabili critiche Berlusconi si è affrettato a precisare che la sua «non è una lista di proscrizioni».

Aldo Grasso ha commentato: «Ci risiamo. Silvio Berlusconi vede nemici ovunque, specie i comici. E perché non ci siano equivoci ha anche fatto nomi e cognomi. E ha precisato di tenere in mente gli altri. Meno male, altrimenti non gli basterebbero le pagine gialle. Erano solo comici, alcuni bravi, altri meno: adesso sono eroi, martiri, vittime del tiranno.

Quanto resiste il premier a non occuparsi di TV? Un giorno. Non di più».

Cossiga, in una breve intervista, rivela: «È ovvio, in ogni Paese la satira prende di mira chi sta al governo. Lui poi è pure il settimo uomo più ricco del mondo, troppo fortunato, perciò diventano più cattivi. Io che non sono un suo elettore gli avevo detto di scrivere a Celentano per ringraziarlo. Per le belle canzoni e per aver provato che pure Rai Uno è anti-Berlusconi. Ma lui insiste a negare di essere il padrone delle TV. Così finisce cornuto e mazziato».

Anche in questa circostanza Del Noce ha tentato di bloccare la trasmissione. E dopo la prima puntata ha scritto una lettera a consiglieri di amministrazione della RAI, al presidente Petruccioli e al direttore generale denunciando la violazione del contratto da parte di Celentano. «Una trasmissione di intrattenimento», sostiene Del Noce, «è diventata un appuntamento di informazione politica vera e propria».

Classifica mondiale della libertà di stampa: l'Italia al 53° posto

Siamo gli ultimi dell'Europa. *Reporters sans frontières* pubblica la seconda classifica mondiale della libertà di stampa che si riferisce al 2002. La classifica si fa in base alle risposte di un questionario inviato a giornalisti, ricercatori, giuristi e ad associazioni dei diritti umani. L'ultima classifica si riferisce a 166 nazioni. Anche quest'anno siamo in una pessima posizione, al 53° posto; la Spagna è al 43° posto, tutti gli altri Paesi dell'Unione Europea sono tra i primi 35. Influiscono negativamente la posizione di Berlusconi e la legge Gasparri sulla televisione. È impressionante questa classifica che vede Paesi come Albania e Bulgaria prima dell'Italia.

Ecco le nazioni che ci precedono: Finlandia, Islanda, Norvegia, Paesi Bassi, Danimarca, Trinidad e Tobago, Belgio, Germania, Svezia, Canada, Lettonia, Slovacchia, Estonia, Repubblica ceca, Svizzera, Austria, Nuova Zelanda, Irlanda, Lituania, Slovenia, Sud Africa, Ungheria, Giamaica, Costa Rica, Uruguay, Francia, Regno Unito, Portogallo, Benin, Timor Est, Stati Uniti, Grecia, Polonia, Nicaragua, Albania, Bulgaria, Salvador, Bosnia-Erzegovina, Cile, Paraguay, Mauritius, Equador, Spagna, Giappone, Israele, Madagascar, Capo Verde, Ghana, Corea del Sud, Australia, Macedonia, Bolivia, Italia.

Porta a porta secondo il «Financial Times»

Nel giugno del 2003 il «Financial Times» ha dedicato un lungo articolo alla trasmissione di Vespa. Scrive, tra l'altro: «I TG sono una cosa. Lo show *Porta a porta* e l'ammiccante Vespa un'altra. Contro lo sfondo e la suggestiva colonna sonora di *Via col vento*, Vespa si prodiga in un affettuoso benvenuto a Berlusconi e lo guida fino a una semplice sedia da intervistato. Fa un'introduzione, quindi invita Berlusconi ad accomodarsi a un'ampia scrivania da premier in legno di ciliegio, in mezzo allo studio TV. A quella stessa scrivania, durante lo show di Vespa, nel maggio del 2001, proprio prima delle elezioni che lo hanno portato tanto vittoriosamente al potere, aveva firmato il "patto con gli italiani", promettendo tagli alle tasse, più posti di lavoro, più opere pubbliche, l'aumento delle pensioni e maggiore sicurezza. [...] Vespa manda in onda una cassetta di quella scena di teatro politico vecchia di due anni. Poi, chinandosi sulla scrivania, chiede a Berlusconi come se l'è cavata, permettendogli di parlare per ben 15 minuti e di elencare i successi del suo governo. [...] In alcuni Paesi, in TV i politici devono sottostare a uno stile giornalistico "da mastini", interviste sospettose e indagatorie che non solo sono poco rispettose ma finiscono, alla lunga, col corrodere la fiducia dell'elettorato nei leader democraticamente eletti. Ma lo show di *Porta a porta* si muove decisamente in un'altra direzione. Praticamente, è uno spot elettorale di 90 minuti in onda su un canale della TV di Stato».

Le denunce di Serventi Longhi al Congresso della FNSI

Al Congresso della Federazione nazionale della stampa del 21 dicembre 2004 a Saint-Vincent, il segretario Paolo Serventi Longhi denuncia e documenta l'ingerenza della politica nella gestione dei programmi radiotelevisivi. «Alla RAI, nel servizio pubblico», dice, «la nostra azione si è scontrata con una indefettibile volontà di schiacciare ogni forma di resistenza o di opinione alternativa. Siamo nella più grande azienda culturale e di informazione del nostro Paese e quindi si tratta di un problema che riguarda tutta la categoria, tutto il sindacato.

Dal 2001 abbiamo assistito ad una operazione di rimozione sistematica di opinionisti, professionisti e uomini di cultura senza precedenti. Non parlo solo dei volti noti, di Enzo Biagi, al quale va la gratitudine dei giornalisti italiani per la serietà e la compostezza con cui difende i valori della professione. Non parlo solo di Michele Santoro e di quel gruppo che ha realizzato molto bene *Sciuscià* ed altri programmi di successo. Parlo di quelle decine e decine di colleghe e colleghi discriminati, emarginati, rimossi, donne e uomini con una storia professionale in RAI, di sinistra, di centro e di destra, laici o cristiani, costretti oggi all'inattività in azienda o a cercarsi un altro lavoro.

Per tutti ricordo Federico Pirro, caporedattore della sede RAI di Bari, già componente della Giunta federale, rimosso dall'incarico soprattutto per avere ignorato pressioni politiche inaccettabili. Pirro ha vinto la causa contro l'azienda, ma le pressioni contro i giornalisti in Puglia non sono cessate e, a partire dalle iniziative del governatore di quella regione nei confronti del collega De Matteis, vanno respinte da tutto il sindacato.

Così come vanno respinte interferenze e iniziative politiche, come accaduto nel Lazio, per ottenere le rimozioni persino di giornalisti individuati come vicini a correnti diverse dello stesso partito del presidente regionale. Con l'obiettivo di avere nel posto liberato persona più fidata. E in Lombardia la nomina del nuovo caporedattore sembra avvenire secondo una logica di spartizione politica.

Denuncio pubblicamente e respingo il tentativo di condizionare l'indipendenza dei giornalisti della RAI da parte della direzione generale attraverso un voluminoso "codice etico", ma anche le pericolose analoghe iniziative in molti organi di informazione della carta stampata e delle radio-TV. I giornalisti non accetteranno mai norme di comportamento deontologico imposte da aziende che fanno il loro comodo nella gestione dei rapporti commerciali e della pubblicità. L'unico codice etico che accettiamo è quello affidato alla valutazione dell'organismo deontologico della categoria, l'Ordine professionale. Basta, la FNSI deve attivare tutele legali in ogni sede a sostegno di tutti i colleghi che respingeranno codici di comportamento di fonte aziendale.

Una situazione, quella della RAI, devastata da tre anni e mezzo di incertezze, di scelte contraddittorie e infelici, seguite ad anni precedenti non certo caratterizzati da trasparenza nel rapporto tra politica e informazione del servizio pubblico. Una situazione sempre denunciata con forza dall'USIGRAI.

Ma la scelta di un presidente di garanzia, peraltro concordata da maggioranza ed opposizione, le dimissioni di Lucia Annunziata, il governo del servizio pubblico da parte di un direttore generale esplicitamente schierato e da un simulacro di un consiglio di amministrazione, sono vicende che hanno dell'incredibile. Ciò mentre la legge Gasparri, in vigore, se applicata, determinerebbe la nomina di un altro CDA con regole diverse. Ma persino chi ha fatto una legge brutta, che per la RAI rafforza il potere di intervento del governo, oggi difende un Consiglio delegittimato. Non solo, ma procedono a tappe forzate verso la privatizzazione della RAI».

L'Italia al primo posto per la concentrazione del mercato televisivo

La relazione del 22 aprile 2004 del Parlamento europeo dice che il tasso di concentrazione del mercato televisivo in Italia è oggi il più elevato d'Europa e che, nonostante l'offerta televisiva italiana consti di dodici canali nazionali e da dieci a quindici canali regionali e locali, il mercato è caratterizzato dal duopolio tra RAI e Mediaset, che hanno il 90,5% dei telespettatori e il 96,8% delle risorse pubblicitarie.

Il gruppo Mediaset è il più importante gruppo privato italiano nel settore delle comunicazioni e dei media televisivi e uno dei maggiori a livello mondiale, controllando tra l'altro reti televisive e concessionarie di pubblicità (Publitalia), entrambe riconosciute in posizione dominante e in violazione della normativa nazionale (legge 249/97) dall'Autorità per la garanzia delle comunicazioni.

La relazione denuncia che uno dei settori nel quale più evidente è il conflitto di interessi è quello della pubblicità, tanto che il gruppo Mediaset nel 2001 ha ottenuto i due terzi delle risorse pubblicitarie televisive, pari a un ammontare di 2500 milioni di euro e che le principali società di pubblicità italiane hanno trasferito gran parte degli investimenti pubblicitari dalla carta stampata alle reti Mediaset e dalla RAI a Mediaset. Tuttavia il presidente del Consiglio non ha risolto il suo conflitto di interessi, come si era esplicitamente impegnato.

Infine la relazione lamenta le ripetute e documentate ingerenze, pressioni e censure governative nell'organigramma e nella programmazione del servizio televisivo pubblico RAI (perfino nei programmi di satira), a partire dall'allontanamento di tre noti professionisti su richiesta pubblica del presidente del Consiglio nell'aprile del 2002, in un quadro in cui la maggioranza assoluta del Consiglio di amministrazione della RAI è composta da membri di partiti di governo: tali pressioni sono state poi estese anche su altri media non di sua proprietà, che hanno condotto, tra l'altro, nel maggio del 2003, alle dimissioni del direttore del «Corriere della Sera».

La legge Gasparri

Se il Cavaliere non fosse stato presidente del Consiglio, padrone di Mediaset e capo di un partito non avremmo la riforma Gasparri. È provato: questa riforma è stata preparata da uomini vicini a Berlusconi. Gasparri aveva nominato una commissione per predisporre un testo ma non è stata mai convocata. Il giornalista della «Stampa», Augusto Minzolini, ben informato delle vicende di Forza Italia, prima dell'approvazione della legge, ha scritto: «Un no a questa legge», ha detto Berlusconi alla vigilia del voto, «equivale a un no alla mia premiership». E il presidente della Regione Lazio, Francesco Storace, nell'assemblea di AN a Fiuggi, ha precisato: «Sarebbe meglio non attribuire a un nostro ministro la legge sulla TV, visto che è stata scritta altrove».

Gli alleati di Forza Italia hanno lasciato fare perché ben sapevano quanto stava a cuore a Berlusconi. E non hanno neanche accennato a qualche timido intervento quando il presidente della Repubblica ha rinviato la legge al Parlamento indicando i punti ritenuti contrari alla nostra Costituzione.

Maccanico: disattesi i richiami del Quirinale

Secondo Antonio Maccanico[4] la legge Gasparri non ha tenuto conto dei rilievi contenuti nel messaggio che il presidente della Repubblica ha inviato al Parlamento rifiutandosi di firmarla. Osserva Maccanico: «Ciampi aveva puntato il dito contro il SIC, il paniere delle comunicazioni dal quale dipende il tetto del 20% dell'antitrust. Sì, è vero che dopo il rinvio alle Camere è stato

[4] «Corriere della Sera», 30 aprile 2004.

un po' "asciugato", ma resta ancora sufficientemente largo per non impedire alle aziende più grandi di essere dominanti. Il problema dell'accesso e quello della concentrazione delle emittenti in mano ad un solo padrone sono stati semplicemente aggirati dal decreto salva-reti poi assorbito dalla Gasparri. Perché il digitale, almeno per ora, è soltanto un espediente per permettere a Retequattro di continuare a trasmettere. E quindi per "saltare" la sentenza della Corte Costituzionale che imponeva che andasse sul satellite.

Il problema era quello di fare una legge che permettesse al nuovo sistema di decollare, non di far finta che già esiste. Una vera legge di sistema doveva porsi l'obiettivo di aprire realmente una nuova fase, ma io non la vedo. Anche perché non è stato risolto né il problema dell'equità nella distribuzione delle frequenze, né il riequilibrio della raccolta pubblicitaria fra stampa e TV. Mediaset resterà in posizione dominante. Come anche la RAI. Anzi la Gasparri le rafforza entrambe. In pratica non elimina ma esalta il duopolio già esistente.

L'Authority delle Comunicazioni dovrà pronunciarsi a breve sia sul digitale sia sulle sanzioni che riguardano lo sfondamento del tetto pubblicitario da parte di Mediaset e RAI. Se fossi io a pronunciarmi direi la verità. Quella che si delinea è solo una finta privatizzazione. Basta guardare ai criteri di nomina del CDA: la guida di quel Consiglio sarà semplicemente di chi avrà vinto le elezioni».

Dario Di Vico: la legge Gasparri un anno dopo è già un ferrovecchio

Il vicedirettore del «Corriere della Sera», in un editoriale sul supplemento dell'«Economia» scrive: «La legge è già diventata un ferrovecchio. Le norme si sono dimostrate farraginose e contraddittorie. La privatizzazione della RAI è stata archiviata perché sgangherata e assolutamente ingestibile. Pochi giorni or sono abbiamo appreso con stupore che il SIC, il metodo prescelto per indicare i tetti antitrust del mercato multimediale sul quale maggioranza e opposizione avevano battagliato in Parlamento, è troppo complesso da calcolare e quindi bisognerà aspettare il prossimo anno per saperne qualcosa di più. La cosa più grave è che mentre la Gasparri cade a pezzi e si dimostra già obsoleta, la maggioranza si gira dall'altra parte. È la conferma che quel provvedimento serviva solo a "sistemare" gli affari di un nuovo gruppo privato. E non a caso, passata la festa, il ministro, che pur aveva dato il suo nome alla legge, è stato sostituito. Del resto in molti, anche nel centro destra, avevano sostenuto sin dall'inizio che non era farina del suo sacco».

Ecco gli enormi vantaggi che Mediaset riceve dalla legge Gasparri

Marco Mele spiega puntualmente quel che Mediaset riceve dalla legge Gasparri.

1. Viene abrogato il limite per ciascun soggetto pari al 30% delle risorse del sistema televisivo. Mediaset era oltre il limite sin dal 1997, anno di approvazione della legge Maccanico. La Gasparri abroga quel limite e mette, quale unico tetto alle risorse, il SIC (Sistema integrato delle comunicazioni). Secondo stime del «Sole-24 Ore», il SIC vale, nel 2004, 28,7 miliardi di euro. La soglia del 20%, fissata dalla legge, sarebbe pari a 5,7 miliardi. Il fatturato di Mediaset, Mondadori e Medusa è inferiore ai 4 miliardi di euro. Il gruppo può crescere di quasi due miliardi di euro.

2. Il limite del 20% sul numero di concessioni nazionali è diventato il 20% delle emittenti analogiche e dei

programmi digitali terrestri, purché il loro segnale superi il 50% della popolazione, indipendentemente dalla loro ricezione nelle case. Mediaset ha così raggiunto il controllo di cinque reti: Canale 5, Italia 1 e Rete 4 sull'analogico, ritrasmesse in digitale, più una rete (multiplex) realizzata acquisendo frequenze dalle TV locali, più HSE, l'ex ReteMia, il cui acquisto è stato autorizzato dalla nuova Autorità Antitrust. La Gasparri consente a Mediaset di mantenere le frequenze terrestri di Rete 4, perché consente anche alle emittenti senza titolo di poter sperimentare il digitale terrestre e di ottenere la licenza di operatore di rete.

3. La legge Gasparri non dice nulla sulla Pay fatta sulle frequenze digitali terrestri e Mediaset ha così potuto diversificarsi e far concorrenza a Sky, avendo una quota del 64% della pubblicità televisiva e il 42% circa dell'audience nazionale quotidiana.

4. Sulle telepromozioni la legge ha ratificato quanto praticato da Mediaset, ovvero la loro inclusione nei soli limiti quotidiani, molto elastici sulle 24 ore, e non in quelli orari, più stringenti. Mediaset può entrare nel settore della radiofonia e, dal 2010, in quello dei quotidiani. Sono stati abrogati anche i limiti della Maccanico per le concessionarie di pubblicità, anche se Publitalia non ama troppo raccogliere risorse per gruppi diversi da Mediaset.

Forum italo-britannico sulla televisione: la RAI è asservita al governo

Al forum italo-britannico tenutosi a Venezia il 6 marzo 2004 c'era anche il ministro Gasparri, che ha dovuto ascoltare le severe critiche sull'informazione in Italia. La discussione si è particolarmente vivacizzata nella sessione finale dedicata al ruolo delle televisioni pubbliche e in particolare al confronto tra BBC e RAI. I giornalisti britannici, tra i quali alcuni dei più autorevoli direttori e commentatori, hanno assediato Gasparri con molte domande sulla lottizzazione alla RAI e sul conflitto di interessi di Berlusconi.

I giornalisti inglesi hanno raccontato come la BBC, televisione pubblica, ha attaccato per mesi il governo Blair accusandolo di avere gonfiato il dossier sulle armi irachene e mentito al Paese. Poi è finita sotto accusa per avere criticato (in parte ingiustamente secondo il rapporto Hutton) il governo; in Italia, hanno osservato, la televisione pubblica è accusata di essere asservita al governo. E hanno criticato aspramente il conflitto di interessi di Berlusconi, osservando che una situazione simile è inconcepibile in Inghilterra, dove a un magnate come Rupert Murdoch non sarebbe mai consentito di diventare primo ministro.

L'auspicio finale espresso dai britannici è che una moderna democrazia occidentale (la nostra) riconosca, prima o poi, le virtù di un'informazione indipendente. Gasparri ha detto che una legge sul conflitto di interessi è all'esame del Parlamento, così come una riforma del sistema TV che prevede il digitale con una molteplicità di reti private e garanzie di maggiore autonomia del sistema pubblico. Ma Gasparri, mentre parlava, ben sapeva che la legge sul conflitto di interessi sarebbe stata approvata dal Parlamento senza cambiare nulla e sapeva anche che la legge sulla televisione, che porta il suo nome, voluta da Mediaset, avrebbe portato altri soldi a Berlusconi.

Infine: la cosiddetta "legge Gasparri" non è di Gasparri, l'hanno preparata gli uomini di Mediaset. Come abbiamo documentato, lo ha confermato pubblicamente anche il suo collega di partito, Francesco Storace: «Quella legge non è di Alleanza nazionale».

La legge Gasparri: «Vele al vento per Mediaset»

Dario Di Vico in un editoriale richiama l'attenzione sull'importante documento del presidente dell'Antitrust Giuseppe Tesauro, che ha lasciato, per scadenza, l'incarico. Ecco i punti più importanti.

1. L'industria della comunicazione dovrebbe avere nel suo DNA i tratti del capitalismo più moderno, alla anglosassone, e invece in Italia si muove secondo schemi concertativi. La parola concorrenza è *off limits*. Il 94% delle risorse pubblicitarie televisive va nelle casse di due-concessionarie-due, Publitalia e Sipra.

2. Il sistema delle rilevazioni degli ascolti non garantisce un responso indipendente perché controllato dagli stessi soggetti che dovrebbe monitorare. La privatizzazione della RAI non avrà l'effetto di allargare il mercato, e persino il tanto decantato sistema digitale terrestre è stato congegnato per favorire e perpetuare il duopolio. L'Autorità Antitrust ha spiegato tutto ciò con efficacia e coraggio e ha chiuso suggerendo una serie di interventi correttivi. Sarebbe un errore archiviarli nel file delle prediche inutili.

Un monito che giunge ad appena sette mesi dall'approvazione della Gasparri, una legge che ha avuto l'effetto di mettere le vele al vento nel gruppo Mediaset. Da maggio ad oggi le reti del "Biscione" hanno sforato i tetti pubblicitari giornalieri in più occasioni e hanno utilizzato i minispot in maniera non conforme alla normativa europea. Mediaset, assicurandosi i diritti calcistici per il digitale terrestre, si è lanciata nel ricco mercato del football in Pay TV e la Mondadori è entrata nel settore della radiofonia. A corredo di questo attivismo, nei giorni scorsi i manager di Publitalia hanno potuto esibire davanti ai taccuini dei cronisti finanziari straordinarie performance nella raccolta pubblicitaria. Tutti sanno che i dirigenti Mediaset sono di sicuro valore e si muovono alla perfezione sul mercato delle inserzioni, ma è forte la sensazione che la Gasparri li abbia, quanto meno, galvanizzati. Ma il mercato e la concorrenza in un Paese a capitalismo avanzato sono tutt'altra cosa. Chiedono vere leggi di sistema, vogliono regole che non mutino ogniqualvolta cambia l'inquilino di Palazzo Chigi, chiedono di applicare al business editoriale e televisivo gli stessi parametri che valgono negli altri settori dell'attività economica. Per questo motivo sarebbe un errore dimenticare in un cassetto le considerazioni finali del presidente Tesauro.

Rivedere la privatizzazione della RAI in modo da separare il servizio pubblico dalle attività commerciali allineerebbe il sistema italiano a quello inglese e adotterebbe per viale Mazzini il modello BBC. Immaginare un sistema meno antiquato e più trasparente dell'Auditel aumenterebbe la credibilità delle rilevazioni e andrebbe incontro alle vere richieste delle aziende. Ridiscutere l'assegnazione delle frequenze del digitale terrestre senza assegnarle d'imperio ai gruppi che operano nell'analogico aprirebbe la strada all'affermazione di nuovi soggetti televisivi. Impedire alle concessionarie pubblicitarie televisive di imperversare sul mercato grazie alla loro posizione dominante consentirebbe alla carta stampata di poter giocare le proprie carte senza handicap. In definitiva, applicando i suggerimenti dell'Antitrust, non si abolirebbe certo la Gasparri, la si aiuterebbe solo a non circolare a senso unico.

Antitrust: una requisitoria contro l'assetto della RAI

Anche Giovanni Valentini si occupa della relazione di Tesauro, che definisce una «requisitoria» contro l'assetto della nostra televisione. «Sbaglierebbe di grosso», scrive Valentini, «chi pensasse che si tratta solo di una questione economica, di una "querelle" fra TV e carta stampata, insomma di interessi di bottega. Il problema riguarda in realtà tutti i cittadini, telespettatori e lettori di giornali. Ma tocca anche un punto nevralgico della vita nazionale nella pericolosa coincidenza tra affari e politica, denaro e consenso, casse private e casse dello Stato. Nel suo ineccepibile *j'accuse*, l'Antitrust non usa mezzi termini, non risparmia niente e nessuno. Dalla concentrazione televisiva che ha dato luogo al duopolio RAI-Mediaset, con tre reti analogiche a testa, fino alla recente legge Gasparri che tenta di accreditare la favola del digitale terrestre; dallo smantellamento del servizio pubblico alla posizione dominante della TV privata; dagli incroci azionari tra Fininvest e Telecom all'inattendibilità delle rilevazioni sugli ascolti; dagli inganni dell'Auditel alle omissioni dell'Autorità sulle comunicazioni. Manca soltanto, ed è tanto più apprezzabile, perché sul piano istituzionale non poteva essere diversamente, qualsiasi riferimento, anche indiretto, al mostruoso conflitto di interessi incarnato dal presidente del Consiglio, quel Giano bifronte che fa le leggi per difendere la propria azienda e al tempo stesso indebolire il concorrente.

In diversi passaggi della relazione, l'indagine sottolinea che la nostra è una situazione senza uguali al mondo, che "non ha riscontro negli altri Paesi europei", che "risulta unica in Europa". A giusta ragione l'Autorità sulla concorrenza rileva il pericolo che adesso si passi dal vecchio duopolio analogico a un nuovo duopolio digitale. E che l'equilibrio attuale possa rappresentare "un forte deterrente all'entrata di nuove imprese sul mercato".

Più che un rischio, per la verità, questa è già una realtà: tanto più che – come si legge a p. 8 della relazione – "Fininvest è risultata detenere partecipazioni indirette in due gruppi neo-entranti, Telecom Italia e

TF1-HCSC" (il primo controlla La7 e MTV; il secondo possiede Sport Italia in analogico e D-Free in digitale terrestre). Se poi si ricorda che l'azienda in questione appartiene al capo del governo e che il medesimo governo esercita il suo potere anche sul settore delle comunicazioni, dalle licenze fino alle tariffe, ognuno può ricavarne facilmente le conclusioni. Non meno incisivo, infine, è il richiamo dell'Antitrust sulla dissoluzione del servizio pubblico. Certo: *La RAI non è la BBC*, come cantava una volta Renzo Arbore, ma l'esempio inglese può rappresentare un modello di riferimento, con la "separazione proprietaria" tra società di servizio pubblico (finanziata dal canone) ed operatori commerciali, anche pubblici, alimentati dalla raccolta pubblicitaria. Ma naturalmente un tale obiettivo andrebbe realizzato prima del collocamento in Borsa. Può anche darsi che quelle di Tesauro siano destinate, per il momento, a rimanere "prediche inutili". L'indagine costituisce comunque una valida piattaforma su cui costruire un assetto più equilibrato della televisione, della pubblicità e di tutto il sistema dell'informazione, come reclamano legittimamente la Federazione editori di giornali, il Gruppo Rizzoli e il Gruppo L'Espresso, con i ricorsi presentati ieri all'Autorità di garanzia sulle comunicazioni».

Scandali dopo scandali: come il digitale terrestre favorisce Mediaset

Giovanni Valentini[5] spiega ai lettori di «Repubblica» come la legge Gasparri consenta a Mediaset di trasmettere in diretta le partite di serie A, spartendosi la torta con Telecom, che controlla La7, e Alice. «Altro che pluralismo dell'informazione e libera concorrenza. Qui

[5] «la Repubblica», 20 gennaio 2005.

stiamo, più modestamente, alla proliferazione delle telecamere negli stadi: fino a 40 per gli incontri di cartello. Siamo alla concorrenza sleale, con i big match a prezzi stracciati; al depauperamento del servizio pubblico e al saccheggio di tutto lo sport nazionale. È una ipoteca che minaccia di compromettere definitivamente i conti della maggior parte delle società; di svilire il campionato di calcio, aumentando la forbice tra le grandi squadre e quelle minori; e anche di danneggiare il CONI, che sul prodotto calcio fonda in prevalenza le sue entrate.

L'aspetto più sconcertante della vicenda è che il governo della Repubblica ha presentato una legge, imponendola all'approvazione della sua maggioranza in Parlamento a colpi di voti di fiducia, per favorire l'azienda televisiva e la società calcistica che appartengono entrambe al presidente del Consiglio. E per di più promuovendo la diffusione di digitale terrestre con incentivi pubblici per l'acquisto del decoder a carico dello Stato e quindi dei contribuenti, di ciascuno di noi. Tutto ciò con la complicità del presidente della Lega Calcio, Adriano Galliani, al contempo vice presidente vicario e amministratore delegato del Milan, che in questa veste ha trattato direttamente con Mediaset insieme con Juventus e Inter, senza informare e coinvolgere le altre 39 società che fanno parte dell'associazione, tradendo con ciò i suoi doveri e le sue responsabilità istituzionali.

[...] Non solo, dunque, l'avvento del digitale terrestre non difende per il momento né il pluralismo né la libertà di concorrenza, ma anzi rafforza la posizione dominante di Mediaset sul mercato televisivo e pubblicitario, alimentando la nascita di un nuovo duopolio con Telecom. Oltre a smentire le intenzioni della legge Gasparri, "la guerra del calcio in TV" contrasta anche con la legge sul conflitto di interessi: in base alle sue norme, infatti, il governo non può adottare provvedimenti che favoriscano gli interessi del presidente del Consiglio o delle sue aziende, a pena di incorrere nelle sanzioni dell'Antitrust dove i presidenti Casini e Pera hanno appena nominato però l'ex sindaco di Bologna, Giorgio Guazzaloca e l'ispiratore della legge Gasparri, Antonio Pilati».

L'Associazione dei dirigenti RAI: il futuro dell'azienda è preoccupante

Fatto insolito. L'Associazione dei dirigenti RAI (ADRAI) esprime timori per il futuro dell'azienda e ne spiega i motivi: prende atto che il bilancio del 2004 si è chiuso in utile ma ricorda che i bilanci della RAI sono ininterrottamente in attivo dal 1994. Il documento dice: «Quel che preoccupa sono le prospettive: in mancanza di un adeguamento del canone per quest'anno e con forti incertezze sui costi collegati alla disponibilità dei diritti sportivi, di film e di fiction. Continuano soprattutto a mancare i margini per uno strutturale rilancio concorrenziale del servizio pubblico, al di là dei successi anche apprezzabili conseguiti sul piano dell'*audience*; successi sulla cui durevolezza gravano tuttavia gli interrogativi legati agli eccessi di esternalizzazione e *outsourcing* dei prodotti più costosi e importanti. Ma soprattutto continuano a fare difetto strategie realmente competitive di fronte ad uno scenario di mercato in rapido mutamento. Mediaset è ormai l'operatore egemone nel decisivo campo digitale terrestre. Scelte strategiche, come quelle di accelerare nell'arco di pochi mesi lo *switch-over* al digitale in regioni come la Sardegna e la Valle d'Aosta, portano beneficio soltanto a Mediaset e a Telecom-Italia. La RAI non fa che accodarsi, sobbarcandosi però un pesante onere aggiuntivo per le frequenze e gli impianti necessari.

Tutto questo mentre vengono rinviati, se non cancellati, gli investimenti necessari per l'acquisto delle frequenze FM indispensabili per recuperare le aree di servizio del segnale radiofonico dopo la forzata chiusura dell'onda media. E mentre non decollano presso il pubblico le iniziative nel campo dei *new media*, a fronte dell'egemonia di Mediaset.

Tanto più, l'azienda si trova ad affrontare questa situazione con un processo di riorganizzazione, così chiaramente contraddistinto dal riaccentramento di equilibri e di poteri, che si è infatti arrestato, lasciando l'azienda in condizioni di ancor maggiore precarietà e impaccio operativo».

Infine il documento dei dirigenti RAI denuncia le conseguenze che si sono create con l'ultima riforma della struttura dell'azienda: «I settori editoriali e operativi si trovano sottoposti ad una selva di controlli e balzelli, un vero e proprio immobilismo burocratico che può favorire decisioni non oggettive, con un pesante sacrificio in termini di operatività e tempestività. E al tempo stesso si contraddice la spinta ad una separazione/trasparenza tra finanziamento delle attività di servizio pubblico e finanziamento delle attività commerciali, che è l'unica soluzione coerente con il quadro europeo in cui la RAI deve operare».

Conclusione allarmante: «Tutto ciò significa che questo vertice aziendale lascia ai nuovi amministratori una RAI in equilibrio finanziario, ricca di energie e professionalità artistiche, tecniche, manageriali e giornalistiche, ma anche in condizioni di forte incertezza e indefinitezza di posizionamento sul mercato e di strategie industriali efficaci per il futuro del servizio pubblico».

Perché è in attivo il bilancio della RAI

Giovanni Valentini[6] si chiede: «In che modo la RAI ha realizzato un utile record di 113 milioni di euro? Per un ente pubblico anche questa domanda è d'obbligo. La verità è che questo risultato finanziario è stato ottenuto attraverso un blocco pressoché totale degli investimenti. Eppure, in vista dell'entrata in vigore del sistema digitale terrestre, già dall'anno precedente la RAI aveva ottenuto un aumento di due euro e mezzo sul canone, proprio per investire all'incirca 130 milioni di euro nell'adeguamento tecnologico delle strutture degli impianti.

Come che sia, la vera domanda però è un'altra: a chi conviene alla fine che la RAI chiuda un bilancio con un utile così cospicuo? Forse conviene al direttore generale. Per incassare un premio di "produzione" di 350 milioni di euro. Non certo ai telespettatori che continuano a pagare il canone, peraltro aumentato, ma soprattutto continuano a vedere una TV pubblica che – con le dovute eccezioni – è sempre più scadente, lontana dalla sua funzione di servizio, estranea a una dimensione sociale e culturale.

Sarà vero che i ricavi della sola area TV (+12%) sono aumentati più del mercato (+10,4%) e anche del concorrente Mediaset (+9,1%). Sta di fatto però che l'azienda è rimasta al palo, non ha fatto investimenti né nella televisione digitale, né tanto meno nella radio, che appare sempre più depressa. Tanto da provocare ieri un duro documento dei dirigenti RAI contro la direzione generale, accusata di non avere strategie realmente competitive».

[6] «la Repubblica», 23 aprile 2005.

Come ci giudicano i giornali stranieri

Quando Berlusconi parla dei giornalisti stranieri ripete questo ritornello: «Sono influenzati dai giornalisti italiani di sinistra, quasi tutti comunisti». Non gli viene in mente che offende la loro professionalità e la loro dignità. Ho amici che spesso vanno all'estero per motivi professionali o di studio. Tutti dicono: «Avete come presidente del Consiglio Berlusconi, come avete fatto ad eleggerlo?». E commentano: «È una vergogna».

Paolo Mieli, rispondendo a un lettore del «Corriere della Sera» (1 novembre 2001), scrive: «È davvero stupefacente quel misto di minimizzazione e di vittimismo che si registra dalle parti di Palazzo Chigi tutte le volte che [...] giunge un articolo malevolo da un giornale straniero. Congiura? Francamente non è neppure ipotizzabile. Pregiudizio antipatizzante dei corrispondenti che risiedono in Italia e degli inviati che vengono da fuori? Difficile. Manifestazione di egemonia dei giornalisti italiani più ostili a Berlusconi sull'intero mondo dei media internazionali? Impossibile. Prestare attenzione a quel che viene pubblicato sui giornali all'estero è un momento fondamentale dell'esercizio dell'arte di governo».

La rassegna della stampa estera dopo il primo anno di governo Berlusconi

«Il primo ministro italiano compie dodici mesi al potere con un impegno minimo. Dodici mesi che non hanno portato al Paese i grandi cambiamenti annunciati, salvo in un pugno di questioni sospettosamente vincolate agli interessi del Cavaliere. La riforma della pubblica amministrazione, le grandi opere di infrastruttura, la promessa riduzione delle imposte, hanno dovuto essere messi da parte. Molti hanno criticato questa ossessione accaparratrice del premier, su cui circola una battuta in Italia: se Berlusconi fosse eletto Papa si chiamerebbe Pio Tutto. Alle amarezze del mercato del lavoro, dove si è scontrato con l'opposizione frontale dei sindacati e con milioni di persone, Berlusconi preferisce la brillantezza dei saloni internazionali» («El Pais», 14 maggio 2002).

«Mentre il primo ministro italiano Silvio Berlusconi compie il primo anno di carica, si dice che stia per tornare alle sue radici come cantante sulle navi da crociera, eseguendo e componendo canzoni per un CD di beneficenza. Per la prima volta i sondaggi del mese scorso hanno riportato un calo nel sostegno al suo partito. Nonostante una campagna fortemente imperniata sui tagli fiscali, pensioni e riforma del lavoro, il suo governo ha fatto pochi cambiamenti significativi in questi campi» («The Independent», 14 maggio 2002).

«Berlusconi ha convocato una conferenza stampa per darsi i voti sui primi cento giorni di governo. E come il presidente Bush, che tanto ammira, si è dato voti altissimi» («The New York Times», 10 agosto 2002).

«Berlusconi, Fini e Bossi sono una cattiva compagnia. L'alleanza, priva di cultura democratica, fra il proprietario, il postfascista e il nazionalista xenofobo e fascistoide è un corpo estraneo all'Europa» («El Pais», 10 gennaio 2002).

«Berlusconi vuole mettere il guinzaglio alla giustizia che da anni lo importuna con processi di corruzione e falso in bilancio. Intende cambiare la Costituzione perché ha in mente una Repubblica presidenziale con lui a capo» («Der Spiegel», 14 gennaio 2002).

«Ci scusi signor Berlusconi, ma lei non era quello che doveva dare una bella scossa all'Italia? A noi sembra che in quest'anno lei si sia occupato soprattutto dei suoi affari. In quel campo ha avuto successo» («Financial Times», editoriale del 13 giugno 2002).

«Gli altri ministri lo guardano perplessi. Poi si divertono. Dà manate sulle spalle. Suona il piano, fa ballare le signore. Balla bene. E tuttavia sarebbe meglio per l'Italia avere un vero ministro degli Esteri, a tempo pieno» («The Economist», 1 giugno 2002).

Il «Financial Times» del 23 luglio 2002 ha fatto un'analisi della situazione italiana e, tra l'altro, scrive: «Berlusconi, dopo un anno di governo, non ha ancora fatto le riforme strutturali promesse durante la campagna elettorale e non ha risolto la controversia sul suo duplice ruolo come primo ministro e capo della Fininvest, il più grande impero mediatico del Paese. I suoi attacchi virulenti a un sistema giudiziario che lo ha messo sotto processo in numerose occasioni continuano a minare la sua autorità sia in Italia, sia all'estero. Poche settimane dopo l'insediamento, ha varato leggi che depenalizzano il falso in bilancio, un reato che la Fininvest di Berlusconi è accusata di commettere».

Il «Guardian» del 23 luglio 2002 dedica un articolo alle aspirazioni di Berlusconi: «Il presidente del Consiglio ha scioccato gli italiani dichiarando che, qualora la Costituzione del Paese fosse riscritta dando maggiori poteri al presidente sul modello francese o americano, avrebbe rinunciato volentieri all'attuale carica per assumere il nuovo ruolo. I critici accusano Berlusconi, l'uomo più ricco d'Italia, di megalomania e di voler sfuggire alle imputazioni di corruzione nel contesto della sua attività imprenditoriale; i giudici avrebbero infatti maggiori difficoltà a perseguire un capo del governo».

«Le Monde» del 2 agosto 2002, con il titolo *Il Senato italiano adotta una legge favorevole a Silvio Berlusconi*, scrive: «Dopo aspri dibattiti e dimostrazioni di piazza, il Senato italiano ha votato una legge che permette di dubitare dell'imparzialità dei giudici. Il governo Berlusconi aveva iniziato la riforma della giustizia con leggi che depenalizzavano il falso in bilancio e le rogatorie internazionali, tutte leggi che favorivano il presidente del Consiglio. La nuova norma sul "legittimo sospetto" arriva ora al cuore stesso del problema che Berlusconi ha con la giustizia: una procedura di ricorso in Cassazione per il sospetto di imparzialità dei giudici, gli permetterebbe di spostare il processo ed evitare la sentenza».

Il tedesco «Die Welt»: «Mentre i Paesi dell'Europa dell'Est cercano l'aggancio allo Stato di diritto occidentale, Silvio Berlusconi porta il suo indietro verso le abitudini premedievali. Buon viaggio».

«Suddeutsche Zeitung» del 7 agosto 2002 titola: *Giovanni Agnelli disse che l'Italia non è una repubblica delle banane. Ma un governo e un Parlamento che trattano in tal modo la giustizia dovrebbero operare all'ombra delle palme*.

Il presidente della Commissione giustizia della Camera, Gaetano Pecorella, è anche difensore di Berlusconi nel processo di Milano. Molti hanno sollevato il problema dell'incompatibilità ma Pecorella non intende dimettersi. Di questa vicenda si sono occupati i giornalisti stranieri corrispondenti da Roma.

Bruce Johnston, corrispondente del quotidiano conservatore «The Daily Telegraph»: «Certo che Pecorella configura un palese conflitto di interessi. È avvocato di un premier coinvolto in processi mentre è alla guida del Paese. In Gran Bretagna uno scenario del genere è duro da immaginare. Non ricordo precedenti. L'opinione pubblica inglese non prenderebbe sul serio un sistema che consente di eleggere un premier sotto accusa. Sarebbe una questione morale, etica».

Marcelle Padovani del «Nouvel Observateur»: «In Francia finora un caso simile non l'ho mai visto, e nel clima francese non lo ritengo ipotizzabile sia per motivi di morale pubblica che di regolamenti. Noi abbiamo fatto una scelta molto più sana sui politici coinvolti in affari giudiziari. La Corte Costituzionale ha deciso che Chirac non può essere processato finché è in carica. Così non si devono cambiare le leggi. Sarebbe bene che Pecorella si astenesse ma sarebbe ancor meglio se non fosse stato eletto».

Salvatore Aloise di «Le Monde»: «Mi sembrerebbe opportuno che Pecorella non presieda. È questione logica e di buon senso. La sua presenza sarebbe un altro conflitto di interessi. È una cosa fuor di luogo. In Francia una questione del genere non si è verificata, come neanche quella di avere tutti questi avvocati in Parlamento e nelle commissioni legislative».

Richard Heuzè di «Le Figaro»: «Ci sono avvocati membri del Parlamento francese. Ad essere puntigliosi si troverà sempre un punto di incompatibilità con le loro cause. Non vedo una situazione simile in Francia».

Ruben Amon, corrispondente di «El Mundo»: «Il conflitto di interessi sorge nel momento in cui Berlusconi premier può mantenere il suo impero mediatico. È una situazione molto irregolare. Ed è un conflitto che non viene affrontato seriamente. In questa ottica, non è strano che Pecorella sia presidente della commissione Giustizia. Il problema non è specifico ma generale. Da noi non potrebbe accadere, non sarebbe accettabile per un fatto etico».

Roman Arens della «Frankfurter Rundschau»: «Sì, Pecorella dovrebbe astenersi, ma è troppo tardi. Nessun sistema democratico può sopportare questa commistione di ruoli. Ma ora è difficile trovare un rimedio: e l'assenza di Pecorella non cambierebbe molte cose. In Germania una situazione del genere non è pensabile».

Il «New York Times» del 15 settembre 2002, riferendosi alla manifestazione di piazza San Giovanni, scrive: «Una simile folla in un sabato assolato ha reso più vistosa la stranezza di Berlusconi. È l'uomo più ricco, ha un impero di media, ma la storia della sua ricchezza e il suo conflitto di interessi sono un punto interrogativo».

«Der Spiegel»: «Quante gaffes, Al Cafone»

Berlusconi è il «signore delle gaffes», scrive il settimanale tedesco «Der Spiegel» del 19 ottobre 2002, in un articolo titolato *Al Cafone* che parla delle gaffe famose del premier italiano. L'ultima ha avuto come protagonista il premier danese Rasmussen, il filosofo Cacciari e la moglie dello stesso premier italiano, Veronica Lario: «Der Spiegel» elenca alcune dichiarazioni che hanno suscitato critiche.

Legittimo sospetto: «La giustizia fai da te di Berlusconi»

È il titolo dell'editoriale della «Suddeutsche Zeitung» dell'8 novembre 2002, dopo l'approvazione della legge. «L'Europa guarda stupita con quale arroganza il presidente del Consiglio, Silvio Berlusconi, persegue i suoi interessi personali e vuole sbarazzarsi dell'ultimo processo in corso a suo carico a Milano. Un caso certamente unico in Europa di "giustizia fai da te". Il giornale osserva poi che il processo a carico di Berlusconi, accusato d'aver comprato con fondi neri il giocatore Lentini, è stato chiuso per un'altra legge, quella sul falso in bilancio».

«The Independent» del 5 dicembre 2002: «[...] Quello che Berlusconi non comprende è la nozione di cittadinanza intesa come qualcosa di più ampio e profondo che la ricerca della felicità individuale o della propria famiglia. È improbabile che Berlusconi sia così rude da affermare, imitando la Thatcher, che "la società è qualcosa che non esiste". Ci sono individui che contano, ci sono famiglie importanti, ci sono servitori fedeli e padroni potenti. Il resto è semplice montatura ideologica. Al cuore di tutto vi è un credo pessimistico, profondamente cinico».

«International Herald Tribune» del 12 dicembre 2002: «In Italia è scoppiata la guerra tra TV. Combattono per la conquista dello share i canali (statali) della RAI contro quelli (privati) del primo ministro Silvio Berlusconi. Si può obiettare che la battaglia è priva di senso. A dirigere i diversi network è sempre la stessa persona: Berlusconi».

Lettera di Bill Emmott, direttore dell'«Economist», all'«Unità»

«Non nutro sentimenti di "intolleranza o odio" nei confronti di Berlusconi. In realtà ammiro ciò che è riuscito a fare sia in campo imprenditoriale (moltissimo) anche vincendo le elezioni. Né io né l'"Economist" abbiamo mai danneggiato la sua reputazione, che infatti non è stata mai oggetto delle nostre inchieste. Scopo degli articoli dell'"Economist" su Berlusconi nel 2001 e ancora nel 2003 è stato quello di sollevare importanti interrogativi giudiziari, costituzionali e politici sia riguardo al sistema italiano che riguardo al posto che in esso occupa Berlusconi.

Ci sembra che nessun moderno sistema democratico debba consentire un conflitto di interessi della portata di quello che pesa su Berlusconi in quanto proprietario dei media; un moderno sistema democratico non può consentire alla stessa persona, una volta in carica, di usare il suo potere politico (vale a dire la maggioranza parlamentare) per cambiare le leggi del Paese a beneficio dei suoi personali interessi giudiziari.

La reazione di Berlusconi e dei suoi più stretti collaboratori nei confronti delle inchieste assolutamente approfondite ed equilibrate dell'"Economist" è stata, a mio giudizio, in qualche misura isterica. Ma una tale reazione non è senza precedenti. Ad esempio, l'"Economist" è stato recentemente oggetto di una serie di violenti attacchi da parte dell'African National Congress in Sudafrica. In generale quando ci sono reazioni del genere di quelle dell'ANC o dei collaboratori di Berlusconi, ciò vuol dire che coloro che reagiscono si sentono vulnerabili o in qualche modo deboli. Sebbene non sia automaticamente vero che una reazione del genere contribuisca a confermare l'esattezza e la legittimità dei nostri articoli, sono portato a credere che sia spesso così. *Bill Emmott*».

Berlusconi querela David Lane e chiede un milione e mezzo di euro per i danni

Nel 2005 David Lane scrive il libro *L'ombra del potere*, pubblicato in Italia da Laterza. A luglio gli avvocati di Berlusconi presentano querela chiedendo un milione e mezzo di euro per i danni.

Il volume comincia così: «Corruzione, mafia e giustizia sono una mistura da capogiro. Aggiungeteci Silvio Berlusconi, la sua enorme ricchezza, il suo smisurato potere mediatico, il suo approccio alla politica altamente personale, il suo singolare modo di guardare al passato e il cocktail diventa più forte».

In una intervista all'«Unità» Lane parla della vicenda:

«Nel mio contratto con la Penguin, che ha curato l'edizione originale inglese, era previsto un controllo sul testo da parte di uno dei più prestigiosi studi legali di Londra, proprio per evitare rischi di diffamazione. Ho risposto a 40 cartelle di domande dei legali, prima che venisse dato il via libera alla stampa. Analogo controllo è stato fatto con alcuni legali di Roma prima della stampa italiana. C'è stata un'attenzione enorme e credo che il libro sia immune da rischi di diffamazione. Del resto mi sono limitato a mettere in fila una serie di fatti concreti e ben documentati. Forse è stato questo a dare fastidio».

Alla domanda sui motivi della querela, Lane dice: «Mi pare una strategia assai chiara: lui è ricco, può permettersi queste azioni e così manda un messaggio chiaro a tutti i giornalisti che avessero in mente di scrivere qualcosa di critico verso di lui. Eppure non sono solo i giornalisti a scrivere cose scomode sulle origini della fortuna di Berlusconi; lo hanno fatto anche i tribunali, a cominciare da quello di Palermo. A proposito, perché non ha risposto alle domande di quei magistrati? Avrebbe potuto chiarire diverse cose a proposito della Fininvest e di certe operazioni condotte da alcune società del gruppo negli anni Settanta».

5
La scuola

Un ingegnere al posto di un pedagogista

Tra i primi provvedimenti del ministro c'è la sostituzione di uno dei massimi pedagogisti europei da presidente del Centro di educazione europeo (poi Istituto nazionale per la valutazione del sistema d'istruzione). In questo centro era stato appositamente creato un Osservatorio nazionale sugli esami di maturità che ha svolto anche un ruolo di sostegno metodologico e tecnico alle scuole, raccogliendo ed elaborando dati sullo svolgimento delle prove d'esame. Una ricerca da utilizzare in vista di una riforma della maturità.

Il professor Benedetto Vertecchi, nominato con decreto presidenziale, sentiti i presidenti di Camera e Senato, è stato rimosso per motivi politici. In una intervista Vertecchi racconta l'incontro col capo di Gabinetto della Moratti: «Mi ha detto che tra chi occupa posti di responsabilità e la linea del governo ci dovrebbe essere coerenza, una certa sintonia. Ho trovato offensivo che con trent'anni di accademia alle spalle mi si tratti come giovanotto in cerca di poltrone. Oltretutto, ho immaginato cosa sarebbe successo al mio Istituto se fossi rimasto: mancanza di fondi, continui contenziosi. Mi sono dimesso».

A capo del nuovo gruppo di valutazione e di ricerca è stato nominato un professore del Politecnico di Milano che ha presieduto l'"ISO 9000" per la certificazione di qualità delle aziende. Giancarlo Lombardi, che è stato anche ministro della Pubblica istruzione, ha così commentato la sostituzione di Vertecchi: «È uno dei massimi pedagogisti europei. Come si fa a chiedere le dimissioni a uno come lui per sostituirlo con un ingegnere, che ha dato prova di sé soltanto nelle aziende? Questo mette in luce un atteggiamento di tipo industrialista-aziendale che per la scuola è dannoso. Troppa importanza all'efficienza, mentre a contare sono qualità degli insegnanti e programmi».

Se un ministro dell'Istruzione, università e ricerca ha una sua particolare interpretazione della cultura non può che comportarsi di conseguenza. In un documento dell'Accademia nazionale dei Lincei leggiamo: «Il "capitale umano", dizione già assai infelice, viene definito dal ministro Moratti solo come "*l'insieme delle conoscenze, capacità, competenze, prerogative degli individui che agevola la creazione del benessere personale, sociale ed economico*". Perché non viene riconosciuto anche il contributo umano alla crescita di cultura del Paese? Il Piano del ministro insiste su un punto: che la funzione della ricerca è quella di contribuire alla competitività del Paese, con processi e prodotti competitivi sul mercato globale. È questa visione riduttiva della ricerca che noi non possiamo accettare».

Salvatore Accardo[1] in un editoriale scrive: «È agghiacciante. Quello che sta succedendo e che si prefigura con i tagli allo spettacolo è semplicemente un massacro. Per tutta la cultura, ma in particolare per i giovani: già sono in difficoltà pazzesche, ma non avranno più nemmeno la possibilità di esprimersi, di farsi sentire. So e parlo dei giovani musicisti, ma è un massacro che investe tutto, il teatro, la danza, e sono le nuove generazioni a venir tagliate fuori. Una democrazia che si rispetti deve basare tutto sulla cultura, la cultura è la base di un popolo. Come è possibile che questo non venga capito? Allora mi chiedo: tagliano la cul-

[1] «L'Unità», 7 ottobre 2005.

tura e lo spettacolo per avere gente che non capisce e non pone domande? È un paradosso, una provocazione, ma è quello che mi viene in mente quando apprendo di questi tagli. Per la cultura con la C maiuscola i soldi non si trovano mai».

La riforma, a parere della grande maggioranza dei pedagogisti, anche stranieri, avrà gravi conseguenze sulla nostra scuola. Gavino Angius, presidente del gruppo dell'Ulivo al Senato, ha osservato: «In maniera scientifica il governo Berlusconi e il ministro Moratti, giorno dopo giorno, in modo esplicito, attraverso una legge delega – ovvero un provvedimento che detta solo alcuni princìpi fondamentali e rinvia ai decreti attuativi del governo, di fatto impedendo un serio e reale confronto con il Parlamento e le parti sociali – hanno destrutturato la scuola italiana, creando problemi enormi per le famiglie, aumentando i disagi per gli insegnanti, impoverendo l'offerta formativa per i nostri ragazzi e facendo fare alla nostra scuola pubblica un pauroso passo indietro».

La riforma Moratti

Obbligo scolastico. A metà marzo 2005 i giornali italiani pubblicano questa notizia: *Tutti a scuola fino a 18 anni*. Si tratta di una notizia ambigua che il ministro Moratti è costretta a rettificare. Enrico Panini, segretario della CGIL scuola e università, in un editoriale[2] scrive: «Non solo non è vero che è stato innalzato l'obbligo nel nostro Paese, ma ci è stato scippato anche l'obbligo scolastico previsto dalla Costituzione. Infatti, il decreto legislativo sul diritto-dovere non nasconde il suo obiettivo fin dal primo articolo: ridefinisce l'obbligo scolastico previsto dall'articolo 34 della Costituzione sostituendolo con il diritto-dovere. E all'articolo 2 si preci-

[2] «Valore Scuola», n. 6, 2005.

sa che il diritto-dovere avrà inizio fin dalla prima classe del ciclo primario. Obbligo e diritto-dovere non sono la stessa cosa, anzi, specie in questo caso uno è il contrario dell'altro. "Con l'obbligo sancito dalla Costituzione è la Repubblica che si assume la responsabilità di garantire un percorso scolastico, la sua qualità, l'istituzione delle scuole, le condizioni perché tutti le frequentino. Con il diritto-dovere la responsabilità passa alle singole famiglie e diventa un fatto etico, lo Stato si autoesclude. Deve destare forte preoccupazione il fatto che con il diritto-dovere si sia voluto precisare che esso comincia dalla elementare. Non è un'affermazione priva di conseguenze e i più deboli saranno i primi a pagare le conseguenze di questa torsione della nostra Costituzione. Penso in particolare agli alunni disabili il cui inserimento nelle classi comuni, in una situazione di obbligo scolastico, non è sempre privo di ostacoli: che cosa potrà comportare rispetto al loro diritto all'istruzione dover fare i conti con il diritto-dovere?"».

Con una legge del 1999 l'obbligo scolastico era stato elevato fino a 18 anni. Con la riforma Moratti si ritorna ai vecchi otto anni (elementari e medie). Ora i ragazzi che finiscono la scuola media non sono più tenuti a iscriversi al primo anno di scuola superiore: chi non si iscrive ai licei può frequentare i corsi di formazione regionali.

I cicli scolastici

L'intero itinerario scolastico è ovunque suddiviso in "cicli", cioè in fasce temporali durante i quali programmi e metodi di apprendimento sono commisurati all'età e ai bisogni degli utenti. Alla loro base deve esserci un'attenta conoscenza della psicologia dell'età evolutiva per accompagnare la crescita e l'ampliarsi del sistema cognitivo dei ragazzi.

I cicli scolastici italiani più apprezzati a livello internazionale sono la scuola dell'infanzia e la scuola elementare, ma la riforma Moratti li peggiora perché sono ispirati a modelli pedagogici superati in campo internazionale. La scuola italiana torna indietro nel tempo e si allontana dalla pedagogia più avanzata.

Scuola dell'infanzia. Questa scuola è stata a lungo un modo per tenere al sicuro, lontano dai pericoli, i bambini le cui madri erano impegnate altrove. Non a caso si chiamavano "asili infantili". Nell'ultimo quarto del secolo scorso, sotto lo stimolo di esperienze consolidatissime, italiane e no, si arrivò agli *Orientamenti* che non sono un vero programma, ma una serie di suggerimenti di un percorso triennale volti ad utilizzare il gioco infantile in vista della formazione generale del bambino, da quella motoria a quella affettiva e intellettuale. Con la riforma Moratti il percorso triennale basato sugli *Orientamenti '91* diventa facoltativo. La scuola dell'infanzia ridiventa un parcheggio. Le famiglie possono scegliere tra una frequenza solo al mattino o fino a dieci ore giornaliere ma senza garanzie circa le condizioni qualitative dell'offerta formativa fondamentale in questa fase di crescita.

Scuola elementare. Scompare il modello fondato su un gruppo di insegnanti con pari responsabilità nei vari ambiti disciplinari e con una flessibilità didattica e organizzativa necessaria per favorire percorsi formativi individualizzati. Si ritorna al maestro unico, responsabile della classe, che insegna la maggior parte delle materie. A questa figura docente si aggiungono una serie di insegnamenti frammentati, alcuni dei quali anche facoltativi e quindi frequentati con gruppi di alunni appartenenti a classi diverse, sul modello del doposcuola.

Scuola media. Vengono eliminate le migliori esperienze che questa scuola ha costruito negli ultimi decenni: i tempi prolungati, tenuti in vita ancora per un anno soltanto, che hanno permesso di realizzare una didattica rispettosa dei ritmi di apprendimento di tutti e ricca di esperienze motivanti. In pratica la riforma propone una scuola minima di 27 ore settimanali, dove l'unica forma di studio possibile è quella teorica, dove lo studio delle lingue straniere viene ridicolizzato, lo studio di uno strumento musicale ridimensionato rispetto all'esperienza precedente, l'insegnamento di educazione tecnica cancellato. Viene introdotto il docente tutor che comporta una distinzione tra insegnanti, scardinando la cooperazione e la collegialità fondata sulla parità di tutti e quindi impoverendo la relazione didattica e il progetto che da essa deriva.

Scuola secondaria superiore. Si torna indietro in maniera incredibile. Sono previsti 19 tipi di scuola e si chiameranno tutti licei. Ma chi non sceglierà il canale liceale entrerà in un percorso formativo che sarà gestito dalle Regioni. Oggi l'80% dei ragazzi che frequentano le scuole medie si iscrivono a un liceo, a un istituto tecnico o professionale; anche se molti abbandonano è importante aver continuato a studiare per altri due o tre anni.

La riforma della scuola secondaria superiore prevede:

– il liceo classico che consente l'accesso a tutte le facoltà universitarie;
– tre licei senza indirizzo (scientifico, linguistico, delle scienze umane);
– i licei artistici articolati in 3 indirizzi dal terzo anno;
– i licei tecnologici ed economici articolati in 8 e 2 indirizzi dalla terza classe;
– i licei musicali e danza, due licei articolati con spiccato carattere professionale.

È grave l'assetto dato ai licei che produrrà un'altra discriminazione culturale. Avremo il liceo classico che diventa l'unico percorso che garantisce gli strumenti necessari per l'accesso qualificato ad ogni facoltà universitaria e gli altri licei diventati una sommatoria incongruente e appesantita di materie specialistiche, tali da risultare un ibrido tra l'aspirazione dichiarata di liceo (sinonimo di percorso scolastico nobile) e la brutta copia, la parodia degli attuali istituti tecnici e professionali che, invece, avrebbero avuto bisogno di essere riformati in maniera approfondita.

C'è poi l'istruzione professionale affidata esclusivamente alle Regioni. Vengono indicate alcune norme di carattere generale, per il resto tutto dipenderà da ciascuna Regione. Ben sappiamo quel che accadrà: in pochissime Regioni questi istituti potranno anche funzionare, ma ci sarà una enorme differenza tra Regione e Regione. Basta pensare al problema dei docenti, delle attrezzature di ciascuna scuola e ai programmi per rendersi conto che soltanto alcune Regioni riusciranno a organizzare istituti efficienti. Di certo gli istituti della Calabria e delle altre Regioni povere non otterranno i medesimi risultati di quelli della Lombardia e dell'Emilia Romagna.

Assunzione di 40.000 precari della scuola: quando l'informazione non è completa

Il 25 giugno 2005 i giornali hanno titolato a tutta pagina *Scuola, quarantamila assunzioni*. Leggendo gli articoli, i lettori ignari dei problemi desumono che si tratta di un fatto importante anche socialmente. I sindacati hanno protestato perché il decreto del ministro Moratti lascia decine di migliaia di posti vacanti: oltre 100.000 posti vacanti fra i docenti della scuola statale e solo 35.000 (pari al 35%) le nomine in ruolo; ridicolo il numero degli ATA (personale amministrativo, tecnico e ausiliario), perché su circa 80.000 posti vacanti le nomine saranno appena 5000, pari al 6,25%. Inoltre il governo non ha applicato la legge 143 del 2004 che prevedeva un piano triennale di nomine in ruolo per coprire tutti i posti vacanti. Quella legge, se attuata, eliminerebbe il precariato.

Una direttrice al ministro: questa è la realtà della sua riforma

A metà novembre del 2004 in tutta Italia insegnanti e studenti hanno manifestato contro la riforma della Moratti. Simonetta Salacone, direttrice di una scuola elementare di Roma, in questa lettera al ministro denuncia i guasti provocati dalla sua riforma.

«Caro Ministro, dopo la sua intervista al "Corriere della Sera" del 17 novembre 2004 sento il bisogno di scriverle. Partiamo dalla sua riforma. Si propone di realizzare competenze più alte nei ragazzi e ci offre tempi più contratti sia del percorso (è possibile addirittura effettuare un anno di meno nell'iter scolastico), sia delle discipline (orari ridotti proprio per italiano, inglese, educazione tecnica, matematica e scienze).

La Sua riforma propone percorsi personalizzati per ogni alunno, contrattati con le famiglie, armonizzati tra docenti e curati da un tutor. Le domando: quali tempi sono a disposizione per l'ascolto degli alunni, per le relazioni nei "gruppi classe", per le riflessioni didattiche, per la progettazione comune dei docenti? Siamo al paradosso: le due ore che la legge 148 garantiva alla scuola elementare per il confronto fra i docenti di ogni team sono state eliminate anziché estese agli altri ordini di scuola.

La collegialità, questa è l'esperienza concreta, è condizione essenziale per esercitare lo scambio e la riflessione sulla didattica.

Oggi la Sua riforma cancella l'idea di un soggetto docente plurale (il team), di una programmazione e progettazione collegiale, di una corresponsabilità nell'azione educativa, introducendo surrettizie divisioni fra tutor e gli altri docenti.

È preoccupante che Lei ritenga che la collegialità sia solo burocrazia: la collegialità garantisce spessore all'azione dei docenti ed è momento di riflessione essenziale di scambio, senza il quale gli interventi di ciascun insegnante sono segmentati, frazionano il sapere in distillati disciplinari precostituiti e disorientano gli alunni che apprendono.

La vera democrazia, come Lei giustamente dice, è "responsabilità di ciò che ciascuno fa nel concreto". Penso, ed è questa l'esperienza che viene dalla scuola elementare, che tale responsabilità non si giochi solo individualmente, ma come corresponsabilità. La partecipazione alla Programmazione progettuale del Piano dell'offerta formativa e alla gestione delle risorse di una scuola sono parte integrante di tale corresponsabilità, non sono appesantimenti burocratici.

Infine, le sembra possibile valorizzare la risorsa docente e ATA (personale amministrativo, tecnico e ausiliario) con i tagli agli organici, con l'innalzamento del numero degli alunni per classe e con la diminuzione degli organici di sostegno, con l'accentuazione degli incarichi precari sui posti che pare sono disponibili negli organici regionali?

La scuola, gentile Ministro, è luogo di relazioni stabili fra alunni, fra docenti, fra operatori e professionisti dell'educazione. Alla scuola servono tempi distesi e qualificati per la didattica, per gli scambi culturali con il territorio.

Serve anche un'alta considerazione sociale e un riconoscimento per il delicato e strategico lavoro che essa compie.

La valutazione, infine, che Lei giustamente afferma essere lo strumento essenziale per una scuola di qualità, deve essere in grado di misurare le competenze strumentali raggiunte dagli alunni, ma anche di apprezzare i risultati che le scuole ottengono sul piano delle qualità sociali e della integrazione dei soggetti più deboli».

Le critiche di un pedagogista

Alla vigilia dell'inizio dell'anno scolastico 2005 il ministro Moratti ha tenuto la consueta Conferenza stampa illustrando la riforma della scuola. Il noto pedagogista Franco Frabboni in un articolo su «Rivista di politica scolastica» ribatte punto per punto alle affermazioni del ministro arrivando a dire che molte affermazioni non sono vere.

«La sua riforma», scrive Frabboni, «finanzia la scuola privata a spese di quella pubblica; non investe un euro per elevare la qualità dell'istruzione, relegando il nostro Paese nelle posizioni di coda delle classifiche continentali; non destina risorse all'edilizia scolastica, lasciando nella fatiscenza le scuole del mezzogiorno. Passiamo alle bugie.

1. Il ministro afferma che l'obbligo scolastico è stato portato a 18 anni. Falso colossale. L'obbligo scolastico è soppresso dalla sua legge e sostituito da un antidemocratico "diritto-dovere" alla formazione.

2. Il ministro afferma che la dispersione è diminuita di cinque punti. Falso vistoso. La dispersione è aumentata tanto da relegarci nelle retrovie europee.

3. Il ministro esulta per avere raccolto quattromila bambini anticipatari (iscritti in prima elementare a cinque anni e mezzo). Bilancio fallimentare e pollice verso da parte dei genitori. L'anticipino ha mestamente raccolto meno dell'1 per cento.

4. Il ministro esulta per il boom della lingua inglese e dell'informatica. Certo, i dati sul numero di chi studia

la seconda lingua e dei computer entrati nelle scuole segnalano cifre elevate. Ma la bugia sta nel non dire che questo duplice percorso di apprendimento è ancora fermo ai blocchi di partenza. La lingua inglese, perché non dispone ancora di sufficienti docenze specializzate (tanto che nelle classi si sillabano le poche parole da mettere in vetrina); l'informatica, perché molti computer a disposizione degli studenti sono tuttora incartonati negli scantinati a causa della mancanza sia di spazi attrezzati, sia di tutor a sostegno di un corpo docente ancora recalcitrante alla pratica diffusa del codice elettronico.

Siamo con il sindacalista che al termine della Conferenza stampa ha commentato: "La Moratti invece di inventarsi surreali favole dovrebbe accettare di corsa la candidatura a sindaco di Milano"».

Le Regioni bloccano la riforma della scuola

Nell'incontro del 16 settembre 2005 con il ministro Moratti i rappresentanti delle Regioni hanno dato un parere negativo alla riforma e in un comunicato dicono: «Abbiamo espresso al ministro il nostro parere fermamente negativo sull'impianto complessivo e sul testo del decreto di riforma del secondo ciclo per le motivazioni già esposte nel documento consegnato nella seduta del 14 luglio 2005. In considerazione dello stato di incertezza e di disorientamento in cui versa il sistema scolastico italiano abbiamo espresso la nostra fondata preoccupazione sull'impianto sostanzialmente dualistico del sistema educativo che non garantisce la pari dignità dei percorsi di istruzione e formazione e perché non è prevista una effettiva copertura finanziaria del sistema regionale. La Conferenza delle Regioni apprezza, comunque, la scelta del governo di accogliere la richiesta di riaprire il confronto politico istituzionale e tecnico con le Regioni e di rinviare a non prima dell'anno scolastico 2007-2008 l'entrata in vigore della riforma».

Secondo i sindacati questa decisione salva il vuoto che inevitabilmente si sarebbe prodotto in una situazione in cui, a quattro mesi dalle iscrizioni, non si sa ancora che fine faranno gli istituti professionali e tecnici e non si conoscono gli sbocchi professionali.

Con la sospensione dell'iter del decreto a gennaio le "matricole" della secondaria superiore sceglieranno ancora i vecchi indirizzi (licei, istituti tecnici, istituti professionali, istituti d'arte) e quindi i relativi sbocchi professionali.

Ma il ministro Moratti ci ripensa

Rinnegando l'accordo tra il ministro Moratti e le Regioni, il 14 ottobre 2005 il Consiglio dei ministri approva il decreto legislativo che anticipa all'anno scolastico 2006-2007 l'inizio della sperimentazione della scuola secondaria superiore.

La Moratti precisa: «Il decreto non specifica la data della possibile sperimentazione della riforma, i licei che lo decideranno, nella loro autonomia, potranno sperimentare le nuove norme». Vasco Errani, presidente della Conferenza nazionale dei presidenti delle Regioni replica: «Le Regioni hanno firmato un accordo con il governo molto chiaro, è stato deciso che nessuna sperimentazione potrà cominciare senza una revisione globale del decreto; si verrebbe a creare una dannosa confusione nella scuola».

Legambiente: salviamo la scuola pubblica

Legambiente, in occasione della manifestazione di protesta contro la politica del ministro dell'Istruzione, ha diffuso un comunicato stampa che esprime un dissenso particolare perché non proviene dagli "addetti ai lavori". Vuol dire che nel Paese c'è anche una consapevolezza del pericolo che corre la scuola statale. «C'è un motivo in più», dice Legambiente, «per mobilitarsi, oggi 14 maggio 2005, contro le riforme Moratti. Tornare ad avere fiducia che la scuola pubblica possa cambiare in meglio. Non è un passo da poco: oggi lo stato d'animo più diffuso è lo sconforto per un lavoro che ci viene sbriciolato tra le mani. Mai la scuola pubblica italiana era finita così in basso. Legambiente sfila oggi insieme a insegnanti, genitori, studenti, personale ATA (amministrativo, tecnico e ausiliario) e sindacati alla manifestazione di Roma. "Mentre aumentano gli iscritti diminuiscono le classi e le cattedre [...] e quindi aumentano gli alunni per classe. Si chiudono sedi di dirigenza [...], azzerati i finanziamenti sulle nuove tecnologie, perso il 46% dei finanziamenti per il sostegno (l'investimento pro capite passa da 127,50 € nel 2001 a 58,13 € nel 2004). Mai la scuola pubblica italiana era finita così in basso"».

La Moratti cancella Darwin, ma gli scienziati protestano

Nei nuovi programmi della scuola media non c'è più l'evoluzionismo. Una decisione che ha provocato l'immediata protesta degli scienziati italiani, i quali hanno firmato un manifesto che, in pochi giorni, ha avuto cinquantamila adesioni. Ha protestato anche l'Accademia dei Lincei e finanche la Pontificia accademia delle scienze. Il decreto del 19 febbraio 2004 ha avuto vita breve. Sotto la spinta di una protesta, in pochi giorni la Moratti ha dovuto reinserire nei programmi Darwin. Dapprima ha tentato di giustificarsi sostenendo che nei programmi degli studi successivi è prevista la presenza e la discussione delle teorie dell'evoluzionismo, ma la protesta l'ha costretta a nominare una commissione di saggi (Rita Levi Montalcini, Carlo Rubbia, Roberto Colombo e Vittorio Sgaramella) per decidere quando e come i ragazzi potranno studiare Darwin.

Il fisico Carlo Bernardini ha osservato: «Il ministro ha imparato a sue spese che le questioni che coinvolgono la comunità scientifica vanno affrontate consultandola, non ascoltando le ideologie favoliste di un pedagogista di fiducia. La decisione è stata presa insieme a una cerchia di collaboratori tutt'altro che scevra da ideologismi».

A febbraio del 2005 la Commissione invia alla Moratti queste conclusioni: «Lo studio dell'evoluzione è essenziale per una visione integrale della vita» e chiede al ministro di riconoscere al più presto l'importanza dell'insegnamento di Darwin sia nella scuola primaria, che in entrambi i cicli della scuola secondaria. Inoltre suggerisce per il futuro di far precedere una pubblica richiesta di commenti all'atto legislativo, anziché gestirne successivamente e faticosamente le contestazioni. E Darwin è stato "reintegrato".

«La relazione del ministro sulla scuola non statale non corrisponde alla realtà»

In una lunga e approfondita analisi, Massimo Mari[3] critica la relazione fatta al Parlamento dal ministro Moratti. «Non corrisponde», scrive, «alla realtà, limitando-

[3] «Valore Scuola», dicembre 2004.

si esclusivamente a valutazioni superficiali e omettendo lacune, contraddizioni e incongruenze. La relazione, infatti, non solo non contiene un'analisi qualitativa del sistema e non dice nulla né sui criteri utilizzati per l'erogazione delle risorse né sulle verifiche delle condizioni che hanno determinato il riconoscimento dello status di scuole paritarie, visto che in prima battuta il riconoscimento è avvenuto solo mediante autocertificazione. Ciò che manca è un'analisi puntuale e comparata con la scuola statale. Analisi, questa, volutamente trascurata perché avrebbe messo sicuramente in risalto alcune insanabili contraddizioni. Ci si limita invece ad una analisi superficiale tutta tesa a valorizzare il sistema della scuola non statale e paritaria senza interrogarsi del perché in Italia la scuola non statale, fatta eccezione per la scuola dell'infanzia, abbia da sempre avuto una dimensione residuale rispetto alla scuola statale».

Mari denuncia altri rilievi: «Allo stato attuale (siamo nel dicembre 2004, *n.d.a.*) sono state riconosciute 12.265 scuole non statali. I decreti di riconoscimento però sono stati emanati senza che l'amministrazione abbia accertato il possesso originario e la permanenza dei requisiti richiesti. Ovvero ci si è limitati semplicemente ad una mera accettazione delle dichiarazioni cartacee degli enti gestori senza verificare *de visu* l'effettiva esistenza dei requisiti imposti dalla legge.

Ciò è avvenuto non solo per quelle istituzioni scolastiche già in possesso del riconoscimento legale, dell'autorizzazione, della parifica e del pareggiamento, ma anche per quelle non statali "non riconosciute" che, secondo le disposizioni ministeriali, hanno degli obblighi prima di acquisire il "riconoscimento" legale e successivamente la conversione di questo in riconoscimento di parità. Del resto il regime di "tolleranza" introdotto dalla circolare 31 ha aperto una preoccupante voragine sul rispetto dei requisiti richiesti dalla legge per il riconoscimento dello status di scuola paritaria. Ci risulta che numerose scuole hanno ottenuto la parità senza possedere, ad esempio, un progetto educativo conforme ai princìpi costituzionali».

Insomma le leggi sulla scuola non statale rappresentano un autentico scandalo. Si tagliano i fondi alle scuole statali mentre aumentano i finanziamenti alle scuole private. E con un'altra legge vengono assunti in ruolo i professori di religione. Ma non è tutto: le leggi imposte dal governo Berlusconi prevedono ulteriori privilegi perché la scuola privata d'ora in poi beneficerà delle iniziative di formazione e di potenziamento dell'offerta formativa, comprese le risorse finanziarie.

Con la maturità della Moratti le scuole non statali sono diventate un diplomificio

Con la nuova maturità, autentico regalo alle scuole non statali, tutti i commissari, escluso il presidente, sono gli stessi insegnanti interni della scuola. La conseguenza è che ora quasi tutti i candidati vengono promossi. Prima le commissioni erano costituite da professori esterni alla scuola, tranne il membro interno che aveva il compito di illustrare ai colleghi la personalità dei candidati e di fornire tutte le notizie necessarie.

Osserva il pedagogista Benedetto Vertecchi: «La nomina di commissari esterni costituiva, anche dal punto di vista simbolico, l'espressione del carattere unitario del sistema scolastico. Un diploma di scuola secondaria conseguito a Trapani o a Busto Arsizio corrispondeva ad un medesimo disegno culturale. Il fatto che i risultati dell'attività delle scuole fossero valutati da commissari esterni, costituiva la garanzia che le condizioni della delega sociale attribuita alla scuola continuavano ad essere onorate. Lo Stato faceva corrispondere alla certificazione degli studi effettuati e alla verifica dei risultati conseguiti il riconoscimento del valore legale dei titoli. Probabilmente, il punto centrale della questione è proprio quest'ultimo, e cioè che, riducendo gli esami ad un adempimento interno delle scuole, si sia effettuato un primo passo verso l'abolizione di tale valore legale.

A chi giova un declassamento delle certificazioni, in un contesto come quello italiano, in cui l'offerta di istruzione è stata e continua ad essere, in massima parte, dello Stato?

Certamente non giova alla qualità degli studi, non giova alla scuola pubblica, non giova all'equità sociale perché chi ha più mezzi e gode di più favorevoli condizioni famigliari avrà possibilità ancora maggiori di successo, indipendentemente dall'impegno profuso per raggiungerlo. Non giova all'unità nazionale, perché il localismo potrà avere la meglio sulla cultura comune. Non giova alla laicità dello Stato perché le certificazioni potranno corrispondere all'affermazione di uno spirito di parte. Non giova alla democrazia, perché quest'ultima si fonda sull'uguaglianza dei diritti e dei doveri e sulla trasparenza degli adempimenti. Allora a chi giova? La prima, la più immediata risposta è quella che tutti immaginano, e cioè alle scuole private, e in particolare a quelle meno qualificate. Ma c'è una risposta più complessa, che tiene conto dell'evoluzione dei sistemi scolastici in alcuni Paesi industrializzati: il declassamento contribuisce a dividere la popolazione. Una parte potrà godere di un'educazione di buon livello, qualificata dall'acquisizione di un consistente repertorio di competenze simboliche; per la parte restante si prepara un destino di marginalità culturale e, di conseguenza, politica».

I candidati alla maturità delle scuole private: in un anno passano da 1000 a 9000

I dati che Massimo Mari cita sono eloquenti: «È stupefacente con quale disinvoltura il ministro liquidi il fenomeno annunciando nuove iniziative contro le "storiche anomalie e irregolarità riscontrate in istituzioni scolastiche non statali" senza individuare compiutamente le cause che hanno determinato, anche in regime di parità scolastica, la ripresa in grande stile del fenomeno. Non si riesce a capire – né viene esplicitato – quali siano le storiche "anomalie" segnalate dal ministro, visto che proprio a seguito di due suoi interventi il fenomeno dei diplomifici è riemerso in tutta la sua gravità. Le statistiche pubblicate dall'*Invalsi* sono indicative della dimensione del fenomeno dei candidati privatisti. Nell'anno scolastico 2000-2001 gli esterni nelle scuole paritarie erano meno di 1000 (1,7%), mentre nell'anno successivo sono saliti a quasi 9000 (15,83%). Dalle informazioni che abbiamo per quest'anno scolastico, la presenza media di candidati esterni sarebbe salita al 18% circa, con picchi che nel Lazio (7324 candidati) e in Sicilia (3459), superano il 45%». Il ministro conosce il fenomeno e annuncia interventi «su storiche anomalie e irregolarità riscontrate in istituzioni scolastiche non statali», ma non è seguito poi nulla. Osserva Mari: «Se l'Amministrazione è a conoscenza del fenomeno e della sua evoluzione, coincidente, dati alla mano, con lo sdoganamento delle commissioni, come mai non sono stati presi provvedimenti adeguati nei confronti di quelle scuole paritarie ai limiti consentiti dalla legge in materie di esami di stato? Eppure dai dati pubblicati nel sito del ministero lo scorso anno, in occasione della formazione delle commissioni, apparivano chiare l'entità del fenomeno e le violazioni delle norme compiute da alcune scuole paritarie. E oltre alle mere dichiarazioni di intenti, quali sono le iniziative prese per quest'anno scolastico visto che il numero dei candidati esterni è aumentato e che costoro si concentrano in molti istituti che già nel precedente anno scolastico avevano esaminato un numero di candidati esterni al di fuori delle norme consentite?

Come può il ministro dichiarare che il fenomeno dei privatisti possa essere contrastato soltanto con una circolare che conferma le medesime norme? Nello scorso anno scolastico nelle scuole paritarie risultavano iscritti alla quarta classe 11.476 alunni, mentre nelle quinte classi gli iscritti erano 25.022, in barba alle disposizioni previste dalla legge sulle paritarie. Non può il ministro non ricordarsi che a seguito della sua circolare n. 31 sono state allargate le maglie per la costituzione di classi collaterali in spregio alla legge, annullando con un colpo di spugna una precedente disposizione che aveva ristretto la possibilità di costituire classi collaterali. Altro che storiche anomalie!».

Tagli alla scuola statale, finanziamenti alla scuola privata

L'aumento dei contributi per le scuole private, rispetto al 2001, è pari a circa 51 milioni di euro, cioè circa 100 miliardi di lire, di cui: 6.197.482 euro (pari a circa 12 miliardi di lire) provenienti dalle risorse della legge 440 per le scuole statali per l'anno 2002. Le risorse sono state utilizzate, in realtà, per dare contributi alle scuole private senza alcun criterio di trasparenza e di legittimità anche contabile. Anno 2003: 565 milioni di euro pari a circa 1130 miliardi di lire. Alle somme in bilancio si aggiungono: risorse 440 per anno 2003, ancora da quantificare, ma in logica di progressione rispetto al 2002; credito d'imposta di 90 milioni di euro per la frequenza nelle scuole private.

Con un decreto del 5 agosto 2005 il ministro Moratti ha elargito 50 milioni di euro per gli studenti che si iscriveranno al primo anno delle scuole private. Il "bonifico" è stato aumentato: va dai 353 ai 564 euro (la cifra aumenta rispetto alle classi di frequenza), mentre l'anno scorso il massimo era 376 euro. Il decreto non si attiene alla legge del 2000 sulla parità che prevede «interventi prioritariamente a favore delle famiglie in condizioni svantaggiate». Quindi anche gli studenti di famiglie ricche avranno il "bonifico". Ecco le cifre complessive: i fondi per le iscrizioni alle scuole private nel 2004 erano 29.692.274 euro; nel 2005 sono saliti a 49.850.554 euro, ossia il 70% in più.

I professori di religione

I professori di religione delle scuole italiane hanno un particolare stato giuridico: il Concordato tra l'Italia e la Santa Sede stabilisce che possono essere assunti soltanto se c'è il parere favorevole del vescovo locale. Prima venivano assunti con incarico annuale, ma con una legge della Moratti 12.000 professori di religione sono passati di ruolo. E c'è nella legge una norma inconsueta: se viene meno la fiducia del vescovo il professore non può insegnare religione, ma continua a prestare la sua attività di docente. E che cosa potrà fare? Se abilitato insegnerà un'altra materia.

Scrive Benedetto Vertecchi (*Le sirene di Malthus*, Anicia, Roma 2004): «Non voglio indulgere a pensieri maliziosi, ma come respingere il sospetto che per alcuni un certo discredito potrebbe non essere tanto sgradito? È evidente, con buona pace dei princìpi dell'uguaglianza dei diritti dei cittadini, che alcuni avranno a disposizione una sola opportunità di accedere ai ruoli della scuola, quella disciplinata dalle leggi dello Stato, altri due, potendo ricorrere in alternativa all'accredito-discredito del vescovo».

Il Consiglio nazionale: i programmi vanno riscritti

Il Consiglio nazionale della pubblica istruzione, che per legge deve dare il parere sui programmi di insegnamento, ha approvato all'unanimità questo documento: «Il CNPI si è già pronunciato sui fondamentali nodi di ordine culturale, pedagogico e didattico sui quali il ministro non ha aperto alcun confronto. Dall'analisi e dalle proposte del CNPI emerge una sostanziale destrutturazione delle indicazioni nazionali, di cui si auspica una riscrittura che tenga conto dei diversi orientamenti del mondo scientifico e pedagogico». Ma il ministro ha ignorato tale richiesta, espressa anche dai sindacati e dal mondo della scuola.

Ritorna il vecchio discorso: la Moratti, come Berlusconi, quando decide di portare avanti una legge o una riforma va avanti ignorando critiche e proposte da qualsiasi parte vengano.

Giuliano Procacci critica i programmi di storia

Lo storico Giuliano Procacci[4] ha analizzato i programmi di storia per le scuole elementari e medie. Si tratta di una critica puntuale e rigorosa che denuncia anche le lacune e le allergie dei «redattori verso il lessico storiografico consolidato». Per l'importanza dell'argomento ritengo sia importante riportare l'articolo del professor Procacci.

«I programmi», premette, «coprono l'intero arco storico che va dal Medio Evo ai nostri giorni e si articolano in una serie di "obiettivi specifici di apprendimento".

[4] «La Stampa», 27 luglio 2004.

Taluni di questi obiettivi si limitano alla mera enunciazione dell'argomento trattato, ricorrendo al lessico tradizionale della manualistica. Ve ne sono però altri (la maggioranza) che sembrano suggerire un tipo di concettualizzazione nuova, ricorrendo a perifrasi e circonlocuzioni non sempre facilmente decifrabili perché prive di ogni riferimento concreto. Si direbbe anzi, come avremo modo di constatare, che i redattori di questi "obiettivi" soffrano di una forma di allergia nei confronti del lessico storiografico consolidato. Ciò rende più difficile comprendere lo spirito e gli intenti con cui sono stati elaborati e quali siano i loro limiti».

La storia d'Europa: una cornice senza quadro

«Ciò che comunque colpisce a prima vista è la limitazione dell'orizzonte geografico alla sola Europa. Nel programma del biennio il solo "obiettivo" che ne fuoriesca – la nascita dell'Islam e la sua espansione – non rappresenta certo un'innovazione. Esso figura infatti con lo stesso titolo in tutti i manuali. Non ritroviamo invece un altro capitolo tradizionale, quello sulle "grandi scoperte geografiche". Si è perciò preferito parlare di un'Europa che si apre ad un "sistema mondiale di relazioni" e che scopre l'esistenza dell'"altro".

Sembrerebbe una formulazione con un certo flavour multiculturalista, ma tale supposizione è smentita dalla constatazione che nei successivi "obiettivi" questo "altro" non si materializza. Né si dice come si venga organizzando il nuovo "sistema mondiale di relazioni" né quali siano i rapporti che si stabiliscono tra il centro e la periferia. Termini quali imperialismo e colonialismo sono accuratamente evitati e la successiva trattazione rimane solidamente ancorata all'Europa. Se si eccettuano quelli relativi alle due guerre mondiali, tutti i sedici "obiettivi" del terzo anno, infatti, sono centrati su di essa e più precisamente sulla sua parte occidentale, e non mi sembra casuale che quello finale, se non conclusivo, sia dedicato all'integrazione europea, quasi essa fosse il coronamento, se non la fine, della storia.

Si prende comunque atto del fatto che la «centralità europea» non sopravvisse alla prima guerra mondiale e all'avvento dell'«età delle masse» (due fenomeni dei quali mi riesce difficile vedere la connessione). Ci si aspetterebbe dunque di essere d'ora in poi informati su ciò che è accaduto in quella parte del mondo che da questo momento ha cessato di essere una periferia, ma la nostra aspettativa rimane delusa. Eventi quali la rivoluzione cinese, l'indipendenza indiana e la decolonizzazione non rientrano in nessuno degli "obiettivi" relativi ai decenni successivi alla seconda guerra mondiale. Non mi riferisco solo a quello che impropriamente continuiamo a chiamare il "terzo mondo". Mi riferisco anche alla Russia e al continente americano, la cui storia risulta marginalizzata, se non assente. Il solo riferimento esplicito è quello alla rivoluzione americana. Sarebbe errato definire come eurocentrica una siffatta impostazione.

L'eurocentrismo è infatti tale in quanto prende in considerazione la storia dei Paesi extraeuropei solo nella misura in cui essa si intreccia con quella del vecchio continente, e le riserva quindi un'attenzione minore e un ruolo subordinato, ma non la ignora come avviene invece nel nostro caso. Più che di eurocentrismo, si tratta dunque di provincialismo, un provincialismo magari a livello europeo, ma sempre tale. Mi sembra superfluo sottolineare come nel mondo globalizzato in cui viviamo questa angustia di orizzonti rappresenti un limite grave.

Storia d'Europa quindi. Ma quale storia d'Europa? Nel preambolo che precede l'elenco degli "obiettivi specifici" si legge che "i fatti, personaggi, eventi ed istituzioni" cui ci si riferisce nella trattazione devono essere correlati "al contesto fisico, sociale, economico, culturale e religioso" nel quale si collocano. Si tratta di un'affermazione pienamente condivisibile, se non ovvia. Solo che dei fatti, personaggi, eventi ed istituzioni non vi sono che scarse tracce nel testo dei vari obiettivi.

Rimangono solo i "contesti" come cornici senza quadro. E neppure tutti.

Privilegiato è infatti quello culturale e religioso. Esso consiste essenzialmente nell'"unificazione culturale e religiosa dell'Europa" che si sarebbe prodotta dopo il Mille e alla quale risalgono "le radici di un'identità comune".

Questa unità religiosa conosce nel corso del '500 una "crisi" (il riferimento – suppongo – è alla Riforma protestante e alle guerre di religione) e nel corso del '600 e del '700 si trova a dover affrontare la sfida di "nuovi saperi" e dell'Illuminismo.

Ciononostante l'identità comune europea continua ad affondare le sue radici nell'unità religiosa e cristiana. Nel bel mezzo di questo percorso si collocano, come un masso erratico, l'Umanesimo e il Rinascimento. I redattori del curriculum, solitamente così loquaci, non spendono infatti una parola circa il loro apporto alla formazione di un'identità europea, limitandosi a riprodurre la formulazione della tradizione manualistica. Se i contesti culturale e religioso appaiono sia pure approssimativamente delineati, altrettanto non si può dire del contesto economico e sociale. Negli "obiettivi" relativi alla storia medievale non figurano ad esempio termini e concetti quali feudalesimo e società feudale che pure appartengono al lessico di base di qualsiasi manuale di storia».

Non adeguata la storia moderna e contemporanea

«Peggio, molto peggio vanno le cose per ciò che concerne la storia moderna e contemporanea. L'omissione più clamorosa è quella della rivoluzione industriale inglese.

Senza una sua adeguata trattazione diventa incomprensibile la successiva estensione del processo di industrializzazione e l'affermazione dell'economia capitalistica in Europa e nel mondo.

Non sorprenderà perciò se conseguentemente sia assente ogni riferimento al contesto economico e sociale e il termine stesso di capitalismo, che pure non dovrebbe essere tra quelli tabù, come non vi figura specularmente quello del suo antagonista storico, il movimento operaio e socialista. A meno che anche ad esso non si riferisca il più sibillino degli "obiettivi", quello relativo alle "ideologie come tentativi di dar senso al rapporto uomo, società, storia".

Se il movimento socialista viene passato sotto silenzio, è ovvio che altrettanto accada per quella variante o, se si vuole, quella degenerazione di esso che è il comunismo.

Non un riferimento alla rivoluzione del 1917 (la stessa sorte era peraltro toccata anche alla rivoluzione inglese) e ai settant'anni della storia sovietica. Ci si limita a inserire l'Unione Sovietica tra i regimi totalitari. Ciò non impedisce peraltro agli estensori del curriculum di dedicare uno dei loro "obiettivi" al "crollo del comunismo nei Paesi dell'Est europeo". Le mort – come diceva il vecchio Engels – saisit le vif».

Gli storici dell'Università di Bologna: i programmi di storia sono schizofrenici

A giugno del 2004 gli storici del Dipartimento di discipline storiche dell'Università di Bologna e 60 insegnanti di ogni grado scolastico si sono riuniti per discutere sull'insegnamento della storia. Il documento finale approvato dice: «Pensare ai programmi vuol dire pensare nuove storie da insegnare con nuovi metodi e nuove risorse: tutte novità che non possono essere elaborate che attraverso seminari, convegni, dibattiti nei quali si incrocino le riflessioni degli storici e degli studiosi dei problemi dell'insegnamento della storia. Ad un esito positivo non portano commissioni formate con cooptazioni partigiane e con orizzonti angusti. E gli attuali programmi non soddisfano nessuna delle due condizioni.

I programmi scolastici dovrebbero raccomandare di fondare la cultura storica sulla conoscenza dei processi di lunga trasformazione che travalichino le barriere cronologiche dei singoli fatti e quelle dei periodi canonici. Non è possibile comprendere il modo in cui si configurano i problemi attuali senza risalire molto indietro nel passato e senza che l'inizio dei fenomeni non sia considerato processualmente legato alla fine attuale».

Si è espressa una forte preoccupazione per la riduzione del tempo d'insegnamento della storia. Infatti un insegnamento efficace per la formazione critica richiede che l'insegnante organizzi e guidi l'apprendimento e le pratiche laboratoriali conseguenti richiedono tempi distesi di interazione tra insegnanti e allievi, dunque maggior tempo per migliorare la formazione storica.

E in uno dei documenti approvati a Bologna c'è un richiamo più allarmante: «Con passione concorde si rivendica il ruolo della formazione storica di tutti i cittadini, indipendentemente dal percorso formativo che ciascuno di essi segue negli anni d'infanzia e dell'adolescenza. Questo ruolo, che già appare assai poco rilevante, rischia di essere ulteriormente depresso da molte mosse del Ministero. Infatti il MIUR, nella sua Guida ai percorsi universitari, non attribuisce ai laureati in storia lo sbocco professionale dell'insegnamento. E le indicazioni ministeriali qui in discussione riducono lo studio della storia antica a una faccenda riservata ai bambini; non assicurano a tutti gli scolari una uguale opportunità di formarsi».

6
Università e ricerca scientifica

Approvata la riforma dell'università

Il governo Berlusconi vuole cambiare anche l'università cominciando dallo stato giuridico dei professori universitari. Lo scenario è sempre il medesimo: il governo se vuole imporre una legge va avanti a testa bassa contro il parere di tutti e infine ricorre al voto di fiducia; e il ministro che dice d'essere stato aperto al dialogo. I docenti universitari l'hanno definita una cattiva legge e la Conferenza dei rettori, in una mozione, l'ha respinta «perché i punti più qualificanti destano sconcerto e viva preoccupazione per la confusione, l'indeterminatezza e la contraddittorietà di alcune norme di fondo».

Martedì 25 ottobre la riforma è stata approvata definitivamente dalla Camera. Per tutta la giornata davanti a Montecitorio e a Palazzo Chigi una folla di studenti e professori hanno manifestato contro la legge.

Il testo uscito dalla Commissione, dicono i rettori, non dà alcuna risposta positiva ai problemi dello stato giuridico e del reclutamento, soprattutto all'esigenza di trattenere i giovani migliori nei nostri Atenei; non sono previsti rigorosi criteri di merito per l'accesso alla docenza universitaria e non eliminano completamente forme di ammissione in ruolo *ope legis*; non è neppure garantito un adeguato riconoscimento del lavoro svolto dai ricercatori in servizio e non tiene conto delle richieste che sono state espresse dall'intero mondo accademico. I rettori definiscono particolarmente grave che la distinzione tra impegno a tempo pieno e a tempo definito sia legata alla sola attività didattica, ignorando completamente quella di ricerca che è invece assolutamente essenziale per i docenti universitari. Infine i rettori osservano che è impossibile approvare una legge sullo stato giuridico e sul reclutamento «a costo zero», come invece è espressamente dichiarato nel testo della VII Commissione.

«Il Comitato di presidenza», dice il documento approvato all'unanimità, «non ritiene che, con simili premesse e considerati i tempi molto stretti a disposizione, la discussione in aula possa modificare sensibilmente e positivamente il provvedimento, evitando i gravissimi danni che, ove confermato dal Parlamento, esso recherebbe al sistema universitario del Paese.

In tali condizioni il Comitato di presidenza ritiene che l'unica soluzione praticabile, e non pregiudizievole rispetto a più organiche e meditate soluzioni future, sia quella di limitare l'intervento ad uno stralcio delle norme di delega per il riordino del reclutamento dei professori e dei ricercatori universitari, in una prospettiva che assicuri il superamento dei limiti dell'attuale normativa in materia».

Tra l'altro, questa riforma prevede concorsi riservati a posti di professore e ricercatore per coloro che hanno una anzianità variabile tra i 15 e i 3 anni di servizio. Si rispolvera così una vecchia formula, quella della riserva di posti, che premia l'anzianità, non il merito.

Tutti gli atenei, ossia i senati accademici, i consigli di amministrazione, i presidi di facoltà, i professori, i ricercatori e gli studenti si oppongono a questa riforma della Moratti. Ma il ministro decide un golpe; anche lei ha imparato che è facile imporre una riforma della massima importanza: fa interrompere la discussione della Commissione e la legge passa in aula per l'approvazione. Non solo, per evitare sorprese chiede il voto di fiducia (il trentesimo) e la riforma viene approvata.

Come per la scuola, tagli alle università pubbliche e soldi alle private

Nel 2004 il governo ha autorizzato l'istituzione di 5 università private e nel 2005 i finanziamenti per questi atenei sono aumentati del 12,9% rispetto al 2002. Ma per il governo questo non basta: nella conversione di un disegno di legge il governo ha fatto approvare un emendamento per un ulteriore incremento del 7%, aumenti sottratti ai fondi destinati alle università pubbliche. E vengono tagliati del 12,6% i fondi per il funzionamento dell'Alta formazione artistica e musicale pubblica.

In un articolo sull'«Unità» Nicola Tranfaglia si pone queste domande: «C'è qualcuno tra i lettori che sa che cosa è l'università privata della congregazione cattolica dei Legionari di Cristo, destinata ad aprire i battenti a Roma nel prossimo ottobre? E qualcun altro che sa perché la scuola Jean Monnet ha ricevuto due milioni di euro e altrettanti ne riceverà nei prossimi due anni per trasformarsi in una nuova Facoltà? Potrei sbagliarmi ma temo di ricevere risposte negative». Spulciando nella legge finanziaria, Tranfaglia ha osservato che nel momento in cui si tagliano le risorse per l'università e la ricerca scientifica, si finanziano facoltà private. «L'università che dovrebbe rappresentare, insieme con la scuola e con la ricerca scientifica, uno dei settori cui dedicare il maggior investimento ai fini dello sviluppo economico del Paese è in una situazione drammatica, come hanno dimostrato all'inizio dell'anno scorso le annunciate dimissioni in massa dei rettori italiani e in autunno la forte mobilitazione di tutte le componenti universitarie, di fronte ai provvedimenti del governo in arrivo sul fronte dello stato giuridico e della nuova ristrutturazione didattica, oltre che per la crescente mancanza di risorse. Sull'università e sulla ricerca scientifica sono le cifre macro-economiche a parlare chiaro.

Grandi e piccoli atenei, da alcuni anni a questa parte, distribuiscono fondi ridicoli per la ricerca ai docenti e ai ricercatori, e la percentuale della ricerca pubblica è ferma allo 0,9% di fronte a percentuali sempre maggiori degli altri stati europei, per non parlare dei primi della classe come gli Stati Uniti e il Giappone che hanno superato il 3% annuo rispetto al PIL».

La realtà e le dichiarazioni del ministro

«Siamo gli ultimi della classe e colpisce l'abisso che c'è tra le dichiarazioni del ministro Moratti e la situazione reale; il CNR è punito da questo governo in maniera crescente come se l'obbiettivo fosse semplicemente quello di chiuderlo a tempo indeterminato. In un anno che si caratterizza per la penuria di risorse in questo settore e che segna per alcune grandi università (è il caso di Roma Tre, per far soltanto un esempio) una consistente diminuzione di fondi rispetto agli scorsi anni, il governo ha deciso di attribuire mezzi rilevanti (ho fatto il caso dei Legionari di Cristo, noti per essere un ateneo che ha in altri Paesi un indirizzo fortemente integralista, ma altri se ne potrebbero fare) a scuole gradite sul piano politico all'esecutivo e a volte sprovviste, per comune riconoscimento, di quel grado di eccellenza sul piano didattico e scientifico che solo potrebbe giustificare un simile trattamento. Così è singolare il caso della scuola Jean Monnet che negli anni scorsi ha distribuito borse di studio e cattedre di insegnamento per studi europei, secondo criteri più o meno misteriosi, e che di colpo diventa una nuova facoltà dotata di grandi risorse in omaggio non si sa bene a quali obbiettivi. Un senatore che ha lunga esperienza di cose universitarie, avendo presieduto a lungo la Conferenza nazionale dei rettori, come Luciano Modica, nel suo intervento in Senato per motivare il voto contrario dei

Democratici di sinistra alla legge finanziaria, ha usato parole precise a proposito del caso appena citato che vale la pena produrre. Facendo alcuni esempi dei criteri usati per l'assegnazione dei fondi alle università, il senatore Modica ha detto: "Il centro San Raffaele del Monte Tabor, sicuramente di grande interesse scientifico nel campo medico, riceve 15 milioni di euro. Voi direte: a seguito di un'accurata valutazione internazionale. No, niente. Sappiamo che una scuola di ateneo a me ignota, la Jean Monnet (*di quale università non lo sappiamo*), si trasforma per legge in facoltà, saltando a piè pari tutte le regole di programmazione dello sviluppo universitario. Questa scuola riceve due milioni annui, da ora in poi. Quindi avremo un piccolo fondo nel bilancio dello Stato ad esso destinato. Sarà importantissima, non dico di no, ma è un pezzetto di un'anonima università". A un simile intervento, pronunciato in un'aula in cui erano presenti soltanto quattro senatori della maggioranza di centro-destra, con l'abituale rispetto che si riserva agli interventi dell'opposizione prima dell'abituale voto di fiducia, non è stata data dal governo nessuna risposta. Per arroganza o per mancanza di argomenti da opporre. Lascio a chi mi legge la risposta all'interrogativo».

Come nasce una facoltà "fasulla"

La Conferenza dei rettori, riunita in assemblea il 20 gennaio 2005, approva all'unanimità un documento per denunciare che sta per nascere una nuova Facoltà senza avere i requisiti previsti dalla legge.

A Villa S. Giovanni alcuni esponenti locali fondano l'Università europea Franco Ranieri e si rivolgono al Ministero per avere il riconoscimento e i finanziamenti. Il Comitato regionale universitario e quello nazionale per la valutazione del sistema universitario esprimono parere negativo. Poiché emergono difficoltà, i "fondatori" presentano una nuova documentazione (questa volta con il parere favorevole del Comitato regionale) e il Ministero riapre l'istruttoria. L'Università di Villa S. Giovanni non è una novità. A Roma è stata l'Università degli studi europea e a Enna la libera Università della Sicilia orientale. Quest'ultima aveva avuto il parere contrario del Comitato regionale.

La Conferenza dei rettori è decisamente contraria al proliferare di università che rilasciano titoli aventi valore legale e che non hanno i requisiti scientifici, adeguate garanzie sulla qualità e la trasparenza dei percorsi di studio.

Sull'istituzione dell'Università di Villa S. Giovanni il Comitato nazionale per la valutazione osserva: «Il piano finanziario è del tutto superficiale; l'attività di ricerca per Economia e Giurisprudenza è inesistente e quello di Odontoiatria si basa su un fantomatico centro di ricerche CERU che si definisce di eccellenza; non esiste alcuna documentazione sulla disponibilità di reclutamento di 14 docenti di ruolo, né sulle modalità di reclutamento degli ulteriori 35 docenti di ruolo; non è vero che a Reggio Calabria non esiste un corso di Economia, già funzionano il corso di laurea in Economia dei beni Culturali e del Turismo e uno in Scienze Economiche».

La Conferenza dei rettori, espresso il «totale dissenso» per l'iniziativa, ha ribadito l'assoluta necessità che il Ministero tuteli il prestigio dell'università italiana e chiede che non venga concessa l'istituzione dell'università.

La politica clientelare di questo governo supera ogni previsione ed è avallata addirittura dal presidente del Consiglio. Il voto contrario della Conferenza dei rettori non conta: alla vigilia delle elezioni regionali, il primo aprile 2005, Berlusconi va a Reggio Calabria per evidenti motivi elettorali e annuncia che presto ci sarà il riconoscimento dell'Università Ranieri di Villa S. Giovanni. Immediatamente il rettore della locale università, Alessandro Bianchi, presenta le dimissioni al presidente della Conferenza dei rettori ribadendo che «l'Università di Villa San Giovanni non possiede alcuno dei requisiti per qualificarsi tale».

Arrivano le università telematiche: «Poveri utenti, povera ricerca, povero Paese»

Il 19 aprile 2003 il ministro Moratti emana un decreto che istituisce le università telematiche. Raffaele Simone[1] sulla «Stampa» scrive: «Il decreto inventa nientemeno una nuova specie animale, le "Università telematiche". Si prevede che i titoli accademici (quindi lauree, master, dottorati e così via) potranno essere rilasciati da istituzioni universitarie create da soggetti pubblici e privati. Operano in rete, stabiliscono il rapporto con lo studente mediante un contratto, tengono esami e possono finanche reclutare professori e ricercatori a tempo indeterminato. Accanto a questo personale, le università possono ingaggiare esperti che posseggano i requisiti "tecnico professionali" necessari (professionisti, operatori e altri: *todos professores*). La qualifica di "università telematica" viene conferita da un comitato composto di sette persone, di cui tre designate dal Ministro dell'istruzione e tre dal Ministro per l'innovazione. Le università "vere" sono lasciate del tutto da parte.

Già il linguaggio di questo decreto mette sconforto, per le insistenti metafore tecnologiche-aziendali di cui la gestione Moratti si è fatta paladina: gli studenti sono chiamati "utenti finali", si discute delle "architetture di sistema" dei corsi, e, nell'articolo 3, si accenna ad una

[1] «La Stampa», 27 maggio 2003.

cosa oscura denominata "adattività", ovvero la possibilità di personalizzare la sequenzializzazione dei percorsi didattici sulla base delle performance e delle interazioni dell'utente coi contenuti on line.

Ma la sostanza è anche peggio. Tradotto per il popolo, il decreto stabilisce che qualunque entità pubblica o privata (anche un imprenditore o – si può temere – una scuola di ripetizioni a pagamento, di quelle di cui in Italia c'è rigoglio) può creare una università telematica, al di fuori di ogni verifica da parte del sistema universitario vero e proprio.

Si tratta di un altro, poderoso contributo alla privatizzazione dell'università e alla degradazione della ricerca di alto livello. Un'università è infatti un'entità delicata, perché ha bisogno di due cose che si accumulano coi decenni ma si distruggono con nulla: una collettività qualificata di persone e un *know how* specifico, in cui l'insegnamento è il precipitato faticoso di una cosa facilmente degradabile. Questa cosa si chiama "ricerca". Non si conoscono, nel mondo civile, università che non abbiano la ricerca come propria centrale energetica. L'invenzione delle università telematiche si libera di questi dettagli, e invita tutti, anche i più disinvolti, a darsi da fare per acchiappare per contratto gli "utenti finali".

Poveri "utenti finali", povera ricerca, povero Paese...».

La protesta dei rettori

Appena diffuso il decreto sulle università telematiche la Conferenza dei rettori approva questo documento: «La Conferenza dei rettori ha ripetutamente sottolineato che l'introduzione delle Università telematiche nel nostro Paese debba avvenire alla luce delle migliori esperienze di altri Paesi europei, in particolare guardando come valido modello alla *Open University* britannica, in quanto in essa si realizza l'unità tra didattica e ricerca, che non è adeguatamente tutelata invece dal decreto del ministro.

Esprime una netta contrarietà all'inserimento nel sistema universitario italiano di un canale parallelo che, non opportunamente disciplinato, potrebbe condurre a una proliferazione di soggetti mossi da prevalenti interessi economico-commerciali. Nel merito di alcune modalità più strettamente operative, racchiuse nel Decreto, non appare infine chiara la normativa sul ruolo dei docenti all'interno del nuovo contesto didattico, né quella relativa ai criteri di valutazione della qualità e alla individuazione dei soggetti chiamati ad esprimersi sul punto.

La Conferenza dei rettori ritiene indispensabile che almeno un membro CRUI partecipi all'attività del comitato di esperti per la definizione della modalità di istituzione delle Università telematiche e per la verifica del rispetto della normativa del DM 509/99 quanto all'attivazione di nuovi corsi di studio.

La CRUI aveva indicato nel modello delle *open universities* britanniche un riferimento da privilegiare per dare attuazione alle innovazioni contenute nel testo. La proposta allora formulata si ispirava alla necessità di predisporre delle iniziative di cambiamento capaci di coinvolgere organicamente l'intero panorama universitario, evitando di allestire interventi episodici confinati a realtà isolate del sistema. Due elementi meritano particolare attenzione e garantiscono il buon funzionamento del sistema: l'integrazione tra didattica e ricerca e il rispetto di requisiti minimi per tutte le università. Tale posizione, che tuttora anima il parere della Conferenza, viene rinnovata in questo documento e affiancata da una ricognizione sugli aspetti maggiormente problematici del Decreto offrendo, nel contempo, elementi di riflessione e linee guida per tracciare un efficace percorso attuativo da intraprendere».

Tremonti nomina titolari di cattedre universitarie alcuni dirigenti del Ministero

Tranfaglia ci racconta un nuovo metodo per far lievitare la ricerca scientifica delle nostre università: «Vorrei ricordare soltanto un precedente interessante di cui ormai molti si sono dimenticati. Il governo Berlusconi non è nuovo a simili incursioni in campo universitario. Nel 2002 il protagonista fu l'allora ministro dell'Economia e attuale vicepresidente di Forza Italia, proprio quello che scrisse anni fa per l'editore Laterza un libro intitolato *Lo stato criminogeno*. Due anni fa Tremonti decise di trasformare di punto in bianco in una facoltà universitaria la Scuola Superiore di Studi tributari, riservata fino a quel momento ai funzionari del suo ministero, e stabilì per legge che gli insegnanti di quella scuola, di solito dirigenti del ministero, fossero nominati *motu suo* professori universitari di prima fascia, cioè professori ordinari. Un bell'esempio, non c'è che dire, di rispetto delle regole di programmazione universitaria e della legge per la nomina dei professori universitari. Ora le eccezioni si moltiplicano e le lobbies, vicine o gradite al governo, diventano assegnazioni privilegiate e arbitrarie della legge finanziaria. A quando la nomina per chiara fama dei sodali del nostro monocrate? Non c'è che aspettare i prossimi capitoli di questa storia italiana».

La ricerca scientifica

La ricerca scientifica è determinante per lo sviluppo di un Paese. Si tratta di un concetto ovvio che nessuno mette in dubbio. Allora, come spiegare che questo governo per anni ha bloccato le assunzioni di giovani che avevano vinto un concorso di ricercatore? E perché continua a tagliare i fondi per la ricerca, per la scuola e per l'università? Le conseguenze sono ovvie, lampanti: l'Italia rimarrà indietro non soltanto nei settori culturali e scientifici, ma anche in quelli industriali. Ma l'allarme dei nostri scienziati non viene recepito dal governo. La Commissione europea ha pubblicato i dati statistici sullo scambio di ricercatori nel 2003 che colloca l'Italia agli ultimi posti: i ricercatori venuti in Italia sono 3500, quelli che sono andati all'estero ben 34.400. Chi può scappa!

L'Accademia dei Lincei boccia il documento della Moratti sulla ricerca scientifica

«L'attività di ricerca e sviluppo è determinante per la competitività del sistema economico e quindi fattore fondamentale per la generazione di ricerca, posti di lavoro, coesione sociale». Così viene definita la ricerca scientifica nel Piano nazionale della ricerca e sviluppo 2004-2006 del ministro Moratti. Una definizione inaccettabile per l'Accademia dei Lincei, che il 14 aprile ha approvato all'unanimità un documento (raramente si registra un voto unanime dell'Accademia) che spiega i motivi del dissenso.

In una intervista di Simonetta Fiori, Giorgio Careri, fisico di esperienza internazionale che ha presieduto la Commissione per la ricerca, premette che lo scopo del documento dell'Accademia dei Lincei è quello di contrastare alcune posizioni del governo che potrebbero essere lesive per la cultura del nostro Paese.

«Ciò che ci divide dal ministro», osserva, «è la diversa considerazione della ricerca nello sviluppo culturale del Paese. Perché non si dice che Ricerca e Sviluppo sono determinanti anche per la maturazione culturale del nostro Paese? E ancora, il "capitale umano", dizione già assai infelice, viene definito solo come "*l'insieme delle conoscenze, capacità, competenze, prerogative degli individui che agevola la creazione del benessere personale, sociale ed economico*". Perché non viene riconosciuto anche il contributo umano alla crescita di cultura del Paese? In tutto il Piano si insiste su un punto: che la funzione della ricerca è quella di contribuire alla competitività del Paese, con processi e prodotti competitivi sul mercato globale. È questa visione riduttiva della ricerca che noi non possiamo accettare.

Il documento è stato approvato in forma unanime dalle classi riunite: un fatto insolito per l'Accademia dei Lincei. È nato anche dal nostro profondo disagio di vedere tanti bravi giovani senza un futuro nel campo della ricerca. Ieri sera l'abbiamo presentato al ministro Moratti. La nostra riflessione si articola intorno a tre punti. Forse il più importante è l'accesso alla ricerca dei più giovani, che poi rappresentano la futura cultura. Un dato del Piano Nazionale dovrebbe far riflettere: negli ultimi tre anni i professori di prima fascia (gli ordinari) sono aumentati del 40%, mentre i ricercatori (terza fascia) sono aumentati del 6%. Una crescita alla rovescia rispetto a uno sviluppo sano. Bisognerebbe allargare la base della piramide, sostenendo la categoria più debole. I dati ufficiali del 2000 disegnano una struttura nella quale figurano 16.000 professori ordinari, 17.637 associati e 19.806 ricercatori. Il rapporto non è squilibrato.

Per potenziare i ricercatori bisognerebbe usare il 50% del budget ricavato dai pensionamenti: in questo modo si potrebbe ottenere in dieci anni il raddoppio della base dei ricercatori. Un altro modo, più rapido, è quello di immettere nel sistema finanziamenti riservati a questo scopo: l'attuale scarsità dei fondi può produrre effetti nefasti. La vita della cultura dovrebbe essere alimentata senza interruzioni, non con finanziamenti straordinari, come purtroppo accade oggi.

Esiste un legame profondo tra ricerca spontanea e cultura. Purtroppo nell'impostazione che ha dato il ministro Moratti, la libera ricerca viene valutata quasi esclusivamente per le sue ricadute economiche. Non le viene riconosciuto un ruolo nello sviluppo civile del Paese».

Il ministro contro gli scienziati europei e contro l'Accademia dei Lincei

Gli scienziati contro la Moratti è il titolo di «Repubblica»[2]. L'Unione Europea decide di creare un nuovo canale di finanziamento della ricerca di base: un miliardo di euro l'anno da destinare a progetti di eccellenza, svincolati dai programmi dei singoli governi e dalle lungaggini burocratiche. Il ministro Moratti è andato a Bruxelles per dire che non condivide questo tipo di destinazione dei fondi e quindi li rifiuta. Incredibile!

L'Accademia dei Lincei diffonde questo comunicato: «Riaffermiamo e condividiamo le proposizioni recentemente espresse sulla creazione dell'European Research Council da 52 organismi europei, dal Gruppo dei premi Nobel europei e da altri autorevoli scienziati mentre la posizione del ministro della Ricerca attacca proprio i tre criteri di eccellenza scientifica, indipendenza, snellezza burocratica, basilari per rilanciare la ricerca di base. L'Accademia, per statuto referente scientifico del presidente della Repubblica, si rammarica di non essere stata consultata né in fase di concepimento del documento, né soprattutto, prima della stesura di una versione che non può essere condivisa, anche perché pericolosa per il prestigio degli scienziati italiani in Europa».

Spieghiamo che cosa è accaduto. Alla scadenza del sesto programma-quadro triennale dell'Unione Europea,

[2] «la Repubblica», 26 novembre 2004.

destinato a finanziare la ricerca scientifica, sono stati stanziati 18 miliardi di euro, di cui 2 e mezzo destinati alla ricerca biomedica, ma in gran parte assorbiti dai programmi di studio sull'agricoltura. Non essendoci un capitolo dedicato alla ricerca di base, settore nel quale l'Europa perde terreno anno dopo anno nei confronti degli USA, l'Olanda ha presentato la proposta di creare un secondo canale, gestito dall'European Research Council, mirato alla ricerca di base, ma svincolato dalle scelte politiche dei singoli governi e affidato alla comunità scientifica. Tutte d'accordo le associazioni dei ricercatori europei (oltre 4000 iscritti), contraria la Moratti. Evidentemente il ministro voleva che fosse il suo governo a decidere i destinatari dei fondi assegnati all'Italia.

Il professor Jacopo Meldolesi, presidente della Federazione italiana scienze della vita e farmacologo al San Raffaele di Milano, spiega: «L'iniziativa prevede la scelta e la gestione dei progetti direttamente da parte della comunità scientifica, con procedure libere ed agili, che premiano la qualità rispetto alle implicazioni politiche. Forse è proprio questo il nodo del problema che ha spinto l'Italia, assieme a Grecia e Portogallo, a mettersi di traverso».

Lettera della Moratti al «Corriere» sulla ricerca: un boomerang

In un articolo sul «Corriere della Sera», Francesco Giavazzi ha esaminato l'attuale situazione della ricerca scientifica in Italia, sottolineando, tra l'altro, che il blocco dell'assunzione dei ricercatori, che il governo si appresta a reiterare, è la morte della ricerca. A Giavazzi il ministro Moratti ha replicato sullo stesso giornale. Scrive la Moratti: «Le osservazioni di Francesco Giavazzi meritano alcune precisazioni. Non vorrei che, in seguito a tali considerazioni, peraltro basate su dati OCSE del 1999 ormai in parte superati, prevalesse l'antica sfiducia sulla scienza al servizio della competitività del Paese».

Il ministro cita i recenti dati riportati da David King sulla situazione della ricerca di vari Paesi, osservando che l'Italia, per il numero di pubblicazioni e di relative citazioni nella letteratura mondiale, figura al terzo posto a livello mondiale dopo Regno Unito e Canada, precedendo USA, Francia, Germania e Giappone. Inoltre l'Italia, con 1630 lavori nel quinquennio 1997-2001, ha registrato[3] l'incremento maggiore per i lavori più citati a livello mondiale. Quindi la Moratti conclude: «I dati raccolti da King dimostrano che l'eccellenza scientifica di un numero elevato di nostri ricercatori è di valore internazionale, è assai diffusa nell'ambito del sistema scientifico nazionale, non è limitata agli esempi citati da Giavazzi e risulta meritevole di una positiva considerazione».

Allora siamo ai primi posti? Niente affatto. I dati del ministro vengono smentiti da Giavazzi e da altri che sono intervenuti nel dibattito. C'è da osservare che anche in questa circostanza i collaboratori del ministro potevano essere un po' più attenti nel fornire gli argomenti di risposta alle critiche sulla situazione della nostra ricerca scientifica. Giavazzi precisa: «Nell'*Impatto scientifico delle nazioni* David A. King spiega che non si possono semplicemente sommare le citazioni di articoli appartenenti a discipline diverse: per confrontarle bisogna prima renderle omogenee. Il risultato di questo esercizio mostra che l'Italia ottiene un dignitoso dodicesimo posto, a pari merito con la Francia, ma 4 posti sotto il Belgio e 9 sotto la Danimarca. Anche questo indicatore del valore della produttività scientifica di una nazione è, secondo me, ingannevole. Nella ricerca conta solo l'eccellenza: ciò che non è eccellente non lascia

[3] «Corriere della Sera», 11 novembre 2004.

traccia nella storia. Se ci limitiamo al numero dei Premi Nobel in materie scientifiche (chimica, fisica e medicina) a ricerche svolte in Italia sono stati attribuiti 6 Premi, di cui 3 prima della Seconda Guerra mondiale; alla Francia 21».

Ma la Moratti non accoglie questa tesi perché alcuni mesi dopo, e precisamente il 30 giugno 2005, il ministro replica a un altro articolo sulla ricerca di Giavazzi sul «Corriere», ripetendo che «David King, consigliere scientifico di Tony Blair, afferma che il nostro Paese si colloca al terzo posto nel mondo per numero di pubblicazioni e relative citazioni per ricercatore». E Giavazzi risponde: «Ho già dimostrato che le tabelle del professor King, se lette correttamente, offrono una immagine meno edificante dei risultati scientifici dei nostri ricercatori. Evidentemente il ministro lo ha scordato».

Un'altra replica al ministro viene da Pia Locatelli, deputata e relatrice della Commissione industria e ricerca del Parlamento europeo, che scrive al «Corriere»: «Confesso d'aver letto con crescente perplessità l'articolo con cui la Moratti invitava ad un giudizio obiettivo sul valore della scienza italiana. A sostegno del valore della nostra scienza si utilizza in modo strumentale un solo indicatore, quello relativo alle pubblicazioni e delle citazioni nella letteratura mondiale per ricercatore che paradossalmente ci collocherebbe ai primissimi posti nella graduatoria mondiale in tema di ricerca, prima degli USA, del Giappone e di tanti altri. Magari fosse così la realtà! Sono più propensa a considerare attendibili i risultati dello studio della Fondazione Rosselli, recentemente pubblicati dal "Corriere".

In queste settimane sto incontrando numerosi esponenti del mondo della Ricerca, sia italiani che europei. Nessuno ha delineato un quadro così positivo dello stato della ricerca in Italia. Al contrario, quasi tutti hanno messo in evidenza le difficoltà, le carenze, i ritardi. Allora cosa chiedo al ministro Moratti? Solo di aiutare, con le sue indicazioni, a meglio diagnosticare lo stato di salute, o meglio di malattia, della ricerca in Italia ragionando sull'insieme di questi tre indicatori: stanziamenti pubblici e privati rispetto al PIL; numero di ricercatori per 1000 lavoratori; numero di brevetti depositati. Vale a dire: risorse finanziarie, risorse umane, produttività. Non solo, chiedo di collocare questi dati italiani all'interno delle graduatorie europee e mondiali. Avremo un quadro più oggettivo di come sta il nostro Paese in tema di ricerca».

Le denunce di rettori e professori

Mauro Mancia dell'Università statale di Milano, direttore dell'Istituto di ricerca sul sonno, e il professor Enrico Decleva, rettore dell'Università statale di Milano, hanno scritto a «Repubblica» per rilevare l'attuale situazione della ricerca in Italia. Mancia: «Tutta la ricerca applicata sulle molecole che influenzano il sonno si fonda su ricerche di base relative ai meccanismi neurofisiologici e neurochimici capaci di indurre e mantenere lo stato di sonno. Se non si conoscono i meccanismi della neurobiologia molecolare non potremmo mai capire come uno psicofarmaco possa agire. Analogamente farmaci che agiscono sul cuore non potrebbero dare una garanzia se non si conoscesse la elettrofisiologia delle fibrocellule cardiache. Ora, la ricerca di base, anche se ha una ricaduta sul piano clinico, non può godere presso le industrie dello stesso interesse che queste ripongono nella ricerca applicata. Quindi, depauperata di un prioritario impegno pubblico, la ricerca di base è destinata a languire.

Per contro il governo, a scopo di immagine, ha impegnato 1 miliardo di euro in dieci anni per il funzionamento dell'Istituto di Tecnologia, scimmiottando il MIT e sottraendo la maggior parte dei fondi per la ricerca universitaria che invece è l'unica che potrebbe attualmente assicurare i migliori esiti con il minor costo, dal momento che tutti i laboratori sono funzionanti ma con scarsa produttività per l'esiguità dei fondi e la fuga dei cervelli».

Il professor Decleva: «È un momento in cui tutto è in pericolo. Ma l'aspetto più grave non è la scarsità di finanziamenti. Riusciamo, infatti, qui a Milano, a racimolare ancora l'indispensabile attraverso i fondi europei, le fondazioni, le commesse che il nostro ateneo arriva ad ottenere, ma quello che più preoccupa sono le strozzature imposteci che impediscono l'immissione dei giovani. I blocchi delle assunzioni hanno lasciato fuori della porta migliaia di giovani vincitori dei concorsi, inoltre siamo al quarto anno di stop alle assunzioni di personale tecnico, con grave impedimento al funzionamento dei laboratori. Il rischio è di compromettere anche quei risultati di alta qualità che alcuni gruppi di nostri ricercatori hanno raggiunto, ad esempio in campo biomedico o nelle nuove tecnologie. Abbiamo davanti poco tempo. Fra alcuni anni un gran numero di docenti andrà in pensione e ci si ritroverà nel vuoto se non saranno state immesse al lavoro le nuove leve che dovrebbero subentrare».

Il MIT: per le iniziative politiche i soldi si trovano

Il professore Piero Tosi, rettore di Siena, nonché presidente del CRUI, che raggruppa 77 atenei, denuncia: «Per la ricerca devo rinnovare il lamento ormai consueto del progressivo depauperamento dei fondi destinati ad alimentarla. Quello che non comprendiamo è l'aver voluto promuovere un progetto completamente spurio rispetto al nostro sistema, anzi dichiaratamente in conflitto con tutti i protagonisti della realtà italiana, l'Istituto di alta tecnologia di Genova. Ci stupisce l'alta dotazione finanziaria, ma più di ogni cosa ha lasciato in noi un senso di costernazione l'aperta sfida lanciata contro l'Università, quell'atteggiamento di sostituzione dell'Università con altro dall'Università, come se nell'Università non si potesse sviluppare quello che viene definito "eccellente". Se la cosiddetta "eccellenza" può esistere solo fuori dell'Università questo significa allora che l'Università deve umilmente assumere il ruolo di un super liceo o di un super istituto tecnico?».

La creazione di questo istituto ha provocato molte polemiche. La prima stranezza: si tratta di una iniziativa del ministro dell'Economia, Tremonti, non dell'università; tanto che la creazione e i fondi sono previsti dalla Finanziaria 2003. Chi ha avuto l'idea ha preso come modello il MIT, il famoso Massachusetts Institute of Technology, tanto che nella fase progettuale è stato inviato a Harvard il ragioniere dello Stato. Possibile che promotori e sostenitori dell'iniziativa non abbiano pensato che quel modello ha una origine e una storia particolari tanto che non esiste nel mondo un altro istituto con le medesime caratteristiche? Non hanno neanche pensato che il contesto e la tradizione del MIT non è imitabile. E l'Italia, di certo, non potrà attrarre, come fa il MIT, i migliori cervelli del mondo. Non è azzardato dire che trattasi, almeno per ora, di una iniziativa provinciale. Per trovare i soldi nessun problema, anche se sono molti: 50 milioni di euro per il primo anno e 100 per i successivi. Ebbene, nel 2005, due anni dopo lo stanziamento dei fondi, le borse assegnate sono appena 35, per una spesa di 1,2 milioni di euro, meno del 10% del budget a disposizione.

Raffaele Simone[4] osserva: «Tutti sanno che la ricerca in Italia non è proprio al suo massimo. Ce lo dicono alcuni dati ISTAT e di altre istituzioni europee, che richiamo rapidamente: su 100 persone impiegate, i ricercato-

[4] «La Stampa», 11 dicembre 2003.

ri (compresi i docenti universitari) sono 3,2, una delle ultime posizioni in Europa; nell'ultimo decennio l'età media del personale addetto è salito da 41-50 a 51-60; nel 2010 andranno in pensione circa il 60% delle persone attive in quest'ambito; i ricercatori del settore pubblico sono circa 17.000, molto meno della media europea, per raggiungere la quale ne occorrerebbero 50.000 in più; da vent'anni, senza interruzione, il rapporto tra finanziamenti di ricerca e PIL, in Italia, è il più basso d'Europa.

E cosa fa il governo? Per porre rimedio a questa situazione? Potenzia le università? Macché, crea una Cosa, che battezza *Istituto italiano di tecnologia* (in sigla ITT), con un nome ripreso, con rischiosa superbia, da quello del famoso MIT, il Massachusetts Institute of Technology di Cambridge, negli Stati Uniti.

La breve storia dell'ITT non è tranquillizzante. Intanto è stato partorito dal Ministero dell'economia con la Finanziaria del 2003, tenendone del tutto all'oscuro il mondo universitario e della ricerca. Strana circostanza, aggravata dal fatto che, per propagandarlo all'estero, si stanno adoperando gli uomini delle finanze e non quelli della ricerca. Pensate: per magnificare l'ITT e invogliare al ritorno alcuni "cervelli" italiani espatriati, è stato spedito a Harvard il ragioniere generale dello Stato. Inoltre, prima ancora di essere istituito, l'ITT ha lucrato un finanziamento mai visto nella storia della ricerca italiana: 50 milioni di euro per il primo anno e 100 milioni all'anno per i successivi. Una ingente massa di denaro, la cui gestione sarà affidata ad un commissario che verrà designato dai ministri dell'Economia e dell'Istruzione.

Alcuni prestigiosi professori dell'Università di Torino definiscono l'ITT "un intervento *ex machina*", che "alla fine distruggerebbe più di quanto potrebbe creare"».

La ricerca scientifica e la legge finanziaria

Nel dibattito sulla Finanziaria il governo ha confermato il disinteresse per la ricerca scientifica ed è il caso di soffermarsi su alcuni interventi. Walter Tocci, presentando un articolo aggiuntivo per l'istituzione di un fondo per la realizzazione della ricerca, ha detto: «L'Italia in questo campo ha una tradizione importante. Basti pensare ai grandi laboratori del Gran Sasso oppure al CERN. Negli anni però non vi è stato alcun programma di investimenti e ci rimane soltanto la partecipazione ad alcune convenzioni internazionali per la gestione di infrastrutture europee, ma anche in questo campo stiamo facendo delle figuracce. Cito soltanto l'esempio del sincrotrone di Grenoble al quale l'Italia partecipa con una convenzione, ma da tre anni il governo italiano non paga la retta annuale e costringe i nostri ricercatori a recarsi a Grenoble facendo la brutta figura di essere considerati ricercatori di un Paese moroso».

Poi l'onorevole Tocci illustra il suo articolo aggiuntivo che riguarda l'Istituto nazionale di fisica della materia: «Era uno dei più brillanti istituti di ricerca del nostro Paese e voi avete deciso, due anni fa, di smantellarlo; ma ormai vi siete resi conto d'aver commesso un gravissimo errore. Voglio soltanto citare alcune cifre per illustrare i danni che questa vostra decisione ha provocato. In soli due anni c'è stata una riduzione del 33% degli *spin off* sui quali l'Istituto di fisica della materia era molto ben preparato. In due vi è stato un calo del 21% del deposito di brevetti. Voi parlate sempre di innovazione, di brevetti, di *spin off* e poi demolite l'Istituto di ricerca meglio piazzato su queste tematiche.

Stiamo parlando di uno dei settori più promettenti della scienza moderna, il settore delle nanotecnologie nel quale l'Italia ha ancora molte carte da giocare e sarebbe veramente un peccato vedere questo Istituto di ricerca che avrebbe bisogno dell'aiuto dello Stato e di tutti noi, così in difficoltà, così appannato per la vostra sciagurata decisione di smantellarlo».

E l'onorevole Roberta Pinotti aggiunge: «L'Istituto di fisica della materia è un istituto nel quale, su 3700 associati, il 50% sono giovani. Stiamo parlando di un Istituto riconosciuto in Europa ad altissimo livello per la ricerca svolta. Chiediamo che questo istituto non venga chiuso».

A questo punto chiede di parlare il viceministro dell'Istruzione, dell'università e della ricerca, che dice: «Intervengo per smentire nel modo più totale e fermo che l'Istituto sia in via di smantellamento. Questo è un modo per calunniare il governo senza tener conto della confluenza dell'istituto nel CNR per potenziare la ricerca italiana nel campo delle nanotecnologie».

L'onorevole Roberta Pinotti replica ricordando: «Quando il governo ha deciso di inserire l'istituto nel CNR vi avevamo fatto presente che un istituto così piccolo difficilmente può modificare le modalità organizzative di un istituto tanto grande suggerendo di attendere la riorganizzazione del CNR».

E Walter Tocci: «Onorevole Possa, lei è un ingegnere quindi deve risponderci non con parole al vento, ma con numeri. Le ho posto una domanda ben precisa: le risulta che in questi due anni, in seguito alle decisioni che avete preso sull'Istituto, i brevetti siano diminuiti del 21%? Ha un'altra cifra da contrapporre? Inoltre il suddetto Istituto dal 1998 ha creato ben 30 nuove piccole aziende nel settore dell'innovazione e della ricerca fondamentale. E negli ultimi anni la domanda di imprese per *spin off* nell'Istituto nazionale di fisica della materia è diminuita del 33%. Lei deve rispondere ai numeri che le sto esponendo non con chiacchiere al vento.

Voi pensate in questo modo di risparmiare, ma in realtà state producendo un grave danno. Faccio soltanto un esempio: nel campo della fisica della materia avete operato tagli per 26 miliardi di euro e la conseguenza è stata la perdita in quel settore di ben 37 miliardi di progetti europei. Quindi quello che presentate come risparmio è in realtà uno spreco di risorse perché impedite ai nostri ricercatori di ottenere fondi europei».

Naturalmente la proposta di Tocci per un articolo aggiuntivo è stata respinta con 253 voti contro 195. È la sorte della ricerca scientifica italiana.

Tra il 2002 e il 2005 le università italiane hanno avuto un taglio di 750 milioni di euro.

Ma a settembre del 2005 il ministro ha dichiarato: «Dal 2002 l'impegno dello Stato in ricerca è aumentato fino a raggiungere l'attuale 0,72% del PIL, contro una media europea dello 0,6%. Inoltre 1100 milioni di euro sono stati stanziati per 12 programmi strategici in grado di incrementare la competitività delle nostre imprese sui mercati internazionali». Replica la CGIL scuola: «Peccato che nessuno sia oggi in grado di fornire il dato medio europeo dell'impegno pubblico in ricerca, visto che i dati, sia di Eurostat che dell'OCSE, si fermano al 2003, quindi quello 0,6% dichiarato dal Ministro non si sa da dove venga. Inoltre i 1100 milioni di euro che sarebbero stati stanziati per i grandi progetti strategici in realtà sono solo delle anticipazioni di fondi che poi le imprese dovranno restituire. Come idea di investimento non ci pare proprio il massimo. In compenso negli enti di ricerca continua il blocco delle assunzioni, mancano i soldi anche per la pura sussistenza ed i giovani continuano ad andarsene. Bel risultato di 4 anni di politica nella ricerca».

7
Beni culturali, ambiente, condoni

Come si cambia un Ministero

Per meglio comprendere quel che racconteremo occorre ricordare le prime mosse del nuovo ministro dei Beni culturali, Giuliano Urbani. Appena si insedia il ministro convoca il Consiglio nazionale dei beni culturali e nulla eccepisce sui membri nominati dal suo predecessore, compreso Giuseppe Chiarante, rieletto all'unanimità alla carica di vicepresidente. Ma presto qualcosa cambia: il sottosegretario Sgarbi critica i consiglieri Chiarante, Vittorio Emiliani e Luca Odevaine perché avevano firmato, come componenti di associazioni, un documento contro la privatizzazione dei musei italiani, preannunciata dal ministro. Per mesi il ministro evita di portare al Consiglio nazionale provvedimenti importanti che di certo avrebbero inciso notevolmente sul patrimonio artistico e paesaggistico. Né lo convoca dopo la richiesta ufficiale della maggioranza dei consiglieri. A questo punto Chiarante, dinanzi al rifiuto del ministro di convocare, come previsto dalla legge, il Consiglio, presenta le dimissioni irrevocabili. Invia al ministro una lettera che resta senza risposta. Arrivano, invece, le sostituzioni di Emiliani e di Odevaine.

«La Repubblica», dice la nostra Costituzione, «tutela il paesaggio e il patrimonio storico e artistico». Una norma, tutto sommato, abbastanza rispettata, ma con Giuliano Urbani, ministro dei Beni culturali, si fa strada una visione mercantile che coinvolge il nostro patrimonio artistico: nella proposta della legge finanziaria per il

2002 viene inserita la norma che consente di cedere ai privati le aree archeologiche, i musei e i complessi monumentali. La protesta delle associazioni di tutela del patrimonio artistico e del mondo della cultura sono riuscite a evitare che anche i musei finissero nelle mani dei privati. Vengono costituite le varie SCIP (cioè le Società di cartolarizzazione degli immobili pubblici) autorizzate a vendere beni immobili di interesse culturale. È così cancellato il principio dell'inalienabilità del demanio culturale prevedendo che per la cessione dei beni dello Stato di particolare valore artistico e storico i decreti del ministro dell'Economia e delle Finanze possano essere adottati di concerto con il ministro per i Beni culturali.

Incoraggiati dall'approvazione di questa norma, Tremonti e Urbani decidono di fare un ulteriore passo avanti e creano un'apposita società, la "Patrimonio dello Stato spa". E il governo fa seguire un decreto-legge che istituisce l'inaudito istituto giuridico della "dismissione urgente", consentendo di cedere in tre giorni beni di indubbio valore culturale, come la monumentale Manifattura tabacchi di Firenze, destinata a cittadella della cultura, e quella di Milano, che avrebbe dovuto ospitare la Società nazionale del cinema.

Giungiamo così al decreto-legge che costituisce il presupposto della legge finanziaria 2005: l'attacco si è fatto più pesante perché il patrimonio culturale, l'ambiente storico e naturale, il paesaggio sono le prime vittime del nuovo condono edilizio. Un disastro. Leggendo l'elenco dei provvedimenti varati in due anni e mezzo, compresa la legge-obiettivo del ministro Lunardi, e le norme sui parchi naturali e sui vincoli di salvaguardia, è ben chiara la logica mercantile e privatistica dell'iniziativa politica del governo.

Vittorio Emiliani, in un articolo sull'«Unità»[1] dal titolo *Disastro Urbani non c'è più un euro ai Beni cultura-*

[1] «L'Unità», 12 gennaio 2005.

li, scrive: «L'ex Sovrintendente ai Beni Archeologici, è stato trattenuto in servizio al compimento dei 67 anni e "prorogato" per altri tre anni su intervento del ministro Giuliano Urbani. Ma poi il ministro revoca la proroga: secondo la sua Ragioneria è stata usata una procedura sbagliata perché non avrebbe interrotto il rapporto tra La Regina e il ministero; secondo altri non ci sono proprio gli euro per lo stipendio di un "sovrintendente speciale". Insomma La Regina va in pensione. Emiliani coglie l'occasione per raccontare il "disastro Urbani".

Si sa che Urbani ha accettato molto di malavoglia la destinazione al Collegio Romano, avrebbe preferito la presidenza della RAI. Agli inizi ha dovuto convivere con un sottosegretario imprevedibile come Sgarbi, subendone le esternazioni a volte insultanti. Poi è riuscito a liberarsene. Ma è rimasto in una specie di vuoto pneumatico. Riempito da un plotone di consulenti e da un accentramento burocratico mai visto: mentre si chiacchierava di "devoluzione" e di "federalismo", al Ministero si nominavano ben 46 dirigenti centrali rispetto agli 8 che avevano Veltroni e la Melandri».

Il segretario della UIL-Beni culturali, Gianfranco Cerasoli, denuncia che tra i nuovi dirigenti ci sono le segretarie-capo dei sottosegretari Bono e Pescante, e osserva la formidabile moltiplicazione dei telefonini in dotazione a carico del ministero che con Giovanna Melandri erano in tutto tre. Il sindacalista aggiunge che si sono create nuove Sovrintendenze quali quelle di Lecce, per compiacere il sindaco Poli Bortone di AN, e di Lucca per fare un favore al presidente del Senato, Pera.

Nomine e denunce

A maggio del 2004 Urbani decide una girandola di promozioni e trasferimenti che hanno suscitato un'ondata di proteste: Francesco Scoppola rimosso dalla Sovrintendenza delle Marche; Elio Garzillo rimosso dall'Emilia Romagna e Mario Lolli Ghetti trasferito da Firenze ad Ancona; Ruggero Martines spedito da Roma in Molise; in Piemonte viene nominato dirigente l'ex segretario del ministro.

Attenzione però: i posti dirigenziali negli Archivi e nelle Sovrintendenze sono stati ridotti, alla faccia della tutela del territorio. Quant'è costata la riforma del vertice dei Beni culturali voluta dal governo Berlusconi, cioè quell'abbuffata dirigenziale centrale? Secondo i sindacati un milione 358.000 euro, cioè 2 miliardi 313 milioni di lire. E doveva essere a costo zero, ovviamente.

Il segretario[2] della UIL il 18 marzo 2005 denuncia: «Il ministro Urbani ha nominato cinque dirigenti di staff. E poiché l'operazione deve essere a costo zero per le casse dell'erario ha cancellato dieci figure di dirigente per almeno tre anni. E alcuni dei posti sacrificati non possono essere taciuti: non hanno un dirigente per guidare il Polo museale fiorentino (comprende Uffizi, Accademia, Palazzo Pitti, ville medicee e altri tesori, e finora c'è *ad interim* Antonio Paolucci), l'Archivio di Stato di Pisa è guidato da Giorgio Tori. Tutto per coprire il costo delle retribuzioni dei cinque direttori generali di staff, vale a dire Gino Famiglietti, Anna Maria Buzzi, Bruno de Santis, Pietro Graziani, Elio Garzillo. I quali, con una operazione che si chiama accentramento, vanno a rimpolpare il già nutritissimo vertice ministeriale superarricchito da Urbani. Supponiamo che questi cinque direttori generali di staff, da pagare bene, siano essenziali. Chissà come hanno fatto finora senza di loro?».

Mario Turetta, capo della segreteria del ministro Urbani, è stato nominato sovrintendente in Piemonte; Marchetti, un ingegnere senza formazione specifica per quel ruolo, al posto di Martines nel Lazio. France-

[2] «L'Unità», 18 marzo 2005.

sco Scoppola, sovrintendente delle Marche che aveva denunciato il silenzio-assenso in un convegno di Italia Nostra, è sparito dall'organigramma; il sovrintendente della Toscana, Lolli Ghetti, trasferito in una sovrintendenza di minor prestigio.

Desideria Pasolini Dall'Onda, in un editoriale per «Avvenimenti», scrive: «L'aggressione al territorio passa non soltanto per il gravissimo provvedimento del condono edilizio, ma anche per le leggi sulle grandi opere, sull'ambiente e per la gestione dei parchi nazionali. Tutto l'accento – da parte dello stesso ministero – viene messo sulla "valorizzazione" delle aree protette e non sulla conservazione; i fondi a disposizione sono sempre di meno; non è del tutto casuale che le nomine di nuovi presidenti dei parchi, fatta dall'attuale amministrazione, siano fortemente e smaccatamente motivate dal localismo e dalla appartenenza ai partiti della coalizione al governo. Alcuni nominativi mancano clamorosamente dei requisiti scientifici richiesti dalla legge; ci sono perfino dei personaggi che rasentano palesi conflitti di interesse; basta citare il caso del presidente della Val Grande, Alberto Actis, capo gruppo di AN nel Consiglio comunale di Verbania e titolare di agenzia immobiliare in quel comune».

Il ministro Matteoli "conquista" i parchi d'Italia

L'elenco delle nomine fatte dal ministro Matteoli ce lo fornisce Gian Antonio Stella[3], e scorrendolo si ha l'impressione di avere a che fare con una proprietà privata. Il Gran Paradiso, l'Asinara, il Gran Sasso e lo Stelvio sono andati a quattro di Forza Italia, rispettivamente a Giovanni Picco (già sindaco di Torino), Pietro Delda

[3] «Corriere della Sera», 11 maggio 2005.

(docente a Sassari, vicino a Pisanu), Walter Mazzitti e Ferruccio Tomasi, quest'ultimo contestato dagli ambientalisti. Al Gargano è stato nominato Giandiego Gatta, avvocato, candidato di AN alle elezioni regionali, alla Maddalena Gianfranco Cualbu, dirigente storico di AN, a Nuoro, al Pollino Francesco Fino, ex parlamentare di AN, alla Majella Gianfranco Giuliante, candidato di AN alle Regionali, al Vesuvio Amilcare Troiano, legato ad AN, alle Dolomiti Bellunesi Guido De Zordo, missino di lungo corso, già sindaco di Cibiana, al Circeo Salvatore Armando Bellassai, già sindaco di Sabaudia, all'Arcipelago toscano Ruggero Barbetti, già sindaco di Capoliveri, amico del ministro Matteoli. Un elenco impressionante.

Stella conclude: «Non male per un partito che solo una dozzina di anni fa sparava per bocca di Gianfranco Fini contro la lottizzazione e il clientelismo».

«Il Sovrintendente La Regina: la politica dissennata del ministro Urbani»

È il titolo di una intervista di Francesco Erbani[4]. Il giornalista gli chiede: «È depresso?». «No, non mi fa né caldo, né freddo. Ero abituato a pensare con la mia testa, un giorno o l'altro sarebbe saltata. E l'esperienza di sentirsi sempre in bilico fortifica. Mi hanno cacciato in modo indegno. Ma prima di parlare di questo voglio fare gli auguri a chi mi succede. Angelo Bottini ha tutti i requisiti per poter compiere un ottimo lavoro: formazione, risultati conseguiti, capacità scientifica. D'altro lato trova alla Sovrintendenza di Roma un gruppo di funzionari di prima qualità e di impressionante dedizione».

Poi racconta: «Il ministero insiste nel sostenere che si è trattato di una misura imposta dai colleghi della Fun-

[4] «la Repubblica», 17 gennaio 2005.

zione Pubblica. Invece è stata una scelta. Ma forse c'è qualcosa di peggio: il ministero ha speso tanti soldi per rinforzare i ruoli centrali, quelli amministrativi, a scapito di sovrintendenze, archivi, biblioteche e musei. Si sono moltiplicate le cariche dirigenziali, con manifeste ricadute clientelari. Si è ingrossata la testa del ministero inventando capi dipartimento e nuovi direttori generali e si è indebolito il corpo, quello che esercita veramente la tutela, protegge il patrimonio, compie attività di ricerca. Questa è una politica dissennata. Sono state create direzioni regionali, ammettendo che le guidassero anche personale esterno oppure funzionari amministrativi, e non solo architetti o archeologi o storici dell'arte. S'è fatto un po' di centralismo e un po' di federalismo.

Il lavoro delle sovrintendenze è svilito. Le assunzioni di funzionari sono bloccate e il personale è invecchiato. Inoltre si aggiungono complicazioni burocratiche fastidiosissime. Le procedure per un vincolo sono diventate un groviglio ed è evidente l'intento di vanificare le pur minime capacità degli uffici. Sa cosa mi ha detto il ministro? Ha detto che il nuovo codice uccide alla radice il potere monocratico di quelle che talvolta erano vere e proprie satrapie, sostituendolo con decisioni prese in modo collegiale».

Il giornalista osserva: «*Il satrapo più satrapo, però, è lei, secondo l'opinione che circola al vertice del ministero. È vero che si voleva colpire l'autonomia della Sovrintendenza di Roma?*».

«Mi pare indubbio. Questo ministro ha fatto macchina indietro rispetto alla sperimentazione inaugurata da Veltroni per noi e per Pompei, due realtà che per evidenti motivi fuoriescono dal panorama generale. C'è chi vuole trasformazioni e c'è chi è preposto alla tutela. Ma ora le regole mi sembrano saltate. Si punta a sopprimere i sovrintendenti fastidiosi».

Sulla politica della vendita di pezzi del patrimonio

pubblico La Regina dice: «Da una parte si vilipende il ruolo dello Stato e si cerca di ridurre l'interferenza che lo Stato esercita sul privato. Dall'altro si procede all'arrembaggio dei suoi pezzi migliori, cercando di accaparrarseli per farne fonte di profitto. Leggo che al Poligrafico ci faranno un albergo e un centro commerciale, mentre non abbiamo dove sistemare l'enorme collezione di monete del re Vittorio Emanuele. Ma non voglio tralasciare ciò che più mi sta a cuore: come si fa a non vedere che tante istituzioni pubbliche soffrono in spazi angusti – le università, per esempio – mentre edifici pregiati, in luoghi di grande valorizzazione immobiliare, finiscono ai privati?».

Il giornalista chiude l'intervista con questa domanda: «*Professore, lei ha fronteggiato piccoli e grandi speculatori, ha contrastato palazzinari, si è opposto a chi voleva banchetti e festini aziendali nei musei. Ma poi si è dovuto guardare anche dagli uomini che guidano il suo ministero*». Risposta di La Regina: «Sì, senza alcun dubbio».

Settis: «La tutela dei beni culturali? Carta straccia»

È il titolo di una approfondita analisi[5] sui beni culturali italiani non più tutelati dopo le ultime leggi del governo Berlusconi. L'autore è il professor Salvatore Settis, direttore della Scuola Normale di Pisa. Le puntuali osservazioni dicono che le conseguenze negative saranno enormi e rischiamo di perdere o di veder distrutti beni archeologici e paesaggistici inestimabili.

«È in arrivo un nuovo, gravissimo assalto al principio costituzionale della tutela del patrimonio culturale. Continua così, a meno di un anno dall'entrata in vigore

[5] «la Repubblica», 22 febbraio 2005.

del Codice Urbani, il sistematico progetto di smantellare quel che esso conserva (ed è molto) delle norme di tutela affermate dalle leggi del 1939 e ribadite dalla Costituzione repubblicana. È di ieri l'approvazione della legge delega sull'ambiente, che contiene una sciagurata sanatoria di ogni possibile illecito paesaggistico, anche i più gravi, in tutto il territorio nazionale».

La formula magica per vendere un palazzo storico o una collezione archeologica

«La proposta di indiscriminato condono (in deroga anche al Codice Penale!) di tutti i reati di ricettazione e commercio illecito di beni archeologici e artistici è stata per fortuna espunta dalla Finanziaria, ma ripresentata come legge ordinaria da alcuni deputati di Forza Italia. Il governo intende varare questa settimana un nuovo atto normativo che, sotto l'innocua etichetta di "Semplificazione della regolamentazione" contrabbanda la morte annunciata della tutela del Paese.

La formula magica è "DIA", ossia "Dichiarazione di inizio di attività": secondo l'articolo 19 della legge 241/1990, quando sia necessaria l'autorizzazione pubblica di alcune attività private sulla base di prerequisiti certi, l'autocertificazione di tali prerequisiti (DIA) può sostituire il nulla-osta amministrativo, salvo che l'amministrazione competente vi si opponga entro 60 giorni.

Con la nuova normativa proposta dalla Funzione Pubblica, al contrario, l'eccezione viene sospesa, e per la prima volta nella storia d'Italia, affinché le autorizzazioni relative a beni soggetti a tutela vengano sottoposte al meccanismo DIA. Di conseguenza, per esempio, il principe Torlonia potrebbe vendere domani (previa DIA) la sua collezione archeologica (la più grande al mondo in mani private), il palazzo storico potrebbe abbatterlo per costruire al suo posto un condominio e così via.

L'intero sistema della tutela viene così governato non più dall'articolo 9 della Costituzione, bensì dal pessimo principio del silenzio-assenso che (si ricorderà) fu introdotto dalla legge 269/2003 a proposito dell'alienazione di beni culturali pubblici.

Il codice Urbani era allora in discussione e la Commissione Cultura della Camera raccomandò al governo che, nell'approvare il codice, il silenzio-assenso venisse cancellato in quanto incoerente coi princìpi della tutela.

Avvenne l'opposto, e per un diktat di Tremonti il silenzio-assenso s'insediò nel Codice (art. 12). Come ha scritto un eccellente giurista, Silvio Martuccelli[6] è questo "*uno strano modo di utilizzare il silenzio-assenso. Nato per tutelare il cittadino dinanzi all'inerzia della pubblica amministrazione, per una sorta di eterogenesi dei fini diventa un espediente tecnico attraverso il quale lo Stato, a danno della collettività, elude il vincolo di inalienabilità dei beni culturali*".

Il silenzio, continua Martuccelli, non ha di per sé alcun significato giuridico. È il legislatore che sceglie se attribuirgli un significato e quale. Se (nel caso dell'alienazione dei beni culturali pubblici) il legislatore avesse privilegiato l'interesse a tutelarli, avrebbe attribuito all'eventuale silenzio dell'amministrazione il valore di un diniego; poiché gli ha dato valore di assenso, è chiaro che ha considerato l'interesse a vendere come prevalente sulla tutela.

Perciò Martuccelli denunciava con forza l'assoluta illegittimità costituzionale di una norma scritta in totale spregio dell'articolo 9 della Costituzione».

[6] «Il Sole-24 Ore», 9 maggio 2004.

Mancano i funzionari ma si nominano tanti nuovi dirigenti

«L'ipotesi poi che le Sovrintendenze, ridotte a inseguire le DIA per potere esercitare gli ultimi brandelli di quella che fu la tutela, possano efficacemente operare entro i termini perentori del silenzio-assenso, è un ulteriore insulto al buon senso dei cittadini, e un estremo sberleffo ai funzionari del settore, già mortificati dall'umiliante e persistente taglio di ogni risorsa economica. È a tutti noto che da alcuni decenni le nuove assunzioni di personale tecnico-scientifico sono inferiori del 20% dei pensionamenti. Per fare un solo esempio, nel ruolo degli archeologi risulta oggi non coperto un quarto dei posti in organico già più che esiguo (471 posti per tutta Italia!)», soprattutto per i gradini iniziale della carriera; «dunque manca ogni turn-over e l'amministrazione è al collasso. All'indomani di una riforma del ministero che ha gonfiato [...] i ruoli dirigenziali, più del 30% delle Sovrintendenze sono coperte per reggenza, cioè da un supplente d'emergenza, e manca chi possa coprirle a pieno titolo. Intanto, in piena schizofrenia organizzativa (come quella egittologica di Torino, o quella dell'Etruria meridionale, stranamente accorpata con il Lazio) se ne creano di nuove (a Lucca, a Lecce, a Verona).

Funzionari di altissima qualità. Che sulla base di una legge dello scorso agosto avevano dichiarato la propria disponibilità a restare in servizio per alcuni anni, sono stati messi alla porta poche settimane fa. È questo il caso non solo di Adriano La Regina a Roma, ma di Anna Maria Petrioli Tofani agli Uffizi, di Ernesto Milano alla Biblioteca Estense di Modena, di Maria Augusta Morelli Timpanaro all'Archivio di Stato di Pisa. Anche quando la sostituzione sia di ottimo livello, non si è fatto che spostare il problema altrove: è il caso della Sovrintendenza archeologica di Roma affidata ad Angelo Bottini, che però ha lasciato scoperta quella per la Toscana, una delle zone archeologiche cruciali per il Paese. Sulle questioni di principio, sul carattere del nostro patrimonio culturale come costitutivo della storia e dell'identità del Paese, noi cittadini dobbiamo esigere dai politici di ogni parte, che noi e non altri abbiamo delegato ad amministrare la cosa pubblica, il rigoroso rispetto dei princìpi costituzionali. È accaduto pochi mesi fa quando non solo l'opposizione, ma parti significative della maggioranza e dello stesso governo bloccarono la vergognosa proposta di condono ai tombaroli e ai ricettatori; può e deve accadere ancora con quest'altra proposta non meno indecente».

I condoni

Francesco Giavazzi[7] scrive: «I condoni di Tremonti consentivano di porre rimedio ad evasioni e irregolarità commesse nel passato: erano un invito ad evadere nel futuro perché i contribuenti si aspettano che dopo un condono ne arrivi un altro, come puntualmente è accaduto con la scorsa legge finanziaria che ha esteso la sanatoria fiscale ai redditi del 2002. Ma almeno quei condoni recuperavano un gettito che era perduto; non si era mai arrivati all'assurdo di condonare imposte i cui termini di pagamento sono ancora aperti. Il furbo riuscirà a combinare ravvedimenti e condono, dichiarare un reddito inferiore al vero per il 2003 e avrà tre benefici: ridurrà l'acconto sui redditi del 2004; e se è un lavoratore autonomo o una ditta individuale, determinerà in modo a lui favorevole i termini del concordato preventivo triennale. Con buona pace di tutti i cittadini le cui imposte vengono dedotte dallo stipendio mese per mese».

Salvatore Settis: «Sono uno stravolgimento delle regole che produce una pericolosa cultura dell'impunità.

[7] «Corriere della Sera», 12 ottobre 2004.

Arriva un condono che si aggiunge a altro condono, l'ennesima sanatoria segue un'altra sanatoria. Così si ingenera nel cittadino, soprattutto in quello poco onesto, l'aspettativa che qualsiasi nefandezza contro il territorio egli compia, verrà prima o poi condonata. È un incoraggiamento al reato contro il patrimonio paesaggistico. In alcuni casi è possibile persino sommare sanatoria ambientale a condono edilizio. Che io sappia è ancora in vigore l'articolo 9 della Costituzione, il quale obbliga alla tutela del patrimonio artistico e ambientale. La nuova legge va in una direzione diametralmente opposta. È un capovolgimento totale dei valori. Per di più questa norma modifica quel codice dei Beni culturali approvato dalla stessa maggioranza di governo appena sei mesi fa. Non sei anni fa».

Il magistrato Adriano Sansa[8], in un editoriale dal titolo *Un crimine chiamato evasione*, scrive: «Si sa che i condoni spingono a non pagare le tasse. E che quando arrivano danno poco al fisco, molto meno di quanto avrebbe avuto da un regolare adempimento. Se ne avvantaggiano i furbi e i mascalzoni. Mancano così risorse per i servizi e gli investimenti. Pagano di più i lavoratori a reddito fisso. Si riduce la coesione sociale, che ha bisogno di un sentimento di appartenenza autentico. I condoni edilizi sono anch'essi disastrosi: portano misere entrate, mentre l'abusivismo fa danni al paesaggio e all'ambiente, avvantaggia le imprese illegali, scoraggia quelle corrette. Così è andata negli ultimi anni».

Italia Nostra: non c'è limite alla vergogna

La decisione del governo di impugnare la legge regionale salvacoste della Sardegna riempie d'indignazione Italia Nostra. «Non c'è più limite alla vergogna», com-

[8] «Famiglia Cristiana», 19 giugno 2005.

menta dura Gaia Pallottino, segretaria generale dell'associazione, «il governo dimostra ancora una volta di avere più a cuore gli interessi degli speculatori edilizi piuttosto che la tutela di un ambiente costiero di straordinaria bellezza come quello sardo. Appare campata in aria la motivazione secondo cui la legge fortemente voluta da Renato Soru, presidente della Regione, bloccherebbe il turismo: visto il recente calo dell'afflusso di visitatori sull'Isola non si capisce il bisogno di costruire nuove strutture ricettive. Oltretutto è assurdo che un governo che parla tanto di devolution e autonomie locali si comporti in questo modo ogni volta che una regione mette in atto la propria indipendenza in maniera positiva. La decisione di impugnare la legge salvacoste appare gravissima: Italia Nostra si batterà con ogni forza affinché questa norma, esempio per tutti di civiltà e rispetto del paesaggio, non venga uccisa dalla miopia del governo».

Il massacro pianificato del territorio

Un voto di fiducia e tutto è risolto. È accaduto per l'ennesima volta e riguarda il condono edilizio. Antonio Cianciullo[9] scrive: «È un super condono, un colpo di spugna come non se n'erano mai visti. Le aree interessate, cioè quelle coperte da vincolo paesaggistico, coprono il 48% del territorio italiano; tutte le coste fino a 300 metri dalla battigia, le aree montane oltre i 1600 metri sulle Alpi e i 1200 sugli Appennini, le rive dei fiumi e dei laghi, le foreste. I 22 parchi nazionali, centinaia di parchi regionali. Un massacro pianificato del territorio». Angelo Monelli, coordinatore nazionale dell'esecutivo dei Verdi, dice: «Berlusconi è come i talebani: non c'è differenza tra chi demolisce i Budda e chi distrugge l'ambiente».

[9] «la Repubblica», 15 ottobre 2004.

E Gian Antonio Stella: «Una ricerca del CRESME dice che ci ritroviamo, grazie all'"effetto sanatoria", con circa 40 mila costruzioni abusive in più. Che, sommandosi a quelle tirate su dal 1994 (primo condono polista), portano il totale a 402.675 case e capannoni e negozi e laboratori fuorilegge per un totale di 168 milioni di metri cubi. Per capirci: come un palazzo largo dieci metri, alto quattro piani e lungo 1400 chilometri. Un mostro per il quale, secondo Legambiente, i comuni sarebbero chiamati a spendere in opere di urbanizzazione quasi dieci miliardi di euro per ricavarne sulla carta (ammesso che tutti gli abusivi paghino l'obolo del condono anche in quelle aree del Paese dove l'evasione sulla spazzatura arriva al 93% e quella sull'acqua al 96%) meno di quattro e mezzo, con una perdita secca di 5.234.000 euro. Onestamente: ne valeva la pena?».

Scandalo di Villa Certosa, lettera aperta di Roberto Della Seta a Blair

In occasione della visita di Blair in Italia, Roberto Della Seta, presidente di Legambiente, gli ha scritto questa lettera: «Caro Blair, nel Suo viaggio in Italia avrà l'opportunità di vedere le due facce del nostro Paese. Quella straordinaria, affascinante, di un paesaggio naturale e di un patrimonio storico-architettonico di inestimabile valore. E quella della speculazione, degli abusi edilizi, delle costruzioni realizzate in spregio di vincoli e regole da decine di migliaia di italiani e, cosa che ci riempie di sconforto, persino dal presidente del Consiglio, l'onorevole Silvio Berlusconi.

Le due parole "abusivismo edilizio" tradotte letteralmente non vogliono dire assolutamente nulla in inglese. E a dire il vero nemmeno in francese, in svedese, in tedesco e in tante altre lingue. Non è solo un problema lessicale, peraltro. Manca la traduzione in queste lingue, perché in questi Paesi non esiste il fenomeno del cemento illegale. In Italia, invece, non solo ci sono migliaia di abusi edilizi (40.000 nell'ultimo anno), spesso nelle località più pregiate della penisola, ma c'è anche una sorta di complicità delle istituzioni. Il nostro premier, ad esempio, ha varato due condoni edilizi (ossia due sanatorie del cemento illegale) nel giro di dieci anni, facendo un grande regalo agli abusivi e alla criminalità organizzata che, in particolar modo nel Mezzogiorno, specula sulle costruzioni fuorilegge. Ma ha fatto anche di più: nella residenza che la ospiterà, Villa Certosa, ha realizzato una serie di strutture (approdo in una grotta naturale, piscine, anfiteatro...) in contrasto con le nostre normative nazionali e adducendo motivi di sicurezza per giustificare i lavori. La legittimità di Villa Certosa, come è adesso, è garantita solo dal fatto che il suo proprietario è l'attuale presidente del Consiglio. E ci preme ribadire che Villa Certosa è una residenza privata di Berlusconi! Sicuramente Berlusconi sarà un prezioso "cicerone". Sarà in grado di spiegarLe tutto quello che Le passerà davanti agli occhi. Se possibile, colga l'occasione: si faccia spiegare come e perché è stato possibile fare questi lavori a Villa Certosa e si faccia anche tradurre le due parole "abusivismo edilizio"».

Interviene la magistratura ma c'è il segreto di Stato

Sabato 15 gennaio 2005 la Procura della Repubblica di Tempio Pausania ha presentato un ricorso alla Corte Costituzionale contro il presidente del Consiglio per aver posto il segreto sui lavori di Villa Certosa. «Repubblica»[10] racconta la storia di questo scandalo ripreso dai più importanti giornali del mondo.

[10] «la Repubblica», 18 gennaio 2005.

«Esistono in Italia 50 ettari di costa sottratti a ogni controllo di legalità. Una zona franca, inaccessibile all'autorità giudiziaria, ma aperta alla visita di amici e cantanti. Sui suoi cactus, laghetti, cascate e agrumeti il governo Berlusconi ha posto il segreto di Stato. Uno stop ai magistrati sardi che chiedevano di controllare le opere edilizie realizzate su un'area sottoposta a vincoli paesaggistici.

La vicenda è cominciata nel maggio del 2004 quando alcuni giornali, rifacendosi alla relazione del Corpo forestale, hanno denunciato che i lavori della villa si stavano facendo senza le necessarie autorizzazioni. La Procura disponeva ispezioni all'interno del parco, assicurando che i relativi atti sarebbero stati segretati. Ma l'ispezione è stata fermata da un decreto del ministro dell'Interno, datato 6 maggio 2004, stesso giorno delle notizie dei giornali. Il decreto pone Villa Certosa sotto il segreto di Stato, vietandone l'accesso "allo scopo di preservare la conoscibilità dei luoghi"».

Con nota del 23 dicembre 2004, indirizzata al Procuratore della Repubblica di Tempio Pausania, il sottosegretario alla presidenza del Consiglio, Gianni Letta, conferma l'esistenza del segreto di Stato, visto che "il ministro dell'Interno ha individuato l'area in oggetto quale sede alternativa di massima sicurezza per l'incolumità del presidente del Consiglio, dei suoi familiari e dei suoi collaboratori e per la continuità dell'azione di governo". A questo punto la Procura ha ricorso alla Consulta indicando questi profili di incostituzionalità: 1) le ispezioni, così come le perquisizioni, non conoscono limitazioni in dipendenza della normativa sul segreto di Stato; 2) il segreto di Stato non può riguardare luoghi, realizzando così una sorta di extraterritorialità per una parte del territorio nazionale e di impunità per un qualsiasi fatto di rilievo penale che si verifichi al suo interno; 3) anche a voler ammettere che il segreto di Stato si applichi ai luoghi, nel caso in esame viene coperto dal segreto non una sede istituzionale, ma un'area privata, concessa in affitto al presidente del Consiglio, area che godrebbe così di una sorta di immunità territoriale, rendendo impossibile ogni controllo su qualunque violazione della legge compiuta in loco; 4) la legge 801 del 1997 giustifica il segreto di Stato solo a difesa delle istituzioni poste dalla Costituzione a suo fondamento e non anche a tutela delle persone fisiche. L'esigenza di salvaguardare l'incolumità fisica del presidente del Consiglio non può mai giustificare l'assoggettamento al segreto di Stato di una intera area privata in maniera stabile e permanente».

Villa Certosa: i lavori autorizzati prima della presentazione della domanda

Il decreto Pisanu che blocca l'inchiesta dei giudici su Villa Certosa non può essere visto neanche dal Comitato sui servizi segreti che rischia la paralisi dal momento che sono quattro contro quattro. Dopo una settimana tornerà a riunirsi.

Gian Antonio Stella[11] scrive: «Così rara è, storicamente, la scelta di opporre il segreto di Stato, che neppure una volta il governo, in questi quattro anni, s'era posto il problema. Nonostante siano stati anni difficili. Il segreto di Stato, deciso, nella scia del decreto Pisanu del 6 maggio 2004, con un altro che fissava alcuni criteri di massima sulla sicurezza, era stato varato lo stesso giorno (coincidenza!) in cui la "Nuova Sardegna" pubblicava le fotografie dei lavori per il pontile e l'anfiteatro». Il decreto non era neppure "firmato" dal presidente del Consiglio, come previsto dalla legge, ma dal sottosegretario Gianni Letta. «Una questione di eleganza, hanno detto i portavoce di Berlusconi.

[11] «Corriere della Sera», 27 gennaio 2005.

Parole d'oro: che il presidente Berlusconi mettesse la firma del titolare del segreto di Stato, Berlusconi, per segretare i lavori voluti dal miliardario Berlusconi in una delle sue ville, elegantissimo non era.

Accusano tuttavia i quattro componenti dell'opposizione, in testa Enzo Bianco, che del Comitato è il presidente, che le cose poco "eleganti" sono diverse. Dicono che non è elegante che il decreto sia nascosto all'organo parlamentare delegato per legge a vigilare sugli eventuali abusi del governo, e non al deputato forzista Niccolò Ghedini e al capogruppo di AN Gianfranco Anedda, che qualche mese fa si presentarono al PM sardo addetto all'inchiesta, gli comunicarono di essere stati scelti come difensori del premier e gli mostrarono il decreto che bloccava le indagini dicendo: "Guardare e non toccare: può vederlo ma non farne neanche una fotocopia". Non è elegante che siano stati segretati non solo i lavori al pontile dove "ogni tanto arrivano Putin o Blair", ma tutta l'area della residenza, compresi i lavori smaccatamente abusivi come le cinque piscine della talassoterapia autorizzate dal Comune di Olbia il 17 dicembre 2003 ma descritte da Renato Farina su "Libero" nell'agosto precedente. Così come non fu elegante che i lavori per la costruzione del piccolo anfiteatro da 400 posti (come il teatro Olimpico di Vicenza) avessero avuto il parere favorevole dell'Ufficio Tutela del paesaggio della Regione, allora in mano al forzista Mauro Pili, 56 giorni prima (non dopo): prima che fosse presentata la domanda».

Segreto di Stato per tutte le case di Berlusconi e dei suoi collaboratori

Evidentemente Berlusconi e i suoi fidi continuano a ritenere di poter fare quel che vogliono e decidono che oltre alla villa della Sardegna, venga esteso il segreto di Stato anche a quelle di Arcore e di Macherio.

Scrive il «Corriere della Sera»[12]: «La sorpresa arriva alle 13,37 di ieri attraverso l'agenzia Ansa ed è contenuta in due decreti datati 6 maggio 2004 che il sottosegretario alla presidenza Gianni Letta ha inviato il 7 febbraio al comitato parlamentare di controllo sui servizi segreti. Perché questa notizia arriva con tanti mesi di ritardo?

Il primo dei due decreti è di tre righe: stabilisce l'approvazione del piano nazionale antiterrorismo e contiene anche il piano, segretato, per la sicurezza di Villa Certosa. Il secondo individua la residenza in Sardegna come "sede alternativa di massima sicurezza per l'incolumità del presidente del Consiglio e per la continuità dell'azione di governo"».

Inoltre estende il beneficio a tutte le residenze del premier (non solo quindi Villa Certosa); e anche quelle dei familiari e dei suoi collaboratori, sono sottoposte alle misure di massima sicurezza, e godono del segreto di Stato. Ora il provvedimento dovrà essere esaminato dal Comitato parlamentare di controllo dei servizi segreti e non potrà avere il voto favorevole perché ci saranno quattro voti a favore e quattro contrari. Ma il parere non è vincolante. Resta però il problema politico.

Giugno 2005: i magistrati entrano a Villa Certosa

Inaspettatamente, il 13 maggio 2005 il ministro Pisanu ha tolto il segreto di Stato e la Procura, che aveva presentato un ricorso alla Corte Costituzionale, ha iniziato il primo sopralluogo. Le opere sulle quali c'è il sospetto di irregolarità sono cinque. Un tunnel progettato dal ministro Lunardi e costruito scavando nella roccia una grotta sul mare, allargata per ricavare un piccolo approdo pro-

[12] «Corriere della Sera», 19 febbraio 2005.

tetto. L'anfiteatro di quattrocento posti, inaugurato con un concerto di Mariano Apicella, chitarrista personale di Berlusconi. Le quattro piscine per la talassoterapia, le cui immagini sono state pubblicate da una rivista di arredamento prima dell'autorizzazione dei lavori. Il laghetto artificiale, con sponde prendisole, graniti, cigni e intorno l'uliveto secolare, l'agrumeto e la selva con centinaia di piante esotiche fatte arrivare da ogni porta del mondo. E infine le dependance ai margini del parco e destinate ad alloggi per gli uomini dei Servizi di sicurezza.

Dieci domande di condono per Villa Certosa

Nell'agosto del 2005 alcuni giornali pubblicano la notizia che la società Idra immobiliare ha presentato dieci domande di condono per lavori eseguiti a Villa Certosa. Le domande per la sanatoria sono state allegate al fascicolo del pubblico ministero che ha aperto una indagine per accertare l'esistenza di eventuali abusi edilizi nell'area di Villa Certosa.

Ecco Berlusconia, città abusiva di 40.000 edifici

Nell'aprile del 2004 Legambiente ha tenuto a Napoli il convegno "Io non condono". Nel comunicato stampa si legge: «Immaginate una città più grande di Agrigento o di Catanzaro. E poi provate anche ad immaginare che è nata dal nulla, in 12 mesi esatti. Quarantamila abitazioni, capannoni industriali, attività produttive, addirittura stalle. Berlusconia, chiamiamola così, non è però una delle tante città invisibili di Calvino, è un centro urbano in calce e mattoni, completamente illegale, nato e cresciuto grazie al condono edilizio firmato dal presidente del Consiglio e dal governo. Quarantamila edifici fuori legge figli proprio dell'ultima sanatoria, la seconda – dopo quella del 1994 – targata Berlusconi.

E già, perché il condono edilizio ha un fine esplicito: far diventare legali quelle 362 mila costruzioni abusive fatte dal 1994 al 2002 e spesso, soprattutto nel mezzogiorno, edificate dalla criminalità organizzata. Ma poi, oltre a stimolare un deterioramento dell'idea di legalità in Italia, oltre a degradare il paesaggio, oltre a fare carta straccia di vincoli e piani regolatori, oltre a essere un regalo alle ecomafie (sono più di 130 i clan della mafia, della camorra, della 'ndrangheta che hanno interessi nel ciclo del cemento illegale), ha altre due conseguenze evidenti: ingenera la convinzione negli abusivi che il rischio di ripristino della legalità per gli edifici fuorilegge in Italia sia davvero minimo e sospinge verso l'alto il mercato dell'illegalità. Tra il 2001 e il 2003 infatti l'incremento della produzione abusiva è stato superiore al 41%, con un numero assoluto di edificazioni illegali che nell'anno appena trascorso si attesta vicino alle 40.000 unità, mentre appunto dal 1996 al 2001 il trend vedeva una costante diminuzione degli abusi.

[...] La sola ipotesi di condono edilizio, seguita poi come tutti sappiamo dalla realtà, ha alimentato gli interessi illegali che di condoni si sono sempre nutriti. Più vasto dei due precedenti, poiché per la prima volta legalizza anche migliaia di abusi commessi sul demanio, nelle aree protette e in altre zone pregiate».

Tremonti: Pisa, Urbino, Siena, Parma, Ferrara non hanno beni di interesse storico-artistico

Jacopo Cosi, sulla rivista mensile di Italia Nostra, scrive: «È incredibile ma vero. L'ha sancito il ministro Tremonti con decreto del 18 marzo 2004 (Individuazione di nuove aree territoriali omogenee e aggiornamento delle territorialità delle attività turistico-alberghiere). Gavino Maresu, professore di economia all'Università di Genova, denuncia: "Avevo saputo la notizia ma sono andato a prendermi la 'Gazzetta Ufficiale' appena uscita perché non ci volevo credere. La cosa è talmente ridicola che sembra impossibile sia stata scritta sulla 'Gazzetta Ufficiale'". Scorrendo i nomi e, oltre a quelli citati troviamo: Parma, Ferrara, le Cinque Terre, Procida, Matera, Tropea, Bari, Desenzano. Ci fermiamo qui per non tediare ma i luoghi sono centinaia. Quando mai si è visto un turista a Siena, Matera, Alberobello, si sarà detto il ministro Tremonti. E via il decreto. Le norme riguardano gli studi di settore per le attività turistico-alberghiere che stabiliscono i parametri fiscali a cui deve fare riferimento un'attività per pagare le tasse».

Ultimo attacco alla tutela dell'ambiente e del paesaggio

Nell'editoriale della rivista «Italia Nostra» di novembre 2004, il presidente Desideria Pasolini Dall'Onda scrive: «La legge delega per l'ambiente approvata dal Senato il 14 ottobre scorso è l'ultimo tassello di un complesso edificio governativo teso allo smantellamento della tutela. Ripercorriamo brevemente le tappe: alla fine del 2001, in novembre, passa la legge 410 che istituisce la società di cartolarizzazione degli immobili pubblici, e subito dopo, in dicembre, la legge obiettivo del ministro delle infrastrutture Lunardi cancella la procedura di valutazione di impatto ambientale.

Nel 2002 viene costituita la famigerata Patrimonio Spa per l'alienazione del patrimonio statale e concessa la delega ai ministri dell'ambiente e dei beni culturali per riformare la legislazione vigente nei loro campi.

Nel 2003, la vigilia di Natale, il ministro delle Finanze Tremonti emette un decreto utilizzando lo strumento della dismissione "urgente" per permettere l'alienazione del patrimonio statale, e cede le manifatture tabacchi di Firenze, Milano e Catania.

All'inizio di quest'anno con la Finanziaria il governo vara un maxi condono edilizio. Urbani infila nel suo codice dei beni culturali e paesaggistici il meccanismo del silenzio-assenso obbligando le Sovrintendenze a stilare il parere sulla vendita degli edifici pubblici in soli 120 giorni.

Ora l'attacco è di nuovo all'ambiente e al paesaggio tutelato. Il comma 26 della legge delega prevede una sanatoria permanente che limita la possibilità di estinguere il reato di abuso ai casi in cui non vi è stato un aumento di cubatura della costruzione ma permette i cambi di destinazione d'uso. Il comma 37 è un vero e proprio condono. Non c'è alcun riferimento a limiti di cubatura o a destinazione d'uso, solo una scadenza per la presentazione della richiesta: per tutti gli abusi completati entro il 30 settembre 2004 si può ottenere la regolarizzazione fino al 31 gennaio 2005».

In Sicilia i capannoni diventano ville

«*Ammucchiami*, *ammucchiami* quatti quatti nella notte, i deputati regionali siciliani l'hanno fatto di nuovo». Così comincia l'articolo di Gian Antonio Stella sul «Corriere della Sera»[13], e prosegue: «E mentre divampa la polemica sul saccheggio delle Eolie, hanno infilato nel mucchio di articoli, commi e sub-commi della manovra finanziaria, la solita leggina sulle agro-ville già soppressa due volte dalla Corte Costituzionale e dal commissario di governo: i finti capannoni potranno es-

[13] «Corriere della Sera», 29 ottobre 2004.

sere trasformati non solo in residenze di lusso ma anche in alberghi e ristoranti, scavalcando così tutte le regole decise per le zone agricole. [...] Non solo il condono per il cambio di destinazione d'uso vale per il passato e pure per il futuro (basterà avviare l'impresa agroalimentare e si potrà cambiare il progetto in corso d'opera purché non si metta di traverso il Comune, che da queste parti, come è noto, non è particolarmente arcigno), ma stavolta la fabbrica potrà diventare anche un albergo o un ristorante. Con tanti saluti con ciò che ancora resta integro della devastata costa siciliana».

Condono: sanatoria per 120.000 abusi, 362.000 opere fuorilegge

Il 22 febbraio 2005 un comunicato di Legambiente: «Una nuova proroga equivarrebbe ad un nuovo condono, una ulteriore spinta all'abusivismo edilizio». È lapidario Maurizio Picca, responsabile delle relazioni istituzionali di Legambiente, nel commentare l'ennesima richiesta di riapertura dei termini del condono: «Le domande presentate per l'ultimo condono sono state infatti appena 120.000, per un incasso di 968 milioni di euro a fronte di ben 362.000 abusi dal 1994 a oggi su tutto il territorio nazionale, di cui 260.000 sono costruzioni destinate ad uso abitativo. E dunque, accanto all'abusivismo in attesa di regolarizzazione, continueranno a proliferare costruzioni illecite ancora fresche di calcestruzzo. La riapertura dei termini è anche in funzione di far subito "cassa", non essendoci la certezza che una volta pagata la prima delle tre rate venga fatto lo stesso per le altre due. Certo, perché controlli in questo senso non ce ne sono mai stati e comunque l'opera abusiva è soggetta a demolizione solo nel momento in cui il comune esprime il suo diniego. Intanto però il Paese viene massacrato dagli abusivi. Anche le esperienze passate non sembrano, comunque, essere di conforto. Infatti, nei due precedenti condoni edilizi applicati nel 1985 e nel 1994 gli incassi sono stati molto inferiori alle attese. Nel 1985, ad esempio, di fronte ad un gettito di 2,9 miliardi di euro, quest'ultimo ha coperto solo il 58% delle previsioni di incasso. Meglio è andata nel 1994, visto che con i 2,5 miliardi di euro recuperati dall'erario si è coperto il 71% delle previsioni di incasso».

Tolti all'Archivio di Stato i documenti di Palazzo Chigi

Gli storici non potranno più esaminare liberamente i documenti del governo perché è stata approvata una legge che li sottrae all'Archivio di Stato. Ernesto Galli Della Loggia rivela che sarà la presidenza del Consiglio a stabilire quali documenti possono essere consultati. Scrive sul «Corriere della Sera»[14]: «Mentre è la destra che ovunque difende i valori e le istituzioni, nel nostro Paese essa li difende solo finché le fa comodo (o, il che fa quasi lo stesso, finché lo permette la Lega). Precisa la legge che vengono stabilite le modalità di conservazione, di consultazione e di accesso agli atti, e saranno i presidenti del Consiglio a decidere che cosa dovrà essere conservato degli atti che documentano l'azione del governo ma anche chi e come e quando potrà consultare e studiare i documenti.

Per capire la crucialità e l'entità del fondo archivistico basterà dire che dagli uffici del presidente del Consiglio passano, come è ovvio, tutte le decisioni più importanti sia del vertice politico del Paese, sia di tutte le amministrazioni centrali e spesso anche periferiche dello Stato. Tanto è vero che attualmente sono ben 9000 i faldoni

[14] «Corriere della Sera», 5 agosto 2005.

contenenti tale documentazione presso l'Archivio centrale dello Stato, faldoni la cui consultazione è stata sempre resa disponibile con larghezza e professionalità inappuntabili dai funzionari che vi lavorano.

D'ora in poi, invece, tali norme non varranno più. Tutto dipenderà dal buon volere dell'inquilino di Palazzo Chigi o di qualche suo dipendente. Ora la presidenza del Consiglio ha voluto il suo Archivio particolare: esempio di una frantumazione della memoria storica del Paese e di una sorta di feudalizzazione della stessa a cui è difficile non attribuire il significato di un piccolo grande segno dei tempi».

8
La politica estera

Berlusconi e la politica estera

La politica estera regola i rapporti tra tutti i Paesi del mondo e coinvolge ogni aspetto delle attività sociali, economiche e politiche, quindi diventa di grande rilievo non soltanto per il ministro responsabile, ma anche per il premier e per tutto il governo. Berlusconi, che è stato tra l'altro ministro degli Esteri *ad interim,* ha lasciato il segno anche per alcuni episodi. Il 21 giugno 2005 viene inaugurata a Parma la sede dell'Agenzia europea per la sicurezza alimentare. Accanto al nostro presidente c'è Barroso, presidente della Commissione dell'Unione Europea. Berlusconi inizia il suo show: «Per ottenere che Parma fosse la sede dell'Agenzia ho spolverato tutte le mie notevoli doti di playboy facendo la corte alla presidente della Repubblica di Finlandia, utilizzando una serie di sollecitazioni amorevoli nei suoi confronti».

Ma a Tarja Halonen la battuta non è piaciuta e il ministro degli Esteri finlandese convoca il nostro ambasciatore ad Helsinki esprimendo «stupore» per le parole di Berlusconi. Da Palazzo Chigi si cerca di minimizzare l'episodio. Il sottosegretario Paolo Bonaiuti dice: «Era un sorriso, una carineria, un modo di manifestare simpatia in un'occasione e in un ambito festoso».

Non è la prima gaffe di Berlusconi. Chi non ricorda la foto di gruppo dei capi di Stato e di governo con Berlusconi che fa le corna? E quando (ottobre 2002) il pre mier italiano lodò pubblicamente il danese Rasmussen dicendo: «È il primo ministro più bello d'Europa. Penso di presentarlo a mia moglie perché è anche più bello di Cacciari. Con tutto quello che si dice in giro. Povera donna!».

Il ministro degli Esteri Ruggiero costretto a dimettersi

La nomina di Ruggiero a ministro degli Esteri è stata suggerita da Ciampi e appoggiata da Gianni Agnelli. Una scelta condivisa in Italia e all'estero per la stima che Renato Ruggiero, ambasciatore prima e top-manager poi, gode. Ma dopo pochi mesi, il 5 gennaio 2002, Ruggiero è costretto a dimettersi perché in contrasto sulla politica estera del governo. I veri motivi Ruggiero li rivela in una particolare intervista rilasciata al direttore del «Corriere della Sera»[1], Ferruccio De Bortoli.

Scrive De Bortoli: «Il ministro Martino è stato un suo strenuo e battagliero avversario. Su tutto. Dagli Airbus 400, che Ruggiero voleva acquistare e lui no, all'opportunità di impiegare i carabinieri nel teatro della guerra al terrorismo. A Martino, dopo le dimissioni di Ruggiero, qualcuno ha inviato una *e-mail* di congratulazioni.

Se Ruggiero ha provato tristezza per la non caldissima partecipazione dell'esecutivo al lancio dell'euro, possiamo immaginare quale sia stata la sua reazione davanti allo scetticismo del ministro della Difesa nei confronti dell'euro. Ma ci sono altre sorprese. Alla trasmissione *Porta a Porta* il ministro dell'Economia, Tremonti, ha definito "grottesco" il comportamento di Ruggiero e "dispotica" la sua visione dell'Europa». Ruggiero respinge la ricostruzione di Tremonti: raramente i temi europei sono stati sollevati all'ordine del

[1] «Corriere della Sera», 9 gennaio 2002.

giorno di Palazzo Chigi, e quando se ne parlò, le discussioni furono brevi ma accese, dirette.

«Il rapporto con Berlusconi ha oscillato fra il sospetto e l'irritazione. Il sospetto di Ruggiero di trovarsi di fronte a un premier che a volte non diceva la verità; l'irritazione del presidente del Consiglio con un ampio mandato popolare di dover essere preso per mano su alcuni temi internazionali da un tecnocrate cooptato. Berlusconi ha confidato di essersi pentito della scelta di Ruggiero già alla prima uscita internazionale».

Dopo le dimissioni di Ruggiero, Gianni Agnelli, intervistato da Ezio Mauro, direttore di «Repubblica», a proposito della sua affermazione secondo cui l'Italia è una repubblica delle banane, risponde: «Sa qual è la verità? Nel nostro Paese purtroppo non ci sono neanche le banane. Ci sono i fichi d'India». I motivi delle dimissioni di Ruggiero confermano che Berlusconi non ammette la presenza di persone che mettano in discussione quel che lui dice.

La politica estera di Berlusconi

Ecco il parere di Sergio Romano, intervistato da «Sette».

Berlusconi ha idee poco chiare sulla guerra nell'Afghanistan?

Eh, sì, noi non sappiamo quale sia la sua politica estera. Io non l'ho capito. Non so nemmeno cosa pensi dell'Europa.

Ma Ruggiero si è dato da fare.

Ha fatto un ottimo lavoro. Però ho l'impressione che Berlusconi l'abbia scelto con la logica del proprietario di una squadra di calcio.

Ruggiero come Batistuta?

È come se a un certo punto avessero detto: qual è il migliore centravanti sul mercato? Quando si gioca in coppa campioni è Ruggiero. E allora lui ha detto: prendiamolo. Dopodiché, avendo ingaggiato la migliore politica estera sul mercato, ritiene di aver risolto il problema.

E invece?

Invece, se Berlusconi fa delle dichiarazioni dovrà mettersi d'accordo con il suo ministro. Credo che non abbia ancora capito il meccanismo.

Beghe tra ministri

Sergio Romano nell'editoriale del «Corriere della Sera», scrive: «Se la Farnesina non ha ancora un ministro a tempo pieno, il ministero dei Beni culturali ne ha invece due, Giuliano Urbani e Vittorio Sgarbi, di cui uno è certamente superfluo. Esiste una relazione tra il deficit del primo ministero e il surplus del secondo? Credo di sì e temo che all'origine di queste due disfunzioni vi sia uno stesso problema: la leadership di Berlusconi.

Il governo che si è costituito un anno fa è sulla carta il più solido esecutivo italiano dopo quello che Alcide De Gasperi presiedette grazie alla vittoria elettorale del 18 aprile 1948. Ma è un teatro all'aperto dove vanno in scena continui bisticci ministeriali: Ruggiero e Martino, Bossi e Buttiglione, Urbani e Sgarbi. Queste divergenze e tensioni appartengono alla fisiologia e allo stile delle democrazie parlamentari. Se i ministri hanno un mandato personale, rappresentano un partito e non sono, come in America, semplici fiduciari del presidente, le baruffe sono inevitabili. Ma nei migliori regimi parlamentari europei i ministri evitano di litigare in pubblico e il premier, quando accade, li richiama all'ordine o apre una discussione da cui esce, prima o dopo, una linea comune. Quando fu chiaro che la politica di Ruggiero suscitava l'ostilità di alcuni rappresentanti della maggioranza, Berlusconi avrebbe dovuto chiudere i suoi colleghi in conclave e lasciarli uscire dopo un chiarimento sulla strategia europea del governo.

Quando Urbani e Sgarbi cominciarono a litigare sulla Biennale di Venezia e altre questioni, Berlusconi avrebbe dovuto zittire il sottosegretario e discutere con gli interessati la sostanza del problema. Quando Bossi, prima delle ultime amministrative, si servì della legge sull'immigrazione per polemizzare con i "democristiani" e con i loro rappresentanti al governo, Berlusconi avrebbe dovuto ricordargli che i dissensi di una maggioranza non sono il modo migliore per vincere le elezioni. Quando più recentemente, la legge sulla gestione patrimoniale dei beni culturali ha riacceso la faida tra Urbani e Sgarbi, Berlusconi avrebbe dovuto dare ragione al ministro o suggerirgli di farsi da parte.

Ma questa non è la leadership che Berlusconi ama esercitare. Nelle occasioni in cui dovrebbe essere energico, preferisce lasciar correre e occuparsi d'altro. Gli piacciono le questioni che si concludono rapidamente e bene, in un tripudio di battimani. Desidera cavalcare i successi, non prevenire gli incidenti di percorso. Vuole piacere ed essere amato, non rispettato e, se necessario, temuto. Vuole soltanto rassicurare, tranquillizzare, trasmettere ottimismo. L'esempio più evidente di questo stile è la soluzione del caso Ruggiero. Anziché promuovere un chiarimento e nominare un successore, ha preferito prendere lui stesso la direzione degli Esteri. Ed è riuscito in tal modo, occorre riconoscerlo, a segnare qualche rilevante successo nell'interesse del Paese. Sarebbe anche, ne siamo certi, un ministro dei Beni Culturali. Ma gli *interim* non possono essere pretesti per eludere un problema o rinviarne la soluzione. L'Italia è felice di avere alla Farnesina, quando ha il tempo di andarci, un buon ministro degli Esteri. Ma vorrebbe anzitutto un presidente del Consiglio a tempo pieno, capace di risolvere le beghe ministeriali di ieri e prevenire quelle di domani».

Berlusconi lascia alla Farnesina un patrimonio di aneddoti

Dopo le dimissioni di Berlusconi da ministro degli Esteri *ad interim*, Sebastiano Messina racconta su «Repubblica»[2], tra aneddoti e battute, alcuni aspetti della politica estera italiana.

«Berlusconi lascia alla Farnesina un incancellabile patrimonio di aneddoti, di barzellette, di storielle e di gaffes che hanno fatto sorridere il mondo, ma gli hanno anche permesso di rompere il ghiaccio con i Grandi. Fino al clamoroso atterraggio a Camp David, accolto a pacche sulle spalle dall'"amico George dabliu". Fino alla scena del "dammi il cinque" con il tedesco Schroeder. Fino alla sorpresa organizzatagli da Putin al Cremlino, con l'orchestra che a metà della cena di Stato comincia a suonare la canzone scritta dal Cavaliere.

E forse era quella la via migliore per sedurre tutti quei governanti che Berlusconi corteggia senza ammirazione, perché in fondo è sempre convinto che di tutta la comitiva dei vertici internazionali è l'unico che nella vita abbia tirato su qualcosa di solido, dai tralicci di Canale 5 alla Coppa dei Campioni.

Era partito male, anzi malissimo. All'estero avevano sorriso prima ancora del suo arrivo alla Farnesina – lasciata libera dalle tempestose dimissioni di Renato Ruggiero – quando Berlusconi sbarcò al vertice di Berlino, due settimane dopo l'11 settembre, rivendicando a spada tratta "la superiorità della nostra civiltà" su quella islamica, visto che quelli sono rimasti "indietro di 1400 anni". Ci sono voluti sei mesi per cancellare quei sei secondi disastrosi. Ma alla fine anche gli arabi ci hanno messo una pietra sopra. Come ha fatto Josep Piqué, il ministro degli Esteri spagnolo immortalato da

[2] «la Repubblica», 14 novembre 2002.

una foto ormai storica con la manina del collega italiano che gli fa le corna sopra la testa (didascalia dei giornali spagnoli: "El Berlusconi ponendo corna à Piqué"), dopo che il premier italiano si è affrettato a spiegare nei corridoi che stava solo scherzando "perché questo è il modo in cui si porta avanti una riunione informale, che serve a conoscersi e a creare rapporti direi affettuosi".

[...] L'impronta, Berlusconi l'aveva data subito, prima ancora di varcare il cancello della Farnesina. Avvertendo nella conferenza stampa di fine anno, che nei suoi programmi c'era una nuova diplomazia modello Publitalia – tanto ormai "Manzoni è inutile raccontarlo" – con gli ambasciatori trasformati in agenti commerciali, classificati per fatturato e valutati "sulla base dell'aumento delle importazioni di prodotti italiani". Poi, mettendo piede per la prima volta sulle guide rosse del nuovo palazzo, diede subito le nuove istruzioni ai 51 diplomatici che avevano appena vinto il concorso: "Dovete presentarvi bene. Mi raccomando: alito fresco e niente mani sudate". Adocchiando nel gruppo 12 donne, se ne uscì con una domanda non proprio diplomatica: "Ma voi siete sposate? Fidanzate?".

La verità è che Berlusconi, così come ha fatto con la TV, con il calcio, con la politica, ha voluto imporre il suo stile anche nelle regole della diplomazia. Perciò ha voluto stupire tutti con il vertice di Pratica di Mare: il palazzo costruito di notte con i fondi della protezione civile che non crollò solo per miracolo. Gli abbracci e le pacche sulle spalle, le stilografiche Visconti nelle scatole di coccodrillo per tutti i Grandi, un cofanetto di caffè "tostato artigianalmente utilizzando legno di acacia" per le loro gentili signore, e per tutti un rapido riassunto del Bignami sulla storia di Roma, "che fu fondata da Romolo e Remolo [*sic*]".

Con il gelido Putin – le cui due figlie hanno passato le vacanze nella villa di Porto Cervo, chiamandolo affettuosamente "signor B" – la strategia del sorriso ha funzionato alla grande, anche se il Cavaliere l'ultima volta continuava a chiamarlo "il presidente Puskin" (come l'autore de *La figlia del capitano*), anche se insisteva a chiamare San Pietrogrado la città di San Pietroburgo, anche se al Cremlino s'era creato un clima così amichevole, così pacifico, così rilassato che il presidente del Consiglio alla fine se n'è uscito con un'improvvida dichiarazione sull'inesistenza negli arsenali di Saddam di "armi di distruzione di massa", poi corretta, limata e infine attribuita – al ritorno in Italia – all'ospite russo.

Ha funzionato, il metodo Berlusconi, anche con Bush, che alla fine lo ha invitato a Camp David. Anche con il primo ministro rumeno, Nastase, sontuosamente ospitato con la moglie a Villa Certosa. Con i leader del Partito popolare europeo, radunati attorno alla piscina sarda per il prevertice del PPE. E oggi le sortite del Cavaliere, che gli sono valse per "Der Spiegel" il titolo europeo di "signore delle gaffes" e il soprannome di "Al Cafone", sono entrate nel lessico e nelle abitudini dei potenti della Terra».

«Alla vigilia della presidenza di turno dell'UE la stampa europea attacca Berlusconi»

È il titolo a tutta pagina del «Corriere della Sera» del 20 giugno 2003, alla vigilia del semestre italiano dell'Unione Europea. E c'è anche un duro editoriale del direttore Stefano Folli. «Il problema», scrive, «è che Berlusconi continua ad essere percepito come un'anomalia. Nei primi due anni di legislatura avrebbe potuto correggere l'impressione, ma non l'ha fatto. Inutile ricordare per l'ennesima volta il conflitto di interessi e la scia velenosa dell'eterna diatriba giudiziaria. La diffidenza della stampa si è nutrita di queste lacune e ciò spiega, almeno in parte, il fuoco di sbarramento».

Nella pagina di politica estera leggiamo: «Il dubbio viene catapultato sui giornali di tutta Europa e serpeggia nelle principali Cancellerie: Silvio Berlusconi ha le qualità morali e la competenza per reggere la presidenza di turno dell'UE? A 48 ore dalla staffetta Grecia-Italia il dubbio è finito in prima pagina e viene discusso in ambienti diplomatici, anche se dai governi dei Quindici non giunge alcun segnale esplicito di stop all'Italia, legato al conflitto di interessi, alle vicende giudiziarie del Cavaliere, all'approvazione del Lodo Maccanico.

I giornali europei, non legati a preoccupazione di natura diplomatica con l'Italia, hanno picchiato duro negli ultimi giorni insistendo proprio sui nodi etici e giudiziari. Ne citiamo alcuni: "Financial Times", "The Guardian", "Le Nouvel Observateur", "Die Zeit", "Le Monde", "Los Angeles Times", "El Pais"».

Semestre italiano UE: Berlusconi comincia male e viene contestato

Per l'Italia non poteva andare peggio: il 2 luglio 2003 si apre la seduta inaugurale del semestre di presidenza italiana al Parlamento di Strasburgo. Il socialdemocratico tedesco Martin Schultz prende la parola rivolgendosi a Berlusconi: «Signor presidente, signore e signori, per cominciare mi rivolgo al collega Pottering. Il collega Pottering ha elogiato in forma addirittura euforica la competenza della presidenza di turno giunta qui dall'Italia: Berlusconi, Fini, Frattini, Buttiglione... e qui ho temuto che se ne uscisse anche con Maldini e Del Piero e Garibaldi e Cavour. Ma ne ha dimenticato uno, e cioè il signor Bossi. Anche lui fa parte di quel governo, e la minima esternazione che fa quest'uomo è peggiore di tutte quelle per cui questo Parlamento ha preso provvedimenti contro l'Austria e l'appartenenza della FPO, il partito liberale austriaco guidato da Haider, al governo di quel Paese. Quindi dobbiamo parlare anche di lui.

Lei, signor presidente, non è certo responsabile del quoziente di intelligenza dei suoi ministri. Però è responsabile di quel che dicono. Le esternazioni di Bossi, il suo ministro per le Politiche dell'immigrazione, che lei ha appena ricordato nel suo discorso, non sono minimamente compatibili con la Carta dei Diritti fondamentali dell'Unione Europea: in quanto presidente di turno lei è invitato a difendere quei valori. Li difenda, dunque, contro il suo stesso ministro! Voglio riprendere una parola che il collega Di Pietro ha menzionato in questa sede. Il virus del conflitto di interessi, ha detto Di Pietro, non può essere innalzato sul piano europeo. Ebbene sì, il collega ha ragione, e adesso qui, in quest'aula, siamo da giorni nella difficile situazione per cui quando si parla della presidenza italiana, si sente dire di continuo: "State attenti a non criticare Berlusconi per ciò che fa in Italia, perché qui nel Parlamento europeo non c'entra niente": come sarebbe? L'Italia non è forse membro dell'Unione Europea?

E invece naturalmente sì che c'entra, e le dico perché. Quello che lei fa in qualità di primo ministro italiano riguarda i colleghi e le colleghe elette al Parlamento italiano e compete a loro di discuterne con lei, ma quello che lei fa in qualità di presidente di turno dell'Unione compete a noi che siamo qui. Pertanto le dico: lei ha parlato del tema della sicurezza, della libertà e del diritto, del processo di Tampere. E qui lei ha utilizzato un concetto: Europol.

Ma vi sono tre concetti che lei non ha utilizzato e io glieli voglio ricordare per chiederle, per favore, se può dire qualcosa a proposito di tre cose. E cioè: che cosa pensa di fare per accelerare l'istituzione di un pubblico ministero europeo? Che cosa pensa di fare per accelerare l'entrata in vigore del mandato di arresto europeo? Che cosa pensa di fare per il riconoscimento reciproco di documenti nei procedimenti penali internazionali? [...] Se lei introducesse una riforma nel suo stesso Paese, il mandato di arresto europeo potrebbe entrare in vigore più rapidamente.

Nonostante ciò, io mi rallegro del fatto che lei oggi sieda qui e io possa discutere con lei. Questo lo dobbiamo non da ultimo a Nicole Fontaine, perché se Nicole Fontaine non fosse riuscita così bene a rinviare tanto a lungo le procedure per l'immunità contro lei e Dell'Utri, Lei non sarebbe qui oggi perché non avrebbe più l'immunità di cui ha bisogno».

Berlusconi, infuriato, risponde: «So che in Italia c'è un produttore che sta girando un film sui campi di concentramento nazisti, la proporrò nel ruolo di Kapò». L'aula protesta e Berlusconi replica con il dito puntato verso Schultz: «Io avevo risposto con ironia, lei invece ha parlato solo con cattiveria». E non accoglie l'invito del Partito popolare europeo, del quale fa parte, a chiedere scusa. Si limita a dire che chiederà scusa solo al popolo tedesco che è molto sensibile alla questione.

La vicenda si complica. Il cancelliere Schroeder, in Parlamento, dice che Berlusconi ha offeso la Germania ed esige le scuse. Berlusconi gli telefona e il cancelliere poi dichiara: «Berlusconi ha espresso rincrescimento per la scelta dell'espressione e del paragone. Io gli ho detto che per quanto mi riguarda questo pone fine alla vicenda».

L'Italia non ha più i requisiti necessari per dirsi una democrazia liberale

Paul Ginsborg[3] ricorda che Diamond e Plattner, nei loro studi sullo sviluppo della democrazia, conclusero che, nel 2000, 75 democrazie su 120 si qualificavano li-

[3] Paul Ginsborg, *Berlusconi*, Einaudi, Torino 2003.

berali e tra esse c'era anche l'Italia. Ma osserva che nel 2003 esistono motivi molto validi per affermare che non è più così. «L'Italia di Berlusconi non riesce a soddisfare, in varia misura, alcuni dei criteri necessari per qualificarsi come democrazia liberale. La legge in Italia non è eguale per tutti, non solo perché chi dispone di mezzi economici ingenti ha migliori opportunità di difendersi di fronte ai tribunali, ma perché l'esecutivo e la maggioranza parlamentare stanno apertamente promuovendo e approvando misure che corrispondono agli interessi del presidente del Consiglio e dei suoi amici. La magistratura è sempre meno autonoma e molte autorità e garanti italiani dispongono di poteri intenzionalmente limitati. Inoltre il sistema mediatico italiano è semplicemente il meno libero d'Europa. Se esistesse un Moody's per la politica, l'Italia sarebbe retrocessa tra le democrazie di serie B». E conclude: «È sorprendente e persino sconvolgente che un dato di fatto tanto semplice e incontestabile non sia oggetto di intransigente denuncia da parte delle autorità del Paese».

Sergio Romano: «Berlusconi dica da quale parte sta l'Italia»

Nell'editoriale sul «Corriere della Sera»[4], Sergio Romano scrive: «Vi sono circostanze in cui un Paese può considerare gli avvenimenti con distacco e rifugiarsi in generali affermazioni di principio o tener conto degli interessi dell'alleato maggiore. Ve ne sono altre, invece (la crisi irachena è fra queste), in cui è direttamente coinvolto e deve prendere posizione. Che cosa accadrà se l'America, nei prossimi giorni, attaccherà l'Iraq senza l'avallo dell'ONU? Approveremo la sua decisione e ci nasconderemo, come sembra di comprendere, dietro

[4] «Corriere della Sera», 22 gennaio 2003.

a una sorta di "non belligeranza"? Berlusconi ha l'obbligo di rispondere. Lo ha con l'opposizione, beninteso, ma soprattutto con il Paese. Se è divenuto progressivamente sensibile ai sentimenti della maggioranza dell'opinione pubblica italiana, ci spieghi come intende manifestare il suo dissenso dall'USA. Se ritiene che i buoni rapporti con l'America pesino più di qualsiasi altra considerazione, ce ne spieghi le ragioni e ci dica se il governo ha qualche idea sul modo di affrontare le eventuali crisi del dopo-guerra iracheno. La situazione è difficile e non gli chiediamo di essere imprudente. Gli chiediamo semplicemente di dirci se ha calcolato gli interessi dell'Italia e quale dei futuri possibili gli sembri meno pericoloso per noi e per l'Europa. Negli scorsi mesi, soprattutto quando era ministro degli Esteri, Berlusconi ha detto più volte che il Paese aveva conquistato un capitale di credito e autorevolezza internazionale. Se non ne facesse uso nel momento in cui è maggiormente necessario, saremmo costretti a dubitare che il capitale esista».

Berlusconi e la guerra all'Iraq

Le vicende dell'Iraq, viste a distanza di tempo, confermano che Bush ha commesso un grave errore a fare la guerra. Il motivo determinante, ossia il possesso delle armi di distruzione di massa, ha retto poco tempo: non l'avevano trovate gli ispettori dell'ONU, non le hanno trovate gli americani durante e dopo la guerra. Questo non può cancellare le responsabilità del dittatore Saddam Hussein, che per anni ha soggiogato il suo Paese eliminando o mettendo in prigione i suoi oppositori; gli eccidi, l'eliminazione con i gas di intere popolazioni curde, lo testimoniano. Ma le gravi responsabilità di questo feroce dittatore non cancellano gli errori di Bush. In tutta l'Europa e in tanti altri Paesi del mondo, la gente contraria alla guerra era nettamente maggioritaria; milioni e milioni di persone, più volte, hanno manifestato a favore della pace. Anche nella Gran Bretagna di Blair, alleato di Bush, erano la maggioranza. E papa Giovanni Paolo II trovava ogni occasione per invocare la pace.

Questa guerra, che avrebbe dovuto dare pace, democrazia e benessere a un Paese, ricco per il suo petrolio, ha gettato il popolo iracheno in una situazione drammatica: ancor oggi nessuno è sicuro di tornare a casa la sera, la disoccupazione è ai massimi livelli. Gli americani hanno commesso l'errore di sciogliere l'esercito e ogni giorno si contano le vittime: uomini, donne e bambini. Le elezioni per scegliere l'assemblea costituente e la formazione di un nuovo governo non hanno mutato la situazione, e Bush non prevede di lasciare l'Iraq nel breve periodo.

Berlusconi non ha mai avuto dubbi: voleva essere accanto al suo "amico" Bush, quindi ha escogitato il "marchingegno" della missione di pace per inviare in Iraq più di tremila uomini. E, ogni volta che il Parlamento è chiamato a votare la legge per finanziare le spese del nostro contingente in Iraq, alla richiesta dell'opposizione di ritirare i nostri militari, ripete: «Siete degli irresponsabili. I governi degli Stati Uniti, del Regno Unito, del Giappone e degli altri membri della coalizione stanno onorando con i fatti l'impegno preso con il loro ruolo di membri delle Nazioni Unite, e il governo italiano ritiene che il nostro dovere e il nostro onore sia di restare fino in fondo dalla parte di chi, assumendosi sacrifici e rischi, difende i princìpi della Carta dell'ONU. E non sono solo incredulo, ma anche preoccupato per l'assoluta mancanza di responsabilità dell'opposizione. Le loro richieste sono prive di una logica politica e del tutto aliene all'evoluzione dello scenario internazionale. L'opposizione non si rende conto che il loro atteggiamento è un segnale di debolezza e di cedimento».

Durante il dibattito al Senato, Andreotti ha detto: «Con gli Stati Uniti siamo alleati e amici ed ho sempre ritenuto che, tra amici, se c'è qualcosa che non si condivide bisogna dirlo chiaramente. Essere alleati vuol dire stare sul riposo, non sugli attenti».

E finanche il direttore dell'«Osservatore Romano»[5] ha scritto d'essere stato deluso dalla politica di Berlusconi: «Mi aspettavo una presa di posizione più chiara. Non si può essere per la pace e la guerra contemporaneamente. O si è per la pace con chiarezza, oppure ci si dichiara per la guerra. Non si possono fare interventi a mezza strada, se si è per la pace bisogna impegnarsi senza se e senza ma. Tanto più che lavorare per la pace esige maggiori sacrifici che schierarsi per la guerra. Invece ascolto dichiarazioni una volta in un senso, una volta in un altro. Ma così non si costruisce».

C'è solo da augurarsi che ai 26 italiani caduti in Iraq non se ne aggiungano altri.

La gaffe-bugia sull'Islam

Non era mai accaduto: in una conferenza stampa Berlusconi, presidente del Consiglio e ministro degli Esteri *ad interim*, offende l'Islam. Un fatto grave che in poche ore ha fatto il giro del mondo.

Il 25 settembre 2002 a Berlino, dopo l'incontro con Schroeder e Putin, nella conferenza stampa con i giornalisti dice: «Non dobbiamo mettere due civiltà sullo stesso piano. Dobbiamo essere consapevoli della superiorità della nostra civiltà. Da noi c'è rispetto dei diritti umani, religiosi e politici, che non c'è nei Paesi islamici. L'Islam è rimasto indietro di 1400 anni». La notizia dilaga e le reazioni vengono da quasi tutti i governi. Il primo a farne le spese è Marcello Pera, presiden-

[5] «L'Osservatore Romano», 9 febbraio 2003.

te del Senato: aveva un incontro con Raymond Forni, presidente dell'Assemblea francese, ma, «offeso, indignato e scandalizzato» dalle parole di Berlusconi, lo annulla «in attesa di chiarimenti da parte del governo italiano».

«The Guardian» scrive: «È un maniaco megalomane, che si è paragonato a Napoleone, Giustiniano e Gesù, ma la figura pubblica somiglia più a quella di Robert Maxwell». «The Washington Post»: «Il primo ministro italiano Berlusconi ha umiliato il suo Paese con la pericolosa sparata sull'Islam. Sono parole totalmente inaccettabili. Il premier dice che lo hanno citato fuori contesto. In questo ha ragione: il suo contesto è un altro secolo». «The Independent»: «Gli alleati si sono dati da fare per non equiparare le azioni dei fanatici con la visione dell'immenso mondo musulmano, Mr. Berlusconi contraddice questo avvenimento». «El Pais»: «Col suo commento il leader italiano ha sparato contro la linea condotta dalla coalizione internazionale». «Le Monde»: «Dichiarazioni inaccettabili perché tendono a idealizzare i valori dell'Occidente demonizzando quelli del resto del mondo». La CNN il 26 settembre, ore 10,40, dice: «Berlusconi ha confermato i peggiori sospetti degli islamici moderati, ha affermato la superiorità dell'Occidente cristiano ed è andato drammaticamente fuori strada».

Ma Berlusconi non si scompone e, come è sempre accaduto in situazioni del genere, smentisce, nega d'aver pronunciato quelle parole, escludendo d'aver voluto offendere l'Islam. Corre ai ripari convocando gli ambasciatori dei Paesi arabi, ai quali dice: «Voglio garantire a tutti voi che mai nella mia mente, nella mia attività, nelle intenzioni del mio governo e di tutti gli italiani ho mai criminalizzato l'Islam».

L'Islam è uno scenario già visto. Quelle parole le ha dette dinanzi a una folla di giornalisti e c'è anche la registrazione. Alcuni deputati dell'opposizione hanno inviato la cassetta con la registrazione di tutta la conferenza stampa al presidente della stampa estera, Antonio Pelayo.

La Finanziaria taglia i fondi al Ministero e alle ambasciate

Gian Antonio Stella[6] riassume la situazione fallimentare del Ministero degli affari esteri. «Dopo gli ulteriori tagli dell'ultima Finanziaria le nostre ambasciate rischiano la paralisi. I dati sono stati diffusi dal sindacato SNDMAE che rappresenta 650 diplomatici di carriera su 1024. Un sindacato autonomo, non confederale, al quale aderiscono ambasciatori, ministri, consoli, consiglieri.

Con questa Finanziaria il capitolo per la promozione economica e commerciale è stato ridotto del 32%, quello per il funzionamento delle sedi del 52%; a fine marzo le ambasciate non avranno più soldi per pagare gli interpreti. Questo avviene dopo le famose dichiarazioni del premier Berlusconi, quando dopo le dimissioni di Ruggiero ebbe l'*interim* degli Affari esteri. Disse allora che le nostre ambasciate si sarebbero occupate anche degli aspetti commerciali, sarebbero diventate un punto di riferimento per le nostre imprese, quindi l'Italia avrebbe aumentato notevolmente le esportazioni».

Ma, dice un vecchio proverbio, «le nozze non si possono fare con i fichi secchi».

Ancora: «Proporsi gli obiettivi vuol dire prevedere gli strumenti per attuarli e l'imprenditore Berlusconi ben lo sa. Ecco i dati. Il capitolo 1574 per le spese per il funzionamento delle sedi diplomatiche, escluso l'affitto, è stato tagliato del 52%; il capitolo per le promozioni economiche e commerciali del 32%, le spese per i viaggi di servizio per gli ambasciatori, compresi quelli

[6] «Corriere della Sera», 2 marzo 2002.

che rappresentano l'Italia in diversi Paesi, sono ridotte a 3000 euro, che significa poter fare uno, al massimo due viaggi l'anno. Per rendersi conto della situazione basta citare l'intervento del Ministero per la recente visita del presidente Ciampi a Pechino: è stato necessario aumentare i fondi della nostra ambasciata.

[...] Ogni ambasciata avrà quest'anno 3000 euro per spese di viaggio. Vuol dire, in pratica, che non potranno muoversi».

L'Italia all'ultimo posto in Europa per gli aiuti ai poveri dell'Africa

Bob Geldof, membro della *Commission for Africa*, in un articolo-appello[7] si è rivolto agli italiani perché mantengano gli impegni presi nel vertice del G8 dello scorso luglio. «Questo grande accordo raggiunto in Europa», scrive, «rappresenta un evento storico, decisivo perché può trasformare milioni di vite umane. L'Italia, cosa che non gli fa onore, ha espresso dubbi sulla possibilità di rispettare il suo impegno, allentando imperdonabilmente la pressione sugli Stati Uniti e gli altri Paesi del G8. Questa è una sfida importante per il governo italiano.

Negli ultimi anni, la quota destinata dall'Italia agli aiuti allo sviluppo è diminuita. Siete il 6° Paese più ricco dell'intero pianeta e dimenticate i poveri che muoiono in una quantità tale che entra nelle statistiche di Stalin. L'Italia ha finito col divenire così cinica da conquistare il triste primato di Paese più avaro negli aiuti all'Africa. Siete gli ultimi. Siete generosi ed è strano che questo grande Paese sia il meno generoso fra i 22 Paesi più ricchi del mondo».

Geldof cita i numeri: «Qui bisogna dire la verità nuda

[7] «la Repubblica», 27 maggio 2005.

e cruda: l'Italia non sta mantenendo le promesse. Il vostro governo ha aderito agli accordi di Barcellona, impegnandosi ad aumentare la spesa per gli aiuti allo 0,33% del vostro reddito nazionale entro il 2006. Invece, i vostri aiuti sono scesi dallo 0,20% del 2002 a solo lo 0,15% attuale. Quando il vostro governo firma un accordo, lo fa a nome vostro. A nome di tutti. Ignorare quella firma vuol dire offendere la terra e l'onore dell'Italia. Invece il ministro degli Esteri Fini, a nome del governo, ha fatto sapere di non poter mantenere gli impegni».

Ecco alcuni eloquenti numeri: 400 milioni di africani soffrono la fame e non hanno l'acqua necessaria; 120 milioni di bambini in età scolare non hanno accesso all'istruzione; 14 milioni di ragazzi fino ai 15 anni hanno perduto uno o ambedue i genitori; 6000 giovani vengono contagiati ogni giorno dall'AIDS per mancanza di prevenzione e di profilattici.

Berlusconi: «Ho fatto da paciere tra Bush e Putin»

Sulla Piazza Rossa di Mosca si celebrano i 60 anni della vittoria sul nazismo. Ci sono i leader di 55 Paesi. Berlusconi vuole apparire protagonista. C'è gelo tra Bush e Putin perché il presidente americano ha criticato gli accordi di Yalta.

Andrea Bonanni[8] su «Repubblica» scrive: «A Yalta, nel febbraio '45, tra Roosevelt e Stalin c'era Churchill. A Mosca nel 2005 c'era anche Berlusconi. Nessuno se ne è accorto, per la verità. Ma questo è comprensibile: le grandi super potenze hanno sempre dissimulato le loro armi segrete. Così Putin ha avuto colloqui bilaterali, pubblici e teletrasmessi, oltre che con Bush anche

[8] «la Repubblica», 10 maggio 2005.

con i leader che contano: con il cancelliere tedesco Schroeder, con il presidente francese Chirac, con il cinese Hu Jintao, con il premier giapponese Koizumi. Di Berlusconi non si è vista neppure l'ombra se non quando, con un guizzo alla Alberto Sordi, ha approfittato di una distrazione del protocollo per correre a mettere un braccio sulle spalle della moglie del presidente russo».

Berlusconi però ha voluto recitare la sua parte: ha parlato con Bush e Putin per metter pace. Dirà ai giornalisti: «Bush mi ha raccontato che il suo incontro con Putin è stato perfetto. Anche perché preparato dal sottoscritto».

Sul «Corriere della Sera» Maria Laura Rodotà, in un articolo titolato *Silvio B., la strategia del gran simpatico*, racconta le numerose gaffe di Berlusconi: «Nel novembre 2003, dopo l'incontro con Putin, durante la conferenza stampa congiunta, disse che la Russia era un modello di diritti umani, che in Cecenia non era successo granché, "ci sono attentati della guerriglia ma Mosca non ha mai risposto". Seguiva condanna della Commissione e del Parlamento europei, seguivano altre gaffe meno gravi. Fino a ieri, al capolavoro di Mosca. Non è finita, probabilmente. Le esternazioni di Silvio B. hanno un ritmo ciclotimico, a volte tace per settimane o mesi, poi parla a ruota libera per periodi più o meno lunghi. Ora sembra in forma: un giorno ha ammirato la bellezza di Tony Blair, quello dopo si è esibito sulla Piazza Rossa. Forse vincerà un altro premio, prima del 2006».

Gli Istituti italiani di cultura all'estero

Dicono al Ministero degli affari esteri che una nomina fatta da Berlusconi quando prese l'*interim* è stato il segnale del nuovo corso per la cultura italiana all'estero: nominò Tony Renis ambasciatore della cultura italiana nel mondo. A completare la svolta ha contribuito il sottosegretario Mario Baccini (UDC), al quale fu assegnata la delega della Cultura e dell'America Latina. Al Ministero lo ricordano per alcune nomine clientelari. A suo tempo fecero grande clamore nel mondo della cultura le nomine per "chiara fama" a direttore degli Istituti di cultura di Mario Fortunato all'Istituto di Londra, della giornalista Pialuisa Bianco a Bruxelles, di Giorgio Ferrara (fratello di Giuliano) a Parigi, di Patrizio Scimia, funzionario della Telecom e amico del sottosegretario Baccini, a Madrid, di Renato Cristin a Berlino. Le nomine sono state decise dalla Commissione nazionale della cultura il 27 febbraio 2003, col voto contrario dei due rappresentanti del mondo culturale, Gioacchino Lanza Tommasi e l'accademico dei Lincei, Gianfranco Chiaretti.

Ma la nomina più "stramba" e incredibile, firmata dal ministro Frattini, è quella di Angelica Carpifave all'Istituto di Mosca. Il personaggio è protagonista di fatti davvero gravi, denunciati finanche dalle autorità russe ma ignorate dal nostro Ministero degli esteri che fa passare anni prima di decidersi a rimuoverla. Non viene preso in considerazione neanche l'appello al presidente del Consiglio italiano degli italianisti russi. Un appello che denuncia anche la grave situazione del nostro Istituto di cultura: «È cessata ogni attività di conferenze, mostre, concerti, proiezioni cinematografiche, incontri con personalità, e ci è stato precluso qualsiasi accesso alla biblioteca e alla videoteca dell'Istituto. Ci permettiamo di pregarla affinché intervenga a far cessare questo stato di cose, ugualmente assurdo ed offensivo per l'Italia e la Russia, sostituendo l'attuale direttrice con una persona degna e competente».

Dopo un appello del genere, perché il Ministero non è intervenuto? E ci sono state tante altre denunce rimaste senza alcuna risposta. Il sovrintendente di Firenze Antonio Paolucci, a seguito di un grave fatto, ha inviato una lettera all'ambasciatore russo Spasskiy a Roma per denunciare il comportamento scorretto e assolutamente inammissibile della Carpifave in occasione di una mostra, «auspicando che nessuno, in Russia, le affidasse mai più neppure uno spillo». Ma la Carpifave, che nel frattempo aveva creato una Fondazione con sede a piazza Navona 71, dove ha stabilito la sua personale residenza, è rimasta al suo posto. Soltanto nel dicembre del 2004 il Ministero degli esteri fa sapere che la Carpifave è stata sostituita.

9
La riforma della Costituzione

Premessa: bisogna ricordare che nel 2001, al convegno di Parma della Confindustria, esponendo il programma di governo Berlusconi ha detto: «La scuola, la politica sociale e la revisione della [nostra] Costituzione che guarda al *modello sovietico* sono gli altri settori in cui il governo di centro destra punterà la propria attività di riforma». Dovendo riformare un *modello sovietico* dovevamo dedurre fin d'allora che avrebbe affossato la nostra Costituzione. Se si aggiunge che Berlusconi ha ceduto ai ricatti della Lega, si spiegano le vicende di questa riforma.

Il primo voto di un ramo del Parlamento è quello del Senato, che il 23 marzo 2005 ha approvato la riforma della Costituzione modificando 52 articoli. A caldo Giovanni Sartori ha detto: «La Costituzione approvata in Senato è uno schifo, uno schifo, uno schifo. È un testo di una arroganza straordinaria che elimina pesi e contrappesi: il capo dello Stato non conterà più, la Consulta è impacchettata, la magistratura indebolita. Sarà un dispotismo elettivo».

In un editoriale dal titolo *La Patria perduta* di Ernesto Galli Della Loggia, sul «Corriere della Sera» (24 marzo 2005), si legge: «È impossibile nascondersi la gravità di quanto è accaduto ieri al Senato. È stata approvata una riforma che distrugge alcuni aspetti caratterizzanti dell'organizzazione dello Stato repubblicano e modifica in profondità il funzionamento dei massimi organi del suo potere politico nonché lo schema dei loro rapporti. Il panorama delle rovine è presto descritto. Viene estesa a dismisura, anche a campi come quello dell'istruzione e della sicurezza pubblica, la capacità legiferatrice delle Regioni: lo Stato centrale mantiene, sì, formalmente l'esercizio di un potere d'interdizione, ma in misura attenuata e così ambigua che l'unico risultato prevedibile è una crescita esponenziale del contenzioso Stato-Regioni, già oggi ben oltre il limite di guardia. Ciò che in conclusione la riforma costituzionale realizza sarà un incrocio contraddittorio e micidiale di accentramento e decentramento, all'insegna dell'istituzionalizzazione della paralisi e dell'apoteosi del ricatto.

Del resto è solo per il ricatto continuo e minaccioso della Lega che l'onorevole Berlusconi e la destra hanno dato il via a un progetto simile. È esclusivamente, cioè, per il proprio tornaconto politico che il presidente del Consiglio e altre forze della sua maggioranza, che pari a lui non hanno mai manifestato alcun interesse per il federalismo, e anzi sono ideologicamente ai suoi antipodi come Alleanza nazionale, lo hanno improvvisamente abbracciato, accettando così cinicamente di mettere mano al disfacimento del Paese.

Perché di questo si tratta: la riforma della Costituzione voluta dal governo costituisce forse il più grave pericolo che l'unità italiana si trova a correre dopo quello terribile corso sessant'anni or sono nel periodo seguito all'armistizio dell'8 settembre. Mentre in misura altrettanto forte sono in pericolo la funzionalità e l'efficienza della direzione politica dello Stato da un lato, e dall'altro alcuni valori di fondo della nostra convivenza, non più garantiti da una tutela pubblica».

Il parere dei costituzionalisti

A giugno del 2004 si è svolta a Milano l'assemblea "Salviamo la Costituzione", che ha messo in rilievo gli errori politici e giuridici della riforma del centrodestra.

Gli interventi sono stati pubblicati nel volume *Costituzione: una riforma sbagliata. Il parere di 63 costituzionalisti*. Per tutto il periodo in cui il Parlamento ha esaminato la riforma c'è stato un ampio dibattito che ha allarmato politici e costituzionalisti, ma senza scalfire il centrodestra, che ha continuato ad andare avanti a testa bassa senza rendersi conto, volutamente o meno, dell'enorme errore che stava commettendo. A nessuno è venuto in mente di prendere in considerazione che quasi tutti i costituzionalisti di rilievo hanno criticato la riforma. Un fatto che razionalmente, ma anche politicamente, non trova spiegazioni.

Riportiamo alcuni commenti scelti esclusivamente con taglio giornalistico.

Giuliano Amato: è un orologio rotto

«L'orologio della Riforma mischia rotelle che insieme proprio non possono funzionare. Non c'è infatti nulla di male, né nulla di non democratico, a mio avviso, nello scegliere quella che si chiama "democrazia di mandato" e quindi l'elezione diretta di un presidente. Ma perché questa scelta sia coerente con la irrinunciabile dose di divisione dei poteri richiesta appunto da una democrazia, occorre sganciare il governo dal Parlamento e costringere il presidente eletto a fare i conti con un Parlamento che egli non può domare con il voto di fiducia o con il potere di scioglimento. Se invece si pretende di dar vita a un primo ministro eletto come il presidente degli Stati Uniti, che tuttavia si insedia in un sistema parlamentare e dispone verso la Camera sia della fiducia sia dello scioglimento, allora si distrugge il sistema parlamentare, si distrugge la divisione dei poteri e si fa una forma di governo in cui è lo stesso tasso di democraticità a risultare insufficiente: specie se poi alla maggioranza parlamentare che risponde al primo ministro si attribuisce anche il potere di eleggere il capo dello Stato e altri organi, che dovrebbero essere di bilanciamento e di garanzia.

[...] La riforma va ben oltre e ci va perché parte dalla premessa non solo che il premier deve essere eletto direttamente, ma che attraverso le elezioni i cittadini trasferiscono a lui la loro sovranità; singolarissimo principio per una democrazia, tanto più singolare sulla base del fortunatamente immutato articolo 1 della nostra Costituzione, che la sovranità la attribuisce al popolo, del quale fanno parte anche i cittadini che non hanno votato per il premier vincente, chiunque esso sia.

Ancora più confusione si è finito per fare sul Senato. Io non sono tra quelli che lamentano il fatto che un Senato espressivo, non della maggioranza politica, ma delle autonomie territoriali, possa dire dei no, che sfuggono al rapporto di fiducia con cui li si evita alla Camera. Anche questa infatti è divisione dei poteri e bene lo spiegò Madison, che vide nel federalismo la dimensione verticale di tale principio. Le cose non vanno, però, se si arriva al punto di attribuire al Senato un potere legislativo che, sulle materie di interesse regionale, lo abilita addirittura a dire l'ultima parola, così come la dice la Camera sulle materie di esclusivo interesse statale.

Qui, ancora, si è infilata la rotella del bicameralismo paritario nell'orologio di un sistema che si vorrebbe federale. E nessun orologio del genere ha a questo mondo una tale rotella. Personalmente sono d'accordo con chi non ama la formula di una seconda Camera con la composizione del Bundesrat tedesco e non la vorrei per l'Italia. Ma è indubbio che nella calibratura dei suoi poteri la Costituzione tedesca è ben più equilibrata del testo che ci troviamo di fronte.

Per non parlare, infine, del riparto tra le competenze tra Senato e Regioni, della sanità suddivisa fra tutela della salute affidata allo Stato e organizzazione sanitaria affidata alle regioni o dell'organizzazione scolastica, ancora delle regioni. Un risultato sorprendente per chi non ha fatto che lamentare, nel Titolo V voluto dal centrosinistra, la fonte di troppi conflitti fra Stato e Regioni. C'è – si dice – la salvaguardia dell'interesse nazionale: ma che ad assicurarla debba essere il Senato, cioè proprio la Camera che rappresenta le Regioni, con un atto di annullamento delle loro leggi che esse possono poi impugnare davanti al capo dello Stato, è davvero la rotella uscita chissà da dove, che mai nessuno aveva pensato di poter trovare in nessun orologio»[1].

Giovanni Sartori: una riforma attuata a dispetto dei costituzionalisti

«Ho sempre sostenuto che la riforma della Costituzione presentata dai saggi di Lorenzago – e scriva "saggi" con le virgolette – è incostituzionale. Vìola i princìpi stessi del costituzionalismo. Le costituzioni sono strumenti, regole del traffico, ma non solo organizzazioni, sono strumenti limitativi del potere. La riforma del Senato invece dà un potere pressoché assoluto al premier, quindi, in questo senso, vìola la Grundnorm, cioè il fondamento stesso del costituzionalismo.

Che una opposizione si opponga a una riforma è normale e non è motivo di scandalo. Quel che non è normale, e che fa scandalo, è che una riforma costituzionale venga attuata a dispetto degli esperti e cioè dei costituzionalisti, e platealmente infischiandosi del loro parere. È noto, dovrebbe essere noto, che in larghissima maggioranza i nostri costituzionalisti giudicano la riforma Bossi-Berlusconi una pessima riforma. Ora, siccome studiare la Costituzione è il loro mestiere, si deve presumere che i costituzionalisti sanno quello che

[1] «L'Unità», 19 giugno 2004.

dicono. E se i politici li ignorano, si deve presumere che non sanno quel che fanno.

[...] La dittatura del premier. Premier è un signore che viene eletto. Il meccanismo democratico dell'elezione del premier sussiste, non è una dittatura. Ma è una dittatura del premier nel senso che il premier, che è una figura che appartiene al concetto liberal-democratico, è caratterizzato da un eccesso di potere. Nessuno lo frena. Lo stato non conta più niente: perché la Corte Costituzionale verrà impacchettata; perché all'authority, come abbiamo visto, il premier nomina addirittura i suoi a controllare se stesso e così via, e potrei fare un lungo elenco. Così diventa un capo del governo illimitato, incontrollato, incontrollabile, assoluto, cioè privo di legami, e in questo senso ha poteri di tipo dittatoriale. Non dico che è un dittatore, ma che ha poteri di quel tipo.

In democrazia se c'è una proposta di riforma costituzionale, secondo me orribile e addirittura incostituzionale, va affrontata duramente. L'appello a non lacerare il Paese è curioso. Chi lo lacera il Paese? Quella proposta. Si ritiri il disegno Lorenzago e tutto finisce. Ma questa è una invenzione tutta italiana: prima, dire che si doveva trovare un accordo era un inciucio; ora si deve per forza trovare un accordo o si lacera. Sono le panzane che inventiamo e inventano i media. Perché non si dovrebbe contrastare qualcosa che merita di essere contrastato duramente? Questa è la democrazia, ragazzi!

Bossi vuole assolutamente la devolution. La vuole a rotta di collo. Ora, per la fretta di Bossi, è uscita dalla Commissione del Senato per andare subito in aula perché la Lega vuole la devolution prima del voto amministrativo. E tutto quel che Bossi chiede, Berlusconi glielo dà. Non si sa bene perché. Potrebbe anche governare senza i suoi voti e meglio. I voti di Bossi non sono indispensabili a Berlusconi. Ma siccome ha questo complesso di soggezione... O forse si somigliano.

Stiamo costruendo la casa nella quale andremo a vivere. Se la casa è costruita da un ingegnere che non sa progettare ci casca addosso. Anche se gli italiani non lo sanno. Ma poi da chi dovrebbero sapere qualcosa? Da questa televisione? È rimasto solo qualche giornale».

Franco Bassanini: il Parlamento viene azzittito, intimorito

Il costituzionalista e senatore DS, Franco Bassanini, fa questa premessa: «Si può dire che la nuova Costituzione è nata da un confronto aperto e libero? O che il confronto non c'è stato per colpa dell'opposizione? L'opposizione ha fatto la sua parte. Ha avanzato proposte, ha contrapposto argomenti, ha cercato mediazioni ragionevoli e per mesi ha tentato invano di far ragionare la maggioranza. Ma quest'ultima non ha neppure tentato di aprire un confronto vero. Possono testimoniarlo gli atti parlamentari.

Questa riforma non dà all'Italia le regole di una moderna democrazia dell'alternanza. Apre, al contrario, una grande questione democratica. Abbandonata la forma di governo parlamentare, questa riforma non approda da nessuna parte: non si ispira a nessuno dei modelli sviluppati dall'esperienza costituzionale delle democrazie moderne. Delinea la forma di governo unica al mondo, basata sulla dittatura di un uomo solo. Il Parlamento è alla mercé del primo ministro. Esasperando la personalizzazione del potere, rischia di aprire la strada a possibili derive autoritarie, peroniste o bonapartiste, senza nel contempo garantire vera stabilità e efficacia all'azione di governo. Il popolo è sovrano per un giorno e poi suddito per cinque anni.

E così enormi poteri vengono concentrati nelle mani di un uomo solo: il primo ministro eletto direttamente dai cittadini. Avrà i poteri del presidente degli Stati

Uniti, più quelli del primo ministro britannico, più quelli del Cancelliere tedesco. Ma non incontrerà nessuno dei limiti e dei contrappesi che rendono democratici il presidenzialismo americano, il premierato britannico, il cancellierato tedesco. A differenza di Bush, potrà sciogliere la Camera, mettere la fiducia sulle leggi, pretendere deleghe legislative, scegliere ministri e ambasciatori.

A differenza di Blair, non dovrà dimettersi quando il 51% della sua maggioranza glielo chiede: gli basterà conservare l'appoggio di un manipolo di fedelissimi, per restare inchiodato alla sua poltrona. A differenza di Schroeder, la maggioranza della Camera non potrà sostituirlo: conteranno soltanto, infatti, i parlamentari eletti con lui nelle liste della maggioranza. In diverso modo, Bush, Blair e Schroeder devono fare i conti con un Parlamento forte e libero. In Italia il Parlamento viene azzittito e intimorito; ridotto al ruolo del Consiglio di amministrazione di un'azienda diretta da un padrone azionista unico.

Come si può ignorare che una Costituzione democratica non ha solo il compito di dare al vincitore delle elezioni gli strumenti per governare, ma deve anche stabilire i limiti del potere, gli argini a difesa dei diritti delle minoranze e delle libertà di ognuno? E che questi argini devono essere tanto più alti e solidi, quanto più si rafforzano i poteri della maggioranza e del suo leader? Qui la riforma rivela le sue più drammatiche lacune. Anziché rafforzare il sistema delle garanzie, lo indebolisce. Mette la Corte Costituzionale nelle mani dei partiti della maggioranza. Toglie al capo dello Stato poteri essenziali di garanzia. Respinge ogni ipotesi di maggioranze qualificate per le scelte che incidono sui diritti, sulle libertà individuali, sul ruolo dell'opposizione. Un disastro inevitabile?

Da ultimo, ma non per ultimo: la devolution. La riforma minaccia l'unità nazionale, la coesione sociale, l'universalità dei diritti essenziali, come il diritto alla salute e all'istruzione. Ma, nel contempo, apre la strada a impreviste rivincite centralistiche, dà al governo e alle burocrazie centrali gli strumenti per soffocare l'autonomia e l'autogoverno delle comunità locali e delle loro istituzioni».

Gustavo Zagrebelsky: il ricatto della Lega

Gustavo Zagrebelsky[2], ex presidente della Corte Costituzionale, parte dal ricatto della Lega per criticare la riforma costituzionale: «Il Senato ha votato sotto minaccia di crisi di governo (e di scioglimento anticipato) perché un ministro aveva posto una specie di questione di fiducia e il presidente del Consiglio e gli altri l'avevano accettata, con riguardo addirittura ai tempi dell'approvazione. I senatori della maggioranza hanno assicurato presenza e voto come richiesto e, ancora una volta, si sono arresi al ricatto. Bisognerebbe avere assistito ai lavori dell'aula, per comprendere che cosa può significare prevaricazione del governo sulla sua maggioranza, insolenza della maggioranza sull'opposizione e generale umiliazione del Parlamento.

[...] La vicenda costituzionale è un segno di stanchezza democratica ed è una primizia che prefigura un futuro politico: un futuro delineato dai poteri davvero assoluti del *premier* e dai rapporti di dominazione che egli potrà intrattenere con un Parlamento che, a differenza di oggi, sarà nelle sue mani non solo *de facto*, ma anche *de iure*. Si è detto e si dirà: ma anche la maggioranza di centrosinistra, alla fine della scorsa legislatura, si è approvata da sola la "sua" riforma della Costituzione, la riforma concernente il nuovo assetto delle regioni e delle autonomie locali. Si tenga comunque

[2] «la Repubblica», 29 marzo 2005.

conto delle differenze. Innanzitutto, non si è trattato di contraddire la Costituzione precedente ma di sviluppare diversamente e ulteriormente princìpi preesistenti (la tutela delle autonomie, nel rispetto dell'unità della Repubblica, conformemente all'articolo 5 della Costituzione).

In secondo luogo, l'allora opposizione di centro destra dissentiva non perché non volesse quelle modifiche, ma perché voleva andare oltre. Voleva di più rispetto a ciò che era già qualcosa. Infine le modifiche di allora sono quasi nulla rispetto alle attuali, quanto a rilevanza e incertezza per l'avvenire. Invocare questo precedente per giustificare il presente è dunque una forzatura. In ogni caso se un errore fu quello non si vede perché si sia voluto ripetere, aggravato.

Questo è il momento in cui la vita politica ha bisogno di un aiuto, di un supplemento di responsabilità che non può essere dato dalla società non direttamente implicata politicamente.

Il referendum costituzionale: occorre che i cittadini che ne hanno la possibilità, come singoli e come organizzazioni sociali, le associazioni culturali d'ogni tipo, i mezzi di comunicazione, nei mesi che ci separano dal voto, avvertano che questo è il momento del loro impegno. Occorre trovare parole nuove, discorsi diversi da quelli uditi mille volte e sempre meno ascoltati; occorre far comprendere che la posta in gioco non è il successo o la sconfitta di questa o quella parte politica, ma il modo d'essere del nostro vivere insieme.

L'obiettivo prioritario non è ottenere la bocciatura o l'assoluzione di questa riforma della Costituzione. È la ricostruzione di un tessuto costituzionale, cioè della materia stessa di cui la Costituzione è fatta. Il giudizio sulla riforma è secondario e, presumibilmente, verrà da sé».

Leopoldo Elia: il capo dello Stato è ridotto a un'ombra

«Una presa di potere, non una riforma. Una concentrazione di poteri inedita, se non si fa riferimento al cosiddetto ventennio. Un unicum in Europa. Altro che presidenzialismo o semipresidenzialismo. Mentre si fa il possibile per cloroformizzare il Paese, perché non avverta il pericolo di quanto stiamo vivendo. La minaccia che si realizza oggi, potrebbe toccare anche la prima parte della Costituzione.

Sappiamo che non piace a una parte di questa maggioranza. Qualcuno l'ha giudicata di impronta sovietica, una sciocchezza che denuncia l'animo ostile. E ancora, pensando a un'ipotetica scadenza elettorale: siamo impiccati al voto di un giorno. Per il resto potremmo andare tranquillamente al mare, pensare ad altro e via così. Tanto c'è un uomo solo al comando. Bisogna impegnarsi perché la gravità di questo intervento venga compresa, perché la gente capisca che viene privata di un proprio diritto alla democrazia. Tra un anno e sei mesi o tra due anni si andrà al referendum e nel frattempo è necessario lavorare perché sia chiara a tutti l'entità del danno. Ha detto bene Prodi di recente: mentre a Roma si va a sottoscrivere la nuova Costituzione europea, a Roma si disfa quella italiana. Ma occorre che tutti i leader politici, non solo Prodi, lavorino e avrei voluto ascoltarli in questi giorni alla Camera.

È lo statuto stesso del Paese che viene messo in gioco. Direi che non è percepito o non si è fatto in modo che fosse percepito a sufficienza quello che è accaduto tra Senato e Camera nelle prime due letture. Niente di paragonabile con quanto è avvenuto con il titolo quinto, che almeno riguarda un argomento preciso, circoscritto: il rapporto tra stato e regioni. In questo caso sono arrivati a toccare la forma di governo, che viene piegata in un modo del tutto inedito, non solo in Europa. Non ci si faccia l'esempio degli Stati Uniti, dove l'equilibrio dei poteri è garantito e dove il presidente è eletto dal popolo e dispone di grandi responsabilità, ma deve fare i conti con il Congresso, ed è vero che il presidente non può essere sfiduciato, ma non può neppure sfiduciare, cioè sciogliere l'assemblea. Siamo a qualcosa che non è neppure paragonabile al semipresidenzialismo francese, perché in Francia le elezioni sono ben distinte e può benissimo darsi il caso della coabitazione, come sanno bene Chirac e Jospin, e può accadere che un presidente si trovi di fronte una maggioranza diversa dalla sua. In Italia sono riusciti a costruire un impianto a tenuta stagna e tutto a favore del premier.

Con la scusa dell'antiribaltone, il primo ministro può utilizzare tutti quegli strumenti più qualcun altro che furono escogitati allora... La regola diventa: simul stabunt, simul cadent... sono stati eletti insieme, devono cadere insieme. Un patto di ferro. Non può cadere solo il premier, che una volta eletto è un intoccabile per cinque anni. Tutto questo sarebbe ed è assolutamente inconcepibile in un regime democratico. Non si discute di comuni e regioni, responsabili di questioni importanti ma d'ordine limitato, non di principio o di valore generale. Si discute di una camera dei deputati che deve affrontare in sede legislativa temi di attuazione di norme costituzionali in relazione a diritti fondamentali, all'ordinamento giudiziario, alle leggi elettorali, all'immigrazione o al sistema radiotelevisivo... sotto la spada di Damocle dello scioglimento... Se la camera non risponde con il voto conforme, con un voto bloccato, anomalo, di fiducia, si scioglie la camera, non basta che si dimetta il primo ministro.

Il Parlamento vota sotto ricatto. E non si pone riparo a questa sudditanza con l'invenzione di una strana mozione di sfiducia costruttiva, che dovrebbe essere sottoscritta unicamente da una maggioranza della maggioranza, una maggioranza cioè formata nell'ambito di quella stessa maggioranza, collegata in sede elettorale con il primo ministro. Basterebbe al cosiddetto premier disporre di un gruppo anche ristretto di fedelissimi, di kamikaze disposti a tutto e quindi disposti a non firmare, per garantirsi il controllo e per rimanere in carica, con una polizza sulla vita che vale un quinquennio.

Non è così in Germania, dove la mozione di sfiducia costruttiva vale per la maggioranza dell'intero Parlamento, non è così in Gran Bretagna, perché se Tony Blair si trovasse senza più la sua maggioranza si dovrebbe dimettere, mentre non si dimette l'assemblea. Tutti conosciamo le vicende e la fine politica di Margaret Thatcher, per quanto riguarda l'Inghilterra, di Adenauer o di Brandt, per motivi diversi, in Germania. Invece a questo nostro primo ministro si concede d'essere invulnerabile, come non esiste in nessun Paese democratico. Mi sembra purtroppo che pochi abbiano il coraggio di dirlo e di scriverlo [...]. Il capo dello stato è ridotto a un'ombra. Non si capisce bene di che cosa sia garante... Dovrà nominare i presidenti delle autorità indipendenti, ma abbiamo visto che cosa è successo alla Annunziata con la presidenza della RAI. Che possa concedere la grazia è importante, ma si vede bene che è qualcosa di secondario rispetto a tutto il resto. Con i sette membri di nomina parlamentare su quindici si accentuano i pericoli di politicizzazione. Ricorriamo agli esempi. De Gasperi, ma anche Fanfani, Moro, Craxi hanno governato con efficacia, senza tuttavia dover ricorrere alle forzature di questo periodo. Con la scusa delle norme antiribaltone si va all'espropriazione. Anche il famoso progetto Salvi sul premierato prevedeva, prima dello scioglimento, la sfiducia costruttiva, ma la mozione doveva essere presentata da una maggioranza parlamentare. Non si chiedeva una maggioranza della maggioranza. Questi pretendono una garanzia assoluta. No, invece, non possiamo concederla, perché non si possono fermare le lancette del tempo al giorno delle elezioni».

Oscar Luigi Scalfaro: il premier? Onnipotente

Il giorno in cui il Parlamento ha approvato la riforma della Costituzione, l'ex capo dello Stato Oscar Luigi Scalfaro[3], in una intervista a «Repubblica», accorato, dice: «La nostra Carta costituzionale, nata dopo una dittatura e una guerra disastrose, poggia sul potere del popolo, inteso non come potere della piazza ma come espressione, attraverso il voto, dei rappresentanti liberamente eletti. Al vertice c'è il Parlamento. Il presidente della Repubblica è al di sopra e per questo ha un potere tra gli altri, il più forte: lo scioglimento delle Camere. Il Parlamento mette al mondo il governo con la sfiducia e lo manda a casa con la fiducia. Abbiamo quindi un esecutivo che è collegato al Parlamento: questo dialogo tra Parlamento e governo è la vita delle democrazie.

Da questa riforma il Parlamento ne esce mortificato perché viene privato della motivata posizione dominante di oggi. Così il presidente del Consiglio viene scelto con un voto diretto, nomina i ministri e può revocarli; una volta fatto il suo governo si presenta al Parlamento, cioè all'unica assemblea politica, la Camera dei deputati. Non chiede la fiducia: *può* chiederla, ma come eccezione. La Camera non ha titolo per dare la fiducia. Nasce così un governo separato dal Parlamento. Se il primo ministro scavalca le Assemblee e dialoga col popolo, può farlo. Legittimamente. Questa grave mortificazione del Parlamento è il capovolgimento della situazione attuale.

Ancora: il presidente della Repubblica viene privato in particolare del potere di scioglimento, che passa al primo ministro. Il capo dello Stato è definito garante

[3] «la Repubblica», 25 marzo 2005.

della Costituzione. Ma garante di che cosa, con quali poteri, se l'unico potere forte gli viene tolto? Il presidente della Repubblica viene messo in canottiera, anzi a torso nudo. Invito tutti a una riflessione. Stiamo celebrando in questi giorni il sessantesimo della Liberazione, il crollo di una dittatura che tolse ai cittadini la libertà, il diritto di voto, il diritto di associazione, il diritto di sindacato e di libertà di stampa per fare cenno ai più importanti e, nello stesso tempo, ci presentiamo con questa concentrazione di poteri nelle mani di un uomo solo? È follia: sessant'anni sono uno spazio minimo, un niente nel cammino di un popolo. Possibile che non abbiamo imparato niente?

La maggioranza ripete continuamente all'opposizione l'accusa di non aver collaborato. Ma è un'accusa falsa. Io ho vissuto la collaborazione ai tempi dell'Assemblea costituente, quando le forze politiche erano tutte a un tavolo per cercare di trovare un denominatore comune: 555 eletti, al voto di fine dicembre 1947 soltanto 62 voti contrari alla nascente Costituzione. Ogni cittadino, vedendo sorgere, il primo del 1948, la Carta, poté dire con soddisfazione: "Questa Costituzione è anche mia" perché era stata votata da una maggioranza enorme. La partecipazione di cui parla il centro destra non è altro che un prendere o lasciare.

Lasciamo stare il passato. Mi basta dire che ieri è stata per me una giornata di profonda tristezza. Quel che è avvenuto è una vergogna sul piano storico e della democrazia. Ed è una gran pena vedere uomini che hanno militato in forze democratiche come la DC e il PSI dare ogni appoggio. Non è accettabile la mortificazione del Parlamento che si traduce nella pesante mortificazione dei singoli parlamentari; non è accettabile ridurre a una figura senza poteri il capo dello Stato: e non è accettabile che una persona sola, in regime democratico, abbia l'onnipotenza. Onnipotenza e democrazia non possono coesistere».

10
La politica delle pari opportunità

Il governo Berlusconi cancella la Commissione nazionale

Iniziamo questo capitolo citando un passo del documento sui programmi scolastici di storia, approvato nel giugno del 2004 dai professori del Dipartimento di discipline storiche di Bologna: «La cultura storica e critica deve comporsi di conoscenze che siano capaci di far comprendere come i processi storici hanno coinvolto le donne e come le donne sono state elemento importante del loro svolgimento e come i rapporti di genere si sono configurati, trasformati e diversamente costruiti nel corso della storia». Un'affermazione che tutti dovremmo aver presente, soprattutto i politici, in particolare quelli che fanno parte di questo governo che, invece, ha sostituito una Commissione democratica con un dipartimento governativo burocratico.

La Commissione nazionale per le pari opportunità tra uomo e donna presso la presidenza del Consiglio, istituita nel 1984 e definita per legge nel 1990, è stata soppressa nell'agosto 2003 dal governo Berlusconi. Al suo posto vi è ora una Commissione presso il Dipartimento pari opportunità, presieduta dal ministro, composta da 25 membri e dove non ci sono più le rappresentanti femminili dei partiti politici. Siamo passati da un organismo autonomo a uno subordinato, eliminando le importanti caratteristiche della Commissione: la trasversalità, il pluralismo, l'essere punto di riferimento delle istanze delle donne nella nostra società, il ruolo di iniziativa e di impulso alle politiche di pari opportunità e soprattutto l'autonomia.

La Commissione – nella sua storia ventennale – è stata un luogo di democrazia, di partecipazione, di coordinamento delle commissioni regionali, di dialogo con le aggregazioni di donne presenti nella società, di promozione politica, ed era autonoma e propositiva rispetto al governo, al Ministero delle pari opportunità, al Parlamento. Questi princìpi hanno rappresentato i punti di forza delle politiche di pari opportunità di cui la Commissione nazionale era garante. Inoltre assolveva la funzione essenziale di raccogliere e diffondere con proposte autonome le istanze della cultura delle pari opportunità, non in modo rituale e formale, ma in modo vivo e dialettico.

Il "Rapporto ombra"

Il 2 ottobre 2004 l'Assemblea delle donne italiane ha approvato un documento, il Shadow Report, alternativo a quello del governo italiano sulla attuazione in Italia della Piattaforma di Pechino del 1995. L'Assemblea aveva l'obiettivo di dar vita a un "Rapporto ombra" sulla situazione mondiale, vista con gli occhi delle donne italiane. Il documento, sottoscritto dalle associazioni femminili e femministe e da firme autorevoli e rappresentative, è stato inviato alla Commission on the Status of Women (CSW) per l'inserimento nelle iniziative ONU che si sono svolte a New York nel marzo 2005. La riunione dell'ONU, tra l'altro, si proponeva di valutare fino a che punto, dieci anni dopo, è stata applicata nei vari Paesi la Piattaforma, di cui riportiamo i punti più significativi.

La Piattaforma di Pechino

Nel 1995 la IV Conferenza ONU di Pechino aveva indicato gli obiettivi da perseguire per ottenere le pari opportunità. Ebbene, il documento del governo Berlusconi sull'applicazione della Piattaforma di Pechino evita ogni riferimento alla realtà delle donne nel nostro Paese e si limita a un elenco di leggi e provvedimenti che riguardano sostanzialmente l'attività del precedente governo di centrosinistra che non viene neppure nominato. Non si fa riferimento al Libro bianco sul welfare e non viene citata la legge sulla fecondazione assistita. Questa legge segna il culmine: è segno evidente di una mancanza di considerazione del protagonismo delle donne sui temi della convivenza civile e della maternità. Essa è costantemente oggetto di importanti critiche, espresse in primo luogo dai movimenti delle donne, ma anche da vari ambienti, laici e religiosi.

Per quel che riguarda il lavoro, non c'è collegamento tra le politiche dell'occupazione femminile e la nuova legge sul mercato del lavoro. Infatti le conseguenze del lavoro precario, la giungla contrattuale, rendono sempre più difficile il lavoro anche per le donne, sempre ricattabili a causa della maternità. «La famiglia esiste per permettere alle donne d'avere dei figli e d'avere un uomo che le difenda». Questa affermazione, fatta dal ministro Rocco Buttiglione al Parlamento europeo il 5 ottobre 2004, ben riassume la cultura di questo governo e lo scarto che esiste con il Paese reale.

Sebbene il regolamento dei Fondi strutturali dell'Unione Europea richieda che si integrino l'ottica di genere e le pari opportunità tra uomini e donne trasversalmente in tutta la programmazione 2000-2006, in Italia si fa poco o nulla nonostante l'impegno di alcune Regioni. Gli anni immediatamente successivi a Pechino avevano fatto registrare notevoli miglioramenti, poi l'incapacità da parte del Dipartimento delle pari opportunità di dialogare con le istituzioni della politica estera e con la società civile sulle tematiche che riguardano il contesto della globalizzazione ha reso più difficile mantenere vive le buone esperienze avviate, soprattutto nel campo della cooperazione allo sviluppo. I programmi istituzionali di cooperazione allo sviluppo dedicati alle donne sono infatti diminuiti.

Questa tendenza sottrae di fatto peso specifico alle analisi e alle strategie definite nell'ambito della Piattaforma di Pechino e costituisce un forte impedimento per l'Italia a continuare con coerenza l'azione avviata in sede multilaterale. L'unica prospettiva positiva viene da quelle amministrazioni locali e regionali, che sono molto interessate alla valorizzazione delle esperienze delle donne sul loro territorio, e intervengono a sostegno delle donne vittime di violenza e soprattutto nelle aree del Bacino Mediterraneo, dove lo scambio di esperienze è reso più facile dalla vicinanza territoriale.

La donna e l'occupazione

A una crescita della presenza femminile nel mercato del lavoro, nell'istruzione, in particolare a livello universitario, nella partecipazione alle attività culturali e professionali, non corrisponde un adeguato inserimento nel mondo del lavoro. Quindi permangono squilibri nelle carriere e nelle retribuzioni.

L'allarme sulla denatalità e le ridicole politiche che ne conseguono (bonus per il secondo figlio), in contrasto con la nuova libertà femminile, tendono a riportarla verso i vecchi ruoli familiari. Mancano strutture capaci di responsabilizzare insieme donne e uomini: gli asili aziendali riguardano solo le lavoratrici madri. La percentuale dei lavoratori padri che richiedono i congedi parentali per attività di cura supera di poco l'1%, e riguarda periodi limitati di astensione dal lavoro. E non esiste un piano per realizzare condizioni di lavoro, di reddito e di servizi che consentano alle giovani di costruire liberamente il proprio percorso di vita.

Vengono perseguite, invece, politiche ideologiche che considerano la famiglia tradizionale quale attore sociale primario nella programmazione delle politiche sociali.

La famiglia è vista come puro destinatario di agevolazioni fiscali, trasferimenti monetari, facilitazioni all'acquisto della casa in una logica del tutto assistenziale, in cui scompare la soggettività e l'autonomia dei singoli come persone titolari di diritti individuali esigibili.

Negli ultimi 5 anni si è avuto un aumento di un milione e 622.000 posti di lavoro, di cui due terzi sono andati alle donne, accompagnato da un'importante crescita dell'istruzione femminile – in particolare a livello universitario, anche se non ancora sufficiente nelle facoltà scientifiche-tecnologiche.

È anche aumentata la preparazione professionale delle donne che, a tutti i livelli, si rivelano le vere protagoniste della più generale qualificazione delle competenze registrate negli ultimi anni. Le donne sono più istruite degli uomini, meglio formate, e tuttavia meno riconosciute sia nelle qualifiche che nelle retribuzioni (con stipendi che arrivano ad essere inferiori fino al 35% rispetto a quelle degli uomini, soprattutto nelle qualifiche più alte).

Nonostante i progressi registrati negli ultimi decenni, grazie ai quali le donne sono entrate ormai a pieno titolo nel tessuto produttivo del Paese, sono ancora troppo poche quelle che lavorano. Il tasso di occupazione che si attesta nel 2003 al 42,7% (fonte ISTAT) e il tasso di attività femminile in Italia del 48%, a fronte di una media europea del 60,8, sono ancora lontani dall'obiettivo di piena occupazione.

Va anche sottolineato che la crescita dell'occupazione femminile è concentrata soprattutto nel Centro-Nord, dove si registra un tasso di occupazione del 51,5%, mentre al Sud si attesta al 27,1%. Il tasso di disoccupazione è del 6,5% al Centro-Nord e del 25,3% al Sud. Permangono i fenomeni di abbandono del lavoro dopo il primo figlio (da un'indagine ISTAT del 2003, su un campione di 50.000 neo-mamme, il 20% ha abbandonato il lavoro dopo la nascita del bambino) e aumentano le pressioni da parte dei datori di lavoro alle giovani assunte di rinunciare dichiaratamente alla maternità.

In Italia, dal Nord al Sud, le donne (soprattutto le giovani) percepiscono il lavoro professionale come elemento fondante per l'autodeterminazione e per la libertà, non quindi "un di più" o "un optional" alternativo alla famiglia o ai figli.

Si può affermare che oggi è in atto per le donne una transizione dal «lavoro necessitato al lavoro come parte della propria identità». Non è un caso che stia scomparendo la figura della "casalinga". Una donna che non lavora per alcuni periodi si dichiara generalmente disoccupata e questo avviene sempre più anche nel Mezzogiorno.

Il lavoro diventa dunque per le donne una parte fondamentale della propria identità personale, che è forse più complessa di quella degli uomini perché comprende, oltre al lavoro, un sistema di relazioni affettive quali la famiglia, i figli e le relazioni culturali, amicali e di impegno sociale.

A questi mutamenti e ai nuovi bisogni espressi dalle donne non corrispondono reali politiche di sostegno da parte del governo, né la dovuta attenzione da parte del ministro per le Pari opportunità.

L'Italia dopo Thailandia e Zimbabwe per la presenza delle donne nei posti di potere

Il WEF (World Economic Forum, organizzazione internazionale indipendente con sede a Ginevra) ha elaborato un rapporto sul *gap* esistente circa la presenza femminile nei posti di potere in tutto il mondo. Sono stati scelti, a questo scopo, 58 Paesi appartenenti a tutte le aree geografiche e sono stati valutati alcuni parametri quali la partecipazione delle donne ai posti di potere economici e politici, le opportunità economiche, il livello di istruzione raggiunto, lo stato di salute e in genere la qualità della vita delle donne.

È stata poi redatta una graduatoria per ognuno di questi parametri e infine una graduatoria generale che vede l'Italia al 45° posto dopo Paesi come la Thailandia e lo Zimbabwe e appena davanti ad Indonesia e Perú. Peggio, fra i Paesi dell'Unione Europea, solo la Grecia al 50° posto.

Chiude questa graduatoria l'Egitto che, nelle varie graduatorie per parametri, si trova comunque sempre fra il 49° ed il 57° posto. Ai primi posti, inutile dirlo, i Paesi scandinavi e quelli del Nord Europa mentre, sorprendentemente troviamo prima di Francia e Stati Uniti, la Lettonia e la Lituania, recenti acquisizioni dell'Unione Europea.

Unico "punto di non demerito" per l'Italia, l'undicesima posizione per quanto riguarda salute e qualità della vita. Ancora una volta quindi un'organizzazione internazionale mette il dito sulla situazione delle donne nel nostro Paese. Lo farà prima o poi anche il governo italiano?

La precarietà

Se è vero che l'aumento dell'occupazione femminile è il fenomeno più rilevante di questi ultimi anni, occorre evidenziare nello scenario generale non solo la quantità, ma anche la qualità della partecipazione femminile italiana al mercato del lavoro e le prospettive, in relazione alla recente legge di riforma del mercato del lavoro e alla grave crisi economica che sta attraversando il nostro Paese.

Quello che il governo propone non riguarda solo il mercato del lavoro, ma l'introduzione di una cultura dove le persone, il lavoro diventano "merce"; si sostanzia in tal modo quell'operazione delineata nel Libro bianco, che trova conferma non solo nella riduzione delle tutele per trovare e per vivere serenamente il lavoro, ma nella più ampia strategia di attacco alla dimensione dei diritti e della cittadinanza.

Le leggi e le riforme approvate da questo governo hanno una impostazione politico-culturale ben precisa e c'è una coerenza di fondo che accomuna la legge sulla riforma del mercato del lavoro, la Bossi-Fini sull'immigrazione, la riforma della scuola e dell'università della ministra Moratti, la proposta di riforma fiscale, la controriforma previdenziale, l'attacco al welfare nazionale e locale.

Da un'attenta lettura del "Libro bianco" sul mercato del lavoro (nota come Legge Biagi) e del "Libro bianco sul welfare" emerge un modello di sviluppo che non è favorevole alle politiche di pari opportunità e all'avanzamento delle donne nelle carriere. Questa legge viene addirittura definita come «una legge per l'inclusione sociale delle donne». Leggiamo: «L'adozione di misure che agevolano l'accesso al lavoro a tempo parziale e ad altri contratti a orario modulato rappresenta una importante strategia di azioni positive finalizzate, attraverso la conciliazione dei tempi di vita e di lavoro, alla lotta contro le discriminazioni indirette nei confronti delle donne». Si ribadisce quindi che part-time e orari di lavoro anomali sono soprattutto adatti alle donne occupate con impegni familiari, avvalorando così una realtà in cui queste forme di orario determinano una segregazione femminile, precaria e senza prospettive.

In realtà le norme contenute nel provvedimento puntano ad una frantumazione del mondo del lavoro, ad una disarticolazione delle forme della rappresentanza, allo snaturamento, attraverso gli enti bilaterali, della stessa funzione del sindacato. Le circa quaranta forme di contratto avranno meno tutele e saranno senza un reale diritto alla retribuzione in caso di malattia e infortunio, senza una copertura previdenziale dignitosa. In sostanza il lavoro diventa "merce" e la lavoratrice (e il lavoratore) dovrà essere sempre a disposizione dell'impresa.

Incerti sono inoltre i diritti legati alla maternità. Sicuramente aumenterà la precarietà e di conseguenza aumenteranno i ricatti e le molestie sessuali. Saranno inoltre pesanti le ricadute sulla previdenza e sul futuro pensionistico delle nuove generazioni.

Prendiamo ad esempio il part-time. Il decreto introduce nuovi assetti normativi che riducono i vincoli e gli oneri del datore di lavoro, rendendo la vita impossibile alle lavoratrici e ai lavoratori, che sceglieranno questa tipologia lavorativa per poter conciliare i tempi di vita e i tempi di lavoro. Infatti le modifiche all'attuale normativa ampliano il ricorso e l'incertezza della durata del lavoro supplementare, e flessibilizzano la distribuzione dell'orario concordato, riducendo gli spazi di contrattazione e di volontarietà.

Vi è poi il "lavoro intermittente". Esso è caratterizzato in via essenziale dall'incertezza della prestazione, che dipende esclusivamente dall'atto della chiamata al lavoro da parte del datore di lavoro e solo in via secondaria dalla disponibilità del lavoratore a farvi fronte. Il lavoro a intermittenza è immediatamente disponibile per i lavoratori con più di 45 anni espulsi dal ciclo lavorativo o iscritti in mobilità e al collocamento, o per i disoccupati con meno di 25 anni, confermando che per gli svantaggiati questo governo è particolarmente premuroso.

Persistono difficoltà interpretative rispetto alla proporzionalità di molti istituti. Ad esempio non è chiaro, nel caso dei periodi di maternità e di congedi parentali, cosa significhi la proporzione temporale nella fruizione. Infatti il congedo per maternità è definito per legge come «astensione obbligatoria», il congedo parentale è invece un'astensione facoltativa. Ci auguriamo che il legislatore non abbia inteso prendere come riferimento il criterio delle ore prestate nell'anno precedente, perché questo di fatto lederebbe i diritti legati alla tutela della maternità e della paternità.

Altra forma di contratto "innovativa" è il lavoro ripartito, conosciuto anche con il termine "job sharing". Esso prevede che si può lavorare in coppia sulla base di un unico rapporto di lavoro. Ciascun lavoratore stabilisce con l'altro la quantità di lavoro che svolgerà, e sarà retribuito in conseguenza. Il testo non cita la maternità: sarà una dimenticanza o in quel caso si applica la legge integralmente per entrambi?

Il venir meno della disponibilità di uno dei lavoratori a proseguire il rapporto determina automaticamente il licenziamento anche dell'altro, a meno che il datore di lavoro offra al lavoratore di restare in azienda con un "normale" rapporto di lavoro, anche a part-time. L'impedimento di entrambi i lavoratori autorizza il datore di lavoro a sciogliere il vincolo contrattuale per entrambi.

Il lavoro a tempo parziale è diffuso soprattutto fra le donne, ma occorre ricordare che prima dell'introduzione della suddetta legge il part-time era un contratto di lavoro "tipico", con le stesse tutele del lavoro a tempo pieno. Dalle ultime rilevazioni sulle forze di lavoro risulta che nel secondo trimestre del 2004 vi è un aumento dell'1,7% dell'occupazione a tempo pieno, una diminuzione dello 0,4% di quella a part-time rispetto al secondo trimestre del 2003. È del tutto evidente che è difficile fare un'analisi compiuta di questi dati, che peraltro non sono disaggregati per genere, ma si può pensare che il nuovo part-time non è gradito dalle donne!

Nell'Unione Europea l'Italia ultima per l'occupazione femminile

Con il 42,7%, è l'Italia a detenere il record per il tasso di occupazione femminile più basso dell'Unione Europea. Un primato mantenuto anche dopo l'allargamento dell'Unione Europea a est. Fa eccezione la sola Malta che non supera il 33,6%. Tra i Paesi dell'Unione a 15, gli unici a mostrare un livello di occupazione femminile al di sotto del 50%, oltre all'Italia, sono Grecia (43,8%) e Spagna (46%), contro una media del 56,1%. I dati migliori si riscontrano in Svezia (71,5%) e Danimarca (70,5%), seguite da Olanda (65,8%), Finlandia (65,7%), Regno Unito (65,3%), Austria (61,7%), Portogallo (61,4%), Germania (59,1%), Francia (57,2%), Irlanda (55,8%), Lussemburgo (52%) e Belgio (51,8%). Tra i nuovi Stati membri, invece, la percentuale più elevata è raggiunta da Cipro (60,4%), seguito da Estonia (59%), Lituania (58,4%), Lettonia (57,9%), Slovenia (57,6%), Repubblica ceca (56,3%), Slovacchia (52,2%) e Ungheria (50,9%), ultima si colloca la Polonia (46%). Questi alcuni dei dati elaborati dal CISS (Centro internazionale di studi sociali) relativi al 2003, emersi in occasione del convegno *Donne, lavoro e welfare nell'Europa allargata*, organizzato dal CNEL, in collaborazione con il CESE. Dal rapporto, l'Italia risulta il Paese dove il tasso occupazionale femminile è cresciuto di più, salendo di oltre cinque punti percentuali in cinque anni.

La nuova occupazione femminile si concentra maggiormente nel lavoro dipendente e in particolare nel part-time. Nell'Europa a 15, infatti, un terzo delle donne lavora a tempo parziale (34%, contro il 6,8% degli uomini). Una formula che vede, ancora una volta, l'Italia agli ultimi posti della classifica europea con il 17,2% per il part-time femminile. I settori che assorbono la maggior parte dell'occupazione femminile sono i servizi, con una copertura, in media, di oltre la metà dei posti, la percentuale italiana si ferma al 45%. Nei Paesi dell'Est, la presenza delle donne continua a prevalere nell'industria. Resta, infine, ampio il divario tra la disoccupazione femminile al 9,2% nella UE a 15 e quella maschile al 7%. In particolare, il divario si allarga in Italia (11,3% contro 6,5%), Spagna (15,9% contro 8,2%) e Grecia (15% contro 6,2%). Francesca Santoro, vicepresidente del CNEL, osserva: «Serve una lettura positiva delle sinergie tra *welfare state* e crescita economica, del rapporto virtuoso esistente tra questi due elementi, nel solco di un orientamento macro-economico che individua nelle donne una risorsa di importanza fondamentale. Tale orientamento è decisivo per la costruzione di un ambiente favorevole al lavoro femminile e alla sua qualità, e presuppone che le politiche di sviluppo dell'Unione, dei singoli Stati e dei territori si misurino con questo obiettivo. Non deve prevalere la teoria dei due tempi, ossia prima la crescita economica e poi le politiche di coesione sociale. Occorre una strategia unitaria, lucida e lungimirante» (da «DW Press» del 12 aprile 2005).

La previdenza

A proposito della cosiddetta riforma previdenziale (legge 243 del 23 agosto 2004) è utile sottolineare come essa sia sostanzialmente contro le donne. L'eliminazione della flessibilità dell'età pensionabile prevista nel sistema contributivo (57-65 anni di età) e il reinserimento di un'età pensionabile fissa ed obbligatoria (60 anni per le donne e 65 anni per gli uomini) è cosa che ovviamente colpisce i diritti di tutti, perché il diverso modo di calcolo della pensione previsto nel sistema contributivo era ed è strettamente interconnesso alla libera scelta delle lavoratrici e dei lavoratori di poter andare in pensione a determinate età, con la consapevolezza di percepire un determinato trattamento. Questo vuol dire che le donne dovranno lavorare almeno tre anni in più rispetto a prima, fermo restando il fatto che per poter andare in pensione a tale età dovranno avere anche gli altri requisiti di legge e cioè almeno 5 anni di contributi e un importo di pensione pari ad almeno 1,2 volte l'importo dell'assegno sociale.

I trattati europei sanciscono la parità

I trattati europei dicono che il diritto all'uguaglianza sostanziale tra uomini e donne è un obbligo. È quindi particolarmente grave che il governo non rispetti neppure le disposizioni dei trattati dell'Unione Europea attualmente vigenti.

Sia il Trattato di Costituzione europea che la Carta di Nizza, infatti, oltre al divieto di discriminazione di sesso, contengono disposizioni specifiche e autonome per la promozione dell'uguaglianza tra uomini e donne. L'inserimento nella Carta di uno specifico e autonomo diritto all'uguaglianza tra uomini e donne è il risultato di una lunga battaglia condotta dalle femministe in sede europea per affermare che le donne non sono un gruppo discriminato tra gli altri. Anche l'articolo 23 della Carta enuncia esplicitamente l'obbligo di non limitarsi all'uguaglianza di trattamento ma anche di promuovere politiche per perseguire l'uguaglianza effettiva di opportunità e risultati. Alla luce di queste disposizioni l'attuale approccio del Dipartimento delle pari opportunità e la relativa definizione dei suoi compiti e funzioni risultano parziali e riduttivi.

Per perseguire, conseguire e assicurare l'uguaglianza sostanziale è perciò necessario correggere l'attuale tendenza a trasformare il Ministero delle pari opportunità in una generica struttura responsabile di tutte le politiche antidiscriminatorie.

Presenza delle donne nelle istituzioni

In Italia il problema della rappresentanza delle donne nelle istituzioni pubbliche, e in particolare nella gestione politica, non è più procrastinabile. Siamo al 73° posto in una graduatoria di 183 Stati, con 71 donne alla Camera (11,05% del totale dei membri) e 26 al Senato (8,01%). I dati dimostrano inequivocabilmente come le donne italiane siano in condizione di svantaggio rispetto a quelle degli altri Paesi europei e del resto del mondo. Il governo e la sua ministra dovrebbero interrogarsi sul fallimento totale della loro azione e per non aver raggiunto gli obiettivi definiti nella Piattaforma di Pechino. Non hanno svolto nessuna campagna di sensibilizzazione significativa sulle pari opportunità; l'unico intervento legislativo è stato fatto per le elezioni del Parlamento europeo con la legge 6 aprile 2004, che all'art. 3 dice: «Nell'insieme delle liste circoscrizionali nessuno dei due sessi può essere rappresentato in misura superiore ai due terzi». La norma però è molto blanda. Nessuna modifica è stata introdotta alla legge elettorale nazionale e nessun intervento è stato promosso dal governo nazionale sulle Regioni per spingerle a rispettare il dettato costituzionale che prevede l'introduzione nelle leggi elettorali di norme per il riequilibrio della rappresentanza.

A New York il Comitato dell'ONU critica l'Italia per la discriminazione delle donne

L'11 marzo del 2005 si è conclusa a New York la V Conferenza mondiale dell'ONU sulle donne, a dieci anni di distanza da quella di Pechino. Erano presenti 80 ministri per le pari opportunità, due premi Nobel per la pace (Wangari Maathai e Rigoberta Menchú) e circa 5000 organizzazioni non governative.

I governi dei Paesi membri dell'ONU hanno fatto un bilancio sui risultati degli ultimi dieci anni. Molti progressi sono stati compiuti: i governi hanno approvato leggi contro la discriminazione sessuale, e la violenza sulle donne ora viene considerata un crimine verso l'umanità. Ma è poco, perché emerge in maniera preoccupante la crescita di una pericolosa sinergia di fondamentalismi religiosi che ancora una volta scelgono il corpo delle donne quale territorio per le loro battaglie.

Le organizzazioni femminili italiane hanno denunciato i ritardi del nostro governo sui provvedimenti dei diritti delle donne, rilevando che alcune conquiste, come ad esempio la procreazione assistita, rischiano di essere cancellate. Anche l'Italia è stata criticata ufficialmente dal Comitato per l'eliminazione della discriminazione contro le donne. Il Comitato dell'ONU che vigila sull'attuazione della Convenzione del '79 sulle pari opportunità ha espresso «forti preoccupazioni» per la condizione delle donne italiane. Le denunce: nel nostro Paese le donne vengono ancora concepite come madri e come oggetti sessuali soprattutto attraverso i messaggi veicolati dalla pubblicità e dalla televisione; sono inserite marginalmente nella vita politica e spesso vengono discriminate sul lavoro: una donna su cinque è costretta ad abbandonare il lavoro dopo il primo figlio.

«Il governo italiano», ha detto Valeria Ajovalasit, presidente di Arcidonna, «esprime una dicotomia preoccupante: alle dichiarazioni pubbliche sulla partecipazione femminile nella politica e nel lavoro, non corrispondono atti concreti. Si aspettava dal governo la modifica del sistema elettorale e una forte campagna di sensibilizzazione sul tema della democrazia paritaria. La modifica all'articolo 51 della Costituzione, che garantisce parità di accesso tra i sessi alle cariche elettive, risulta un provvedimento sterile se non accompagnato da una strategia di governo tesa ad eliminare e punire la discriminazione contro le donne in tutte le sue forme. È necessario intervenire subito, e per questo l'Unione Europea dovrebbe giocare un ruolo importante, stabilendo una proporzione standard di rappresentanza femminile nelle istituzioni. Lo stallo della politica italiana provoca un ritardo enorme anche nelle relazioni internazionali. Nella cooperazione allo sviluppo sono stati tagliati i fondi dei progetti destinati alle donne, che ora vengono considerate categorie neutre assimilate ai minori e ai soggetti svantaggiati. Dal punto di vista sociale e politico è evidente che le pari opportunità nel nostro Paese sono lontane dall'essere state raggiunte».

La maggioranza di governo e la fecondazione medicalmente assistita

Questa legge è tutta particolare perché tocca le coscienze individuali. Richiedeva quindi da parte del Parlamento un atteggiamento pacato e reciprocamente rispettoso. Ebbene, in Parlamento non c'è stato l'auspicato dialogo e la maggioranza di centrodestra, come sempre, ha imposto le sue decisioni respingendo le modifiche dei diversi schieramenti.

Già nel 2000 Giorgio Tonini e Franca Chiaromonte, parlamentari DS, avevano posto questo problema in un articolo per «L'Unità». Scrivevano: «La vicenda della legge sulla fecondazione assistita rischia di far fare a tutti un passo indietro su un terreno vitale per la democrazia: il dibattito culturale, il confronto pacato tra posizioni etiche diverse, vero anticorpo, nelle società moderne, a quella contrapposizione frontale che rinuncia alla ricerca di soluzioni legislative condivise in grado di dare risposta ai disagi e ai problemi che sorgono nella società. È la via della costruzione paziente di un'etica civile condivisa: su questioni come questa, infatti, nessuno può pensare di legiferare a colpi di maggioranza».

Giuliano Amato, nella prefazione al libro di Giorgio Tonini *La ricerca e la coscienza*[1], scrive: «Devo dire, con rammarico, che sono soprattutto i difensori della legge a chiudersi a riccio, da un lato in petizioni di principio tenacemente sottratte ad ogni riscontro scientifico e fattuale, dall'altro nella prospettazione di scenari apocalittici per il caso che quella legge venisse soltanto scalfita e comunque modificata. Essi sbagliano due volte: sbagliano nel sovrapporre quello che è ormai un dogma a ciò che ci dice la scienza sul nostro iniziale processo di vita e sulla formazione nel corso di esso dell'embrione; e sbagliano nel difendere norme, che, volute per azzerare l'esistenza di embrioni soprannumerari, si limitano a ridurne la produzione, in modo che vanno a scapito della salute della donna e senza tuttavia poter impedire la rimanenza di alcuni di loro; con l'effetto aggiuntivo (e grave) di voltare la testa dall'altra parte davanti a quelli che rimangono, e accada loro quello che accade».

L'intervento del cardinale Ruini e il fallimento del referendum

Appena cominciata la campagna elettorale per il referendum, il cardinale Ruini riunisce i vescovi e invita i cattolici a non andare a votare. Una iniziativa inoppor-

[1] *La ricerca e la coscienza, il riformista*, Roma 2005.

tuna: non è un invito a votare "no", ma a evitare che si raggiunga il quorum del 50% + uno che è il requisito per la validità del referendum. E l'invito diventa più pressante quando il nuovo papa, Benedetto XVI, si reca alla riunione della Conferenza episcopale italiana dicendo d'essere d'accordo con l'iniziativa del cardinale Ruini. Il referendum è stato bocciato: ha raggiunto appena il 25,9% di "sì".

11
Ultimissime Berlusconi 2006

«Stupido chi voterà per la sinistra»

Silvio Berlusconi, presidente del Consiglio, ha definito stupidi i milioni di italiani che votano per i partiti di sinistra. Ancora non è iniziata la campagna elettorale per le elezioni del 2006 e il nostro insulta in maniera volgare. Il 14 dicembre 2005, presentando l'ennesimo libro di Vespa (la RAI consente indecentemente la presentazione nelle trasmissioni più viste, compresa *Affari tuoi*, *n.d.a.*) ha affermato: «Questi signori della sinistra, mestieranti della politica, sono sempre stati dalla parte sbagliata. Per Fassino e D'Alema la strada giusta era il comunismo: non credo che gli italiani saranno così superficiali, così stupidi da affidarsi a questa gente, a chi ha una complicità morale con chi ha fatto i più gravi crimini come Pol Pot». Qualche minuto prima aveva detto: «Sono veramente dispiaciuto di questo odio che c'è contro di me, perché in vita mia io non ho mai insultato nessuno».

E rivolgendosi ai moderati: «State attenti, adesso non si scherza più. Se andasse al governo la sinistra saremmo in una forma di governo che, se non è un regime certamente sarebbe una specie minore di democrazia».

Con la Finanziaria 2006 torna il conflitto di interessi di Berlusconi

Durante la discussione della legge finanziaria Luciano Violante, capo gruppo dei DS, osserva che la norma sugli incentivi per l'acquisto dei decoder per il digitale configura il conflitto di interessi per il presidente del Consiglio.

La legge finanziaria stanzia 10 milioni di euro come contributo all'acquisto di un decoder per passare dal sistema attuale a quello digitale. Poiché la società che produce i decoder è di Paolo Berlusconi è evidente il conflitto di interessi. Per il 2004 e 2005 lo stanziamento era stato di 110 milioni in quanto si poteva ottenere il contributo in tutta Italia, ma la Finanziaria l'ha limitato alla Sardegna e alla Valle d'Aosta riducendo il contributo. L'Antitrust ha aperto l'inchiesta perché i vantaggi vanno a un parente entro il terzo grado.

Il 14 dicembre, quando il Consiglio dei ministri decise quel finanziamento, Berlusconi si era assentato. Lui ritiene che sia sufficiente allontanarsi dalla riunione per sanare il conflitto di interessi! Questa volta però quando il Consiglio ha deciso di porre la fiducia sulla legge finanziaria, che contiene quella norma, si è dimenticato di ripetere la solita sceneggiata. Come la mettiamo?

Si vendono i fortini di Radetzky

Per fare cassa il decreto-legge n. 211 del 2005 ha messo in vendita il Forte di Monte Tesoro di Verona, il Forte Pietole di Mantova, lo stupendo forte a picco sull'Adige di Rivoli Veronese e mezza Peschiera. Cioè la Caserma della Rocca, che ha elementi tardoromani, l'ex ospedale d'armata asburgico e lo straordinario Forte Ardietti, un capolavoro di architettura militare.

La denuncia di questa straordinaria vendita è di Gian Antonio Stella[1], che osserva: «Andate a guardare come viene definita nella leggina che vorrebbe cederla a qualche speculatore per farne magari un grande hotel bellavista con sale convegni e grandi parchi intorno per un

[1] «Corriere della Sera», 16 dicembre 2005.

totale di 110.000 metri quadrati. La definizione scelta per questa cartolarizzazione è "ex deposito munizioni". Domanda: come si fa a definire così un complesso militare intatto e strepitoso qual è Forte Ardietti? Gli architetti Francesco Biondani, Oscar Cofani e Lino Vittorio Bozzetto chiedono: "Come è possibile che sia stato messo in vendita un complesso tutelato da un vincolo monumentale sancito, confermato e ribadito mille volte? Non ci avevano giurato i ministri competenti che le cartolarizzazioni non avrebbero riguardato questi beni?"».

Berlusconi dice d'aver rispettato il contratto firmato a *Porta a Porta* ma viene smentito

Lunedì 19 dicembre 2005. Comincia in televisione la campagna elettorale e, manco a dirlo, il protagonista è Silvio Berlusconi, la sede è *Porta a Porta*. Inizia dicendo d'aver rispettato il contratto firmato all'inizio della legislatura nello stesso studio e con lo stesso Bruno Vespa. Ha in mano un cartello che riassume i risultati ottenuti e macina dati. Secondo lui un successo incredibile che ha portato enormi vantaggi agli italiani. Ma le smentite arrivano in diretta e non dall'opposizione.

La prima è dell'imprenditore Diego Della Valle, collegato con lo studio di Vespa: «Silvio, ho visto che hai tirato fuori quel disegnino che, tra l'altro, non è la prima volta che circola. Vedi, mi cadono le braccia! Non abbiamo bisogno di qualcuno che gira con i foglietti e pensa che gli italiani siano tutti analfabeti. Chiudi gli occhi, pensa a una famiglia normale, gente che lavora in fabbrica, un figlio che studia. Non gli possiamo presentare quella roba offensiva, dirgli che domani tutto andrà bene. [...] Come cittadino sarei più contento se avessi detto che alcune cose le hai potuto fare, altre no. Se tu dici che non hai sbagliato niente, nelle case di 50 milioni di italiani sorridono perché, ti assicuro, la vita è dura e in ogni casa almeno una cosa l'hai sbagliata».

Apriti cielo! Una critica del genere davanti al pubblico di *Porta a Porta* fatta da un imprenditore! Replica: «Non ho mai sbagliato nessuna, nessuna, nessuna cosa! (beato lui, *n.d.a.*) Tutto è perfettibile ma c'è stato il cambio sfavorevole dell'euro, il rincaro del petrolio. Sono davvero imbarazzato, non credevo che un imprenditore potesse scendere a questo livello di demagogia. Se il signor Della Valle volesse fare uno scontro con me ne uscirebbe con le ossa rotte».

Poi arrivano altre critiche non meno severe; ci limitiamo a riportare quelle provenienti da persone che non sono etichettate di sinistra e tanto meno "comunisti". Il direttore di «Libero», Vittorio Feltri, collegato con Vespa, fa alcuni rilievi e il giorno dopo li ripete in una intervista all'«Unità»: «Sono rimasto esterrefatto. Si è piccato, secondo me, sfiorando anche un po' di ridicolo, quando gli ho detto che i vigilanti di quartiere non li ho visti. Ma, confermo, secondo me non li ha visti nessuno. Poi si è arrabbiato sulle pensioni: non è vero che tutti prendono un milione delle vecchie lire, ad alcuni l'aumento è arrivato ad altri no, basta vedere il sito INPS. Poteva specificare, dire quel che aveva fatto, spiegando perché non li aveva potuto dare a tutti. [...] Il vero problema è che lui è debole nella comunicazione. Non ha comunicato le cose buone che ha fatto. È spocchioso, ce l'ha sempre con i giornalisti, insomma lo vedo in difficoltà».

Anche quella sera Berlusconi non ha perso l'occasione per criticare i giornali: «L'informazione in Italia è un disastro. Mi sono stancato di leggere i giornali, siete pronti solo agli scandali, siete disfattisti». C'erano due giornalisti presenti, ma non riescono a parlare. Marcello Sorgi, editorialista de «La Stampa», può dire appena una battuta: «La dimostrazione di quanto tiene in conto l'informazione sta nello spazio che ci ha riservato questa sera». Polito, direttore de «Il Riformista»: «Presidente, mi spiega perché lei nega l'evidenza della situazione italiana?». Ma non ha alcuna risposta.

Eugenio Scalfari: «Il triste colloquio televisivo di un premier»

Nella risposta a un lettore del «Venerdì»[2] Scalfari giudica il comportamento dei partecipanti alla trasmissione di *Porta a Porta* e assegna anche il voto.

Berlusconi (tre): «Prolisso come sempre e di più. Iroso al di là di quanto non abbiamo visto finora. Ha trattato l'imprenditore Della Valle, che gli aveva opposto qualche critica molto pacata più sul metodo che nel merito, come un bugiardo in malafede e un ignorante che non avrebbe dovuto nemmeno prender la parola su argomenti politici.

Ha riservato lo stesso trattamento a Feltri (che pure è un giornalista della sua parte) e a Mannheimer. Ha trattato i giornalisti come faziosi e mentitori. Si è attribuito il merito esclusivo di aver convinto Blair, Chirac, la signora Merkel e tutti i venticinque capi del governo d'Europa riuniti a Bruxelles per firmare l'accordo sul bilancio da lui giudicato splendido soprattutto per l'Italia. Sappiamo tutti viceversa che il suo contributo è stato pressoché nullo e che, mentre le altre ventiquattro delegazioni negoziavano, il nostro premier era in albergo attaccato al telefono con Roma per seguire l'andamento del caso Fazio. Una vera perla è stata la frase sul presidente Putin. Se la democrazia russa (quale?) esiste lo si deve alla sua amicizia con Putin. Insomma la politica mondiale gira intorno a Berlusconi, lui ne è convinto e lo afferma con assoluta sicurezza».

Vespa (due): «Non è un conduttore, ma un lacchè».

[2] «Il Venerdì di Repubblica», 6 gennaio 2006.

Mannheimer (cinque e mezzo): «È stato umiliato in tutti i modi, tenuto in piedi ad aspettare per lunghi minuti che il premier terminasse una sua lunghissima invettiva; poi è stato strapazzato professionalmente. Ha reagito con molta timidezza».

Feltri (sei): «Le sua critiche sono state efficaci ma su temi marginali (il poliziotto di quartiere). Del resto è dalla sua parte e quindi gli va riconosciuto un merito aggiuntivo».

Della Valle (otto): «Ha potuto parlare pochissimo ma l'ha fatto con efficacia. Pacato ma incisivo. Ha provocato in Berlusconi una vera e propria crisi di nervi».

Sorgi (sei): «Il solo a reagire alla valanga di insulti contro la stampa».

Polito (senza voto): «Non ha praticamente aperto bocca».

«Mediaset si mangia anche il pallone»

In un articolo sull'«Unita»[3] Vittorio Emiliani denuncia l'ennesimo colpo che porterà molti soldi e futuri vantaggi nelle casse di Berlusconi. Mediaset ha coperto d'oro la Juventus ed ha predisposto una strategia per avere enormi vantaggi nella fase futura del digitale. La RAI, costretta dal ministro Gasparri ad investire in fretta e furia nel digitale terrestre, resta a cinque frequenze mentre Mediaset passa a sei perché ha acquistato Sportitalia. Il digitale terrestre arriverà quando arriverà ma la TV digitale è quella del futuro.

Scrive Emiliani: «Il colpo a sorpresa che può davvero terremotare il mondo della TV a pagamento in ogni sua forma è l'accordo, annunciato alla vigilia di Natale, col quale Mediaset ha letteralmente coperto d'oro la Juventus comprando tutti i possibili diritti calcistici dei

[3] «L'Unità», 27 gennaio 2006.

bianconeri torinesi per le stagioni dal 2007-2008 e 2008-2009 versando 108 e 110 milioni di euro, più altri 30 milioni per un'opzione sulla stagione 2009-2010. *Tutti i diritti significa satellitare, digitale terrestre, internet veloce, cellulari di nuova generazione,* ADSL, *ecc*. La Sky Italia? E gli operatori di internet e telefonini? Dovranno rivolgersi a Pier Silvio Berlusconi e acquistare da lui i diversi pacchetti al prezzo che a lui parrà più conveniente».

Forza Italia blocca la legge sui diritti televisivi del calcio

Il 12 gennaio 2006, Alleanza Nazionale presenta alla Camera una proposta di legge per rivedere l'attuale sistema di ripartizione dei diritti televisivi tra le squadre del campionato di calcio. Per accorciare i tempi è necessario che tutti gruppi parlamentari siano d'accordo sulle procedure. Inaspettatamente Forza Italia si oppone e fa saltare la legge.

Su «Repubblica», il giorno dopo, Giovanni Valentini si chiede: «In quale altro Paese al mondo esiste un capo del governo che, possedendo un impero televisivo e una società di calcio, obbliga il suo partito a votare in Parlamento a favore delle sue televisioni e quindi della sua squadra?». E nell'editoriale in prima pagina del «Corriere della Sera» leggiamo: «Il capitano di Forza Italia a Montecitorio, Elio Vito, ieri ha commesso quello che nello slang calcistico è "un fallo da ultimo uomo". E subito dopo, come un mediocre stopper della domenica, ha confessato ai suoi colleghi di coalizione: "Non posso fare altro". Così, per evitare che AN assieme a Lega, UDC, Margherita, UDEUR, DS, Verdi e PRC riuscisse ad approvare una nuova legge per la vendita collettiva dei diritti del calcio, Vito ha posto il veto. Vito non poteva fare altro perché Silvio Berlusconi ha vinto cinque anni di governo e ha intenzione di usarli fino all'ultimo giorno per le sue aziende. Si chiamino Mediaset, Mediolanum o Milan. Quando si farà la storia di questi cinque anni gli studiosi parleranno di conflitto di interesse coordinato e continuativo. Un lustro durante il quale i falli da ultimo uomo non venivano puniti».

Quella sera a *Porta a Porta* c'erano Bertinotti e Berlusconi. Il segretario di Rifondazione dice al premier: «Quando ci sono di mezzo gli interessi patrimoniali e imprenditoriali del capo del Governo, Forza Italia interviene sempre bloccando le Camere». Ecco la risposta di Berlusconi: «Di questo episodio non so niente, come lei sa non sono più presidente del Milan». Ma Diego Della Valle su «Repubblica» del 13 gennaio 2006 lo smentisce: «Io, mercoledì mattina lo avevo fatto avvertire di quanto stava accadendo. È un bugiardo. Vedere un uomo politico che utilizza la sua forza per portare vantaggi alle sue aziende è una cosa vergognosa. Lo dico senza problemi: si deve vergognare». E Berlusconi lo querela.

Ancora tagli alla scuola pubblica e altri finanziamenti alle private

Continua la politica del governo a favore della scuola privata. Alba Sasso, deputata dei DS, denuncia: «Con la Finanziaria 2006 diminuiscono i fondi destinati alle scuole statali per le supplenze brevi, per il miglioramento dell'offerta formativa, per l'aggiornamento dei docenti, per gli straordinari del personale, ma si trovano altre risorse per le scuole private. Il bonus per chi frequenta la scuola privata invece viene aumentato di 157 milioni di euro, ossia il triplo della somma stanziata con la Finanziaria del 2005». Non solo, viene tolto l'obbligo del ministro a riferire in Parlamento sulla situazione della scuola paritaria.

Il segretario della CGIL-scuola, Enrico Panini, osserva: «Dopo lo stop del Consiglio di Stato, che ha richiamato al rispetto del percorso parlamentare per la modifica della norme di legge, oggi il Governo assegna al solo Ministero il potere di dettare le regole che governano il sistema delle scuole non statali. L'obiettivo è chiaro: da un lato si vogliono togliere tutti i vincoli posti dalla Legge 62 – lasciando mano libera ai gestori delle scuole private – e dall'altro si vogliono individuare gli strumenti per finanziare le scuole private ed aggirare l'articolo 33 della Costituzione. Ormai l'attacco alla scuola pubblica è continuo e costante con l'obiettivo di costruire un mercato dell'istruzione nel quale il sapere è una merce e le scuole sono aziende».

E il ministro Moratti vuole favorire anche le scuole private non paritarie

Con un emendamento a un decreto legge all'esame della commissione istruzione del Senato, la Moratti vorrebbe concedere enormi vantaggi alle scuole non paritarie.

Sarebbe davvero uno scandalo, anche perché l'emendamento aggirerebbe le norme costituzionali sulle scuole non statali. Non è la prima volta che la maggioranza parlamentare introduce modifiche di grande rilievo a decreti legge; si tratta di un metodo politicamente scorretto.

Il decreto prevede l'istituzione di scuole non statali e non paritarie, alle quali viene riconosciuta la funzione di assolvimento del diritto-dovere all'istruzione e alla formazione che rappresenta l'anticamera per il rilascio dei titoli di studio. Il segretario della CGIL-scuola, Enrico Panini, denuncia: «Si prevede anche un incremento della convenzione economica che regola le scuole elementari parificate e si prevede che la condizione possa essere estesa a tutte le scuole primarie paritarie che prima non la possedevano, introducendo il finanziamento diretto esplicitamente negato dall'art. 33 della Costituzione».

Falso in bilancio: ancora una legge che favorisce chi commette reati

Il Parlamento ha approvato un'altra legge che favorisce chi commette il reato di falso in bilancio. Alla Camera il governo ha fatto approvare un emendamento al testo del Senato che vieta al giudice di intervenire se non c'è una querela di parte; inoltre diminuiscono gli anni di reclusione.

Quando nel 2002 è stata approvata la legge che introduceva la querela di parte, «The Economist» del 10 agosto aveva commentato: «La scorsa settimana il Parlamento italiano ha approvato una legge sul falso in bilancio. È una legge di cui si vergognerebbero persino gli elettori di una repubblica delle banane».

Ricordiamo che questa norma ha già salvato Berlusconi nel processo SME: i giudici non hanno potuto prendere in considerazione il reato di corruzione giudiziaria perché non c'era la querela di parte, querela che avrebbe dovuto presentare la Fininvest del presidente del Consiglio.

Berlusconi ai comunisti italiani: Vergognatevi, siete complici di 100 milioni di omicidi

Uno show indecente che squalifica Berlusconi. Nella conferenza stampa di fine anno, per due ore, facendo saltare il TG1 delle 13,30, ha inveito contro i suoi avversari politici. Aveva finanche preparato la risposta per la giornalista dell'«Unità», Marcella Ciarnelli, che ogni anno lo mette in imbarazzo. Alla domanda della giornalista se accetterà un confronto con «L'Unità» Berlusconi, infuriato, dice: «Dovreste vergognarvi siete complici di 100 milioni di omicidi, complici di una ideologia che ha portato miseria, terrore e morte. Non c'è nessuna possibilità di cambiamento del vostro atteggiamento pregiudiziale, siete inconvincibili e dunque non verrò a trovarvi». E la giornalista lo incalza con una imbarazzante domanda sui rapporti con Putin.

Il commento del «Corriere della Sera»

Ecco il commento di Aldo Cazzullo sul «Corriere della Sera»: «Nel rito di fine anno il premier racconta l'Italia e il resto del pianeta come un gigantesco presepe, dove non solo il governo ha mantenuto tutte le promesse, ma Putin è sempre stato anticomunista anche quand'era al KGB avendo avuto la famiglia decimata nell'assedio di Leningrado (quelli erano i nazisti, ma pazienza). [...] Si era anche preparato per affrontare la domanda dell'inviata dell'"Unità", Marcella Ciarnelli, definita "corresponsabile di cento milioni di omicidi" e con accanto la riproduzione della prima pagina del 6 marzo 1953 (listata a lutto per annunciare la morte di Stalin) e delle caricature del "povero De Gasperi", che con la cosiddetta legge truffa aveva avuto il torto di anticipare addirittura la riforma elettorale berlusconiana. Il presidente editore ha molto apprezzato anche la prima pagina del "Corriere" di ieri ("Titolo di apertura, più le prime due pagine: è una vergogna") con la notizia del procedimento avviato dall'Antitrust. Se poi gli accade di incontrare per strada un gruppo di ragazze, "i giornali capovolgono l'episodio: hanno scritto che le avrei ingiuriate chiamandole ignoranti; invece stavo scherzando. Abbiamo anche giocato, a una ho tirato giù il cappello e ci siamo lasciati baciandoci e abbracciandoci". Non tutti i giornalisti sono cattivi, alcuni sono soltanto "birichini", altri "eleganti, intelligenti, simpatici" come l'inviata del TG3 Mariella Venditti, purtroppo anche lei irrecuperabile: non cambieranno mai». «Neppure lui».

Berlusconi indagato dalla procura di Milano

«Il Corriere della Sera» del 29 dicembre 2005 titola in prima pagina *Ha corrotto un teste, indagato Berlusconi*. È una storia nota perché si riferisce all'indagine che la Procura di Milano conduce da molto tempo. Il fatto nuovo è che Berlusconi, convocato dai magistrati per il 3 dicembre 2005, non si è presentato.

Scrive il «Corriere»: «Berlusconi è sospettato di aver fatto versare da un dirigente della Fininvest almeno 600.000 dollari sui conti svizzeri dell'avvocato inglese David Mills affinché costui, chiamato a testimoniare in inchieste italiane sulla Fininvest, dichiarasse il falso o tacesse in tutto o in parte fatti a sua conoscenza».

Berlusconi apre la riunione del Consiglio dei ministri irritato: «Questa è spazzatura, sappiate che è una cosa totalmente campata per aria, che ho già ampiamente smentito un anno e mezzo fa. Si tratta di un'accusa non solo basata sul nulla, ma veramente fantascientifica: ma vi pare che io avrei potuto pagare un collaboratore per testimoniare contro di me?». E in una dichiarazione: «Questo del "Corriere" è un colpo basso». Replica il giornale: «Abbiamo fatto semplicemente il nostro lavoro giornalistico: abbiamo avuto una notizia e l'abbiamo pubblicata».

L'avvocato di Berlusconi, Niccolò Ghedini, in una intervista al «Corriere» precisa: «L'invito della Procura è stato notificato il 30 novembre, con soli tre giorni di anticipo. Il premier era impegnato e io non sono riuscito a parlargli. La sua segreteria mi ha mandato un'attestazione, che ho trasmesso ai PM, che certificava che per il 3 dicembre c'erano riunioni e colloqui istituzionali prefissati».

Un "regalo" di 407 milioni di euro ai dipendenti del Ministero dell'economia

Ancora una denuncia di Gian Antonio Stella. Sul «Corriere» del 9 dicembre 2005 racconta come verranno ripartiti 407 milioni di euro, una cifra quasi eguale ai fondi tagliati nella Finanziaria alle Università italiane (415 milioni). Una legge del 2003 prevedeva che una percentuale dei fondi recuperati con i controlli fiscali e con la vendita degli immobili dello Stato sarebbe stata ripartita tra i dipendenti «che hanno conseguito gli obiettivi di produttività». Il "regalo" non è andato soltanto a chi aveva scovato gli evasori delle tasse ma a tutti i dipendenti del Ministero.

La questione è finita al Consiglio dei ministri il giorno dopo: il ministro Giovanardi, che si vede respinta una proposta da Tremonti, dice: «Noi arriviamo qui, chiediamo un euro e ci dicono che non ci sono i soldi e poi scopriamo che con una firmetta i dipendenti del Ministero dell'economia si regalano 407 milioni di euro». E che cosa scopriamo? Che il ministro Tremonti dice ai suoi colleghi di governo di non saperne nulla, d'aver appresa dai giornali la notizia e che il decreto è stato firmato dall'ex ministro Siniscalco. Ma il via del governo per la distribuzione e l'assegnazione dei fondi è giunto alla vigilia di Natale, quando Siniscalco non c'era più.

Ecco la ripartizione dei 407 milioni di euro: ai 203 dipendenti del Gabinetto del ministro vanno 5911 euro ciascuno; ai 904 del Tesoro 6073; ai 2242 della Ragioneria dello Stato 13.679; ai 462 del Dipartimento sviluppo 3463; ai 9305 dell'Amministrazione Generale 2610; ai 3660 delle Politiche fiscali 9224; ai 109 della Scuola d'Economia 8330.

Scoppia il caso UNIPOL e Berlusconi scende in campo

A dicembre del 2005 esplodono due clamorosi fatti di illeciti finanziari: prima il caso della Banca Antonveneta che porta in carcere il responsabile Fiorani, poi quello della UNIPOL che coinvolge il presidente Giovanni Consorte, indagato per diversi reati tra i quali quello di associazione a delinquere.

In questo contesto «il Giornale» pubblica l'intercettazione di una telefonata fra Consorte e Piero Fassino. I giornali danno rilievo alla notizia anche se il contenuto del dialogo non ha alcun rilievo penale. Infatti arriva subito la precisazione della Procura di Milano: «Non sono state ritenute rilevanti, ai fini dell'inchiesta, le intercettazioni delle conversazioni tra il segretario dei DS Piero Fassino e l'ex presidente dell'UNIPOL, Giovanni Consorte. Testi che, dunque, non sono stati nemmeno trascritti agli atti dell'indagine».

Ma siamo alla vigilia elettorale e Berlusconi interviene nella polemica. Premette che «si tratta di un intreccio inaccettabile tra politica e affari» e aggiunge: «Gli ultimi avvenimenti hanno fatto emergere con più evidenza quell'intreccio tra le giunte rosse e il mondo delle cooperative che ha sempre lucrato contratti da parte degli esponenti di partito di cui è organico e che ha prodotto utili che sono andati a foraggiare il proprio partito di riferimento. Gli elettori della sinistra saranno delusi. Evidentemente chi ha sempre guardato a quella classe politica della sinistra come qualcosa di diverso rispetto al resto della politica, resterà fortemente deluso».

Immediata la replica secca di Romano Prodi: «Berlusconi su affari e politica taccia».

Il lettore di questo libro avrà letto quanti affari ha fatto Berlusconi come proprietario di Mediaset, Fininvest, Publitalia, Mediolanum, di altre società, di tante case editrici e di giornali. E avrà anche letto le cifre da capogiro dell'arricchimento del presidente del Consiglio negli ultimi quattro anni.

Il conflitto del Cavaliere

Il giorno dopo il direttore di «Repubblica»[4] in un editoriale dal titolo *Il conflitto del Cavaliere* scrive: «Non è tollerabile che il Cavaliere metta al centro di questa battaglia l'"intreccio" tra politica e affari, in una sorta di sdoppiamento identitario. Non solo. Se decide di affrontare lo scandalo bancario (dopo silenzi e impacci che per il professor Giavazzi si spiegano con qualcosa che c'è nelle carte, e può venir fuori) Berlusconi ha il dovere di chiarire alcune cose: come mai era "commosso" per l'OPA di Fiorani su Antonveneta, tanto da congratularsi col banchiere mentre cenava con il suo sodale Gnutti. Perché il suo advisor di famiglia, Livolsi, curava la scalata di Ricucci, la possibile OPA sulla RCS, il legame politico-finanziario con Agag, il genero di Aznar grande amico del Cavaliere. Infine qual è stato il ruolo dei parlamentari di Forza Italia (due sono sottosegretari del governo Berlusconi) coinvolti nell'affare Fiorani.

Ecco il vero "intreccio" Cavaliere, per lei familiare. Se la sinistra si deciderà a voltare pagina sulla vicenda UNIPOL, allora finalmente comincerà a chiederle conto di queste cose, invece di tacere».

[4] «la Repubblica», 5 gennaio 2006.

Berlusconi: due anime in un corpo solo

«Il Sole-24 Ore» del 6 gennaio 2006 commenta: «Sono proprio contento: quando alla cena estiva di Forza Italia, al momento del brindisi, Silvio Berlusconi si rivolge a Emilio Gnutti e (al telefono) a Gianpiero Fiorani complimentandosi per l'operazione BPI-Antonveneta, a parlare non era il presidente del Consiglio. Era l'imprenditore Berlusconi Silvio, Cavaliere per meriti di affari e di commercio, inventore e artefice di Canale 5, Milano 2 e tanto altro.

Perché il premier, lo ha spiegato lui stesso, trova "inaccettabili" le commistioni tra affari e politica. E mai, da uomo di governo, avrebbe manifestato l'entusiasmo dell'uomo di affari per il grande affare della banca del Nord.

Del resto, quando il governo di Silvio Berlusconi ha approvato la riforma del sistema televisivo, Berlusconi Silvio, il proprietario di Mediaset, si è alzato, ha aperto la porta del Consiglio dei ministri e si è accomodato fuori.

E quando è stata varata la riforma delle liquidazioni, che tanto interessa alle assicurazioni, lui, il proprietario della Mediolanum, è tornato a quell'uscio e ha lasciato ai colleghi l'"onere" della decisione.

Lo ha detto anche il suo addetto alla comunicazione Paolo Bonaiuti: "Il Presidente non ha mai fatto e non fa affari con la politica". Lui ha in dispetto quegli "intrecci". Gli affari sono affari, la politica è la politica. Così come Silvio Berlusconi è il premier, mentre Berlusconi Silvio è il Cavaliere. Uno fa l'uomo di Stato, l'altro l'uomo d'affari. Quando uno è qua, l'altro è là. Quando uno parla, l'altro tace. Quando uno pensa, l'altro si distrae.

Oltre Tocqueville, oltre Schumpeter, oltre la scienza della politica, oltre la scienza economica. Berlusconi si ispira a Freud: due anime in un corpo solo. Adriano

Meis e Mattia Pascal: tutti i giorni, tutte le ore, tutti i minuti. Purché non si parli di conflitto di interessi. Ma che fatica...».

Valzer di poltrone ai Beni Culturali

In un articolo su «Il Sole-24 Ore»[5] Antonello Cerchi scrive: «Giro di poltrone al Ministero dei beni culturali. Anche questa volta ha prevalso la logica di appartenenza e non di competenza. Grazie anche a norme ad personam che si tenta di far passare attraverso un decreto legge. Il puzzle di nomine ha preso forma nell'estate del 2004 per una discussa delibera della Corte dei Conti che ha retrocesso da capo dipartimento Roberto Cecchi. A capo di quel dipartimento, il più importante del Ministero, è arrivato Francesco Sicilia che ha lasciato il Dipartimento per lo spettacolo e lo sport a Paolo Carini.

In quel valzer di posti – tutti di dirigente generale – sono rimaste scoperte determinate caselle. Alcuni funzionari poi sono stati parcheggiati in posizioni di staff. Un particolare non di poco conto. Perché quei funzionari sono dirigenti di seconda fascia nominati, per effetto del decreto 3/2004, dirigenti apicali per tre anni, ma se non maturano il triennio di anzianità saranno retrocessi alla posizione originaria. Si capisce, così, l'importanza delle ultime nomine e la corsa a conquistare le poltrone rimaste libere.

A direttore del Patrimonio storico andrà Bruno De Santis, vicino a Sicilia, e lascia il posto di direttore generale di staff, mentre Anna Maria Buzzi (altro dirigente di staff) diventerà vice-capo di gabinetto, posto finora ricoperto da Laura Napoleone, che diventerà capo di gabinetto.

In un'altra notazione compariva a fianco dell'articolo 2:

[5] «Il Sole-24 Ore», 6 gennaio 2006.

"Scuola superiore PA". Anche questa disposizione ha un preciso destinatario: un parente del ministro Buttiglione che aspira a diventare direttore della Scuola ma non ha i titoli. Quell'articolo di poche righe è un nuovo tentativo – in passato non ci si è mai riusciti – per dargli una mano».

Il dittatore dell'Eritrea ospite di Berlusconi a Villa Certosa

Maurizio Chierici sull'«Unità»[6], in un articolo titolato *Silvio l'africano*, parla degli affari e dei rapporti della famiglia Berlusconi con Afeworki, signore della guerra in Eritrea.

Nel giugno del 2005 il senatore Francesco Martone di Rifondazione presenta due interrogazioni per avere notizie sugli strani rapporti tra l'Italia e l'Eritrea. La segreteria del presidente Pera prega il senatore di togliere dalla interrogazione il nome di Paolo Berlusconi; richiesta respinta.

Il senatore Martone per descrivere la situazione dell'Eritrea e il comportamento del suo governo si serve del rapporto di Amnesty che denuncia: polizia politica di impronta stalinista, partito unico; Fronte Popolare per la democrazia e la Giustizia; quindici ministri spariti nel nulla per aver firmato un timido documento che pretendeva una timida libertà di stampa; guerra agli intellettuali, agli studenti, ai religiosi. Oppositori che non tornano dal carcere. Morti bastonati, morti avvelenati. Vescovo ortodosso agli arresti domiciliari; università chiusa.

Le notizie sulla grave situazione dell'Eritrea vengono anche da una fonte non sospetta, dalla rivista mensile internazionale «Popoli» dei gesuiti.

[6] «L'Unità», 9 gennaio 2006.

Chierici scrive: «È un ritorno al medioevo. Ci sono palazzinari pronti a ricostruire un paese dove la tortura è pratica quotidiana e la costituzione resta nel cassetto mancando le condizioni per promulgarla. Di elezioni non si parla. Ogni potere è nelle mani pesanti di Isayas Afeworki, piccolo padre che ha guidato l'indipendenza nel nome del marxismo. Adesso chissà se la famiglia Berlusconi va matta per gli ex comunisti purché mantengano la virtù dell'obbedienza sempre pronta e assoluta.

Nella storia di Isaya e dei suoi clienti, in prima fila fra gli investimenti elogiati dall'Istituto del Commercio Estero di Roma, c'è l'Italcantieri di Paolo Berlusconi. Isayas viene spesso in Italia dove ha molti amici. Per il Cavaliere non è intimo come Putin ma tra loro corre buon sangue. È stato ospite a Villa Certosa, residenza estiva in Sardegna, privilegio riservato ai più importanti leader stranieri».

Il presidente del Consiglio Silvio Berlusconi ha incontrato nel giugno del 2002, a Palazzo Chigi, il presidente dello Stato di Eritrea, Isayas Afeworki, al quale ha ricordato i profondi legami dell'Italia con l'Eritrea; un comunicato della presidenza del Consiglio diceva che nel corso del cordiale colloquio sono state esaminate le prospettive di intensificazione dei rapporti economici e le possibilità di investimenti nei settori più promettenti. Secondo notizie di stampa l'Italcantieri di Paolo Berlusconi starebbe costruendo 5000 villette nella zona di Massaua. Nelle interrogazioni del senatore Martone si legge che per mettere in atto il progetto sarebbero state distrutte delle case, comprese testimonianze storiche ancora precedenti all'impero ottomano, e zone adibite a parco; ed è gia pronta con piani e progetti per costruire abitazioni civili e centri turistici che saranno finanziati nell'ambito degli accordi fra Unione Europea e ACP.

Il Cavaliere non lascia e raddoppia

Berlusconi sta correndo nei vari studi televisivi per dire che tutto quello che i giornali scrivono sul suo conto è falso. In un editoriale dal titolo *Il Cavaliere non lascia e raddoppia* Aldo Grasso sul «Corriere della Sera»[7] ci racconta le corse di Berlusconi per raggiungere le televisioni: «Colpo di scena. Mentre tutti si affannavano a decifrare l'incontro fra il presidente del Consiglio e Giuliano Ferrara, Berlusconi ci spiazzava tutti andando subito dopo al *Processo di Biscardi*. Da Ferrara ci è andato ma siccome l'occasione non è stata molto esaltante, ha sentito lì per lì il bisogno di spostarsi da quel maestro di lusinga che è Aldo Biscardi per recuperare un po' di popolarità. Da Ferrara aveva sostenuto la separatezza fra politica e affari e al *Processo*, tre minuti dopo, ha parlato da proprietario del Milan, da quello che stacca gli assegni. Così va il mondo, almeno in TV. [...] Berlusconi si è voluto produrre nella idealizzazione della pubblica virtù: "Io sono l'esempio – ha detto – della separazione fra politica e affari". Salvo smentirsi subito dopo, nonostante le incalzanti domande poste da quel comunista di Lamberto Sposini su Milan e Nazionale, e da Klaus Davi, consulente di immagine per la sinistra, sul caro prezzi e sulla moviola in campo. Viva l'Armani e viva Ferrara, verrebbe da dirgli, perché è stata la prima volta in TV che Berlusconi è apparso in difficoltà. Per spiegare la diffusa sfiducia nei confronti del governo ha solo ripetuto che l'opposizione è solo disfattista. Per rispondere alla critica di un governo poco fermo nelle decisioni si è limitato a negare il rilievo. Vespa ha mai fatto le domande che ha fatto Ferrara? Insomma ieri sera Berlusconi si è salvato grazie a Biscardi, ai suoi ospiti e al suo indubbio intuito mediatico».

[7] «Corriere della Sera», 10 gennaio 2006.

Berlusconi con 1800 euro risparmia milioni di tasse

L'Agenzia delle Entrate ha comunicato alla Procura di Milano, dove Berlusconi era imputato per evasione fiscale, che la questione che riguarda le tasse del premier è stata sanata dall'accoglimento della domanda di condono per il periodo compreso tra il 1997 e il 2002. Alcuni giornali hanno calcolato che Berlusconi avrebbe così risparmiato alcuni milioni di euro. E come replica Berlusconi? Come sempre: «Anche queste sono accuse infondate perché non si tratta di condono ma di un'operazione di routine che hanno fatto milioni di italiani per mettere una pezza su eventuali inesattezze formali».

Il premier nega d'essere socio di Gnutti nella finanziaria Hopa

Scoppia il caso Gnutti. Ettore Livini su «Repubblica»[8]: «Silvio Berlusconi è socio della Hopa di Emilio Gnutti. Non solo. L'addio al suo legame azionario, nel cui consiglio di amministrazione siedono Giovanni Consorte e Giampiero Fiorani potrebbe costargli quasi 100 milioni. Entro martedì prossimo infatti Fininvest e Mediaset dovranno decidere se tenere in portafoglio o vendere le loro quote del 2,53% e 2,7% nella cassaforte del finanziare bresciano che, attraverso Olimpia partecipa al controllo Telecom. [...] Mediaset e Fininvest non hanno mai fatto parte dei patti di sindacato, né del comitato esecutivo della holding ma hanno attivamente partecipato alla vita societaria nominando un uomo in Consiglio. Oggi in CDA c'è Marco Giordani, direttore finanziario di Mediaset. E con Gnutti ha intrattenuto a

[8] «la Repubblica», 11 gennaio 2006.

lungo rapporti anche azionari Ubaldo Livolsi, uomo di fiducia del premier, consigliere Fininvest e advisor di Stefano Ricucci nella scalata a RCS».

Come risponde Berlusconi? Al solito: «Sono cose assolutamente false e infondate, anche in questo caso messe in giro ad arte dalla sinistra per controbilanciare la scalata UNIPOL alla BNL». I fatti sono questi, giudichi il lettore.

«Ex Cirielli anche per Berlusconi» e Castelli dice che saranno prescritti 35.000 processi

«Il Corriere della Sera»[9] scrive: «Dalla legge ex Cirielli non trarrei alcun beneficio", aveva detto il premier Silvio Berlusconi nel travagliato iter della legge che ha drasticamente accorciato i termini di prescrizione di molti reati e modificato la continuazione tra reati. Ma la sua difesa tecnica sembra muoversi diversamente e non disdegnare di far valere la legge, in via "soltanto residuale", nell'udienza preliminare milanese sulla compravendita dei diritti TV Mediaset. E pur ribadendo di puntare a dimostrare la "totale estraneità" del premier alle accuse (fino al 1999) di appropriazione indebita di almeno 270 milioni, falso in bilancio e frode fiscale per 124 miliardi di lire, la difesa di Berlusconi ha messo le mani avanti per il prosieguo dell'udienza e rimarcato che della norma vi potrebbe essere "immediata applicazione". È accaduto tre udienze fa, senza clamori ma attraverso un calibrato inciso in un intervento in aula dell'avvocato Niccolò Ghedini, il 14 dicembre scorso».

Il ministro della Giustizia Castelli in Parlamento ha annunciato che i processi che saranno prescritti per la "ex Cirielli" sono 35.000.

[9] «Corriere della Sera», 11 gennaio 2006.

Niente appello del pubblico ministero per chi è assolto

«Sono sbigottito», dice Nicola Marvulli, primo presidente della Cassazione, riferendosi alla legge, approvata dalla maggioranza il 12 gennaio. «Il pubblico ministero non può più ricorrere in appello quando un imputato viene assolto. È soltanto previsto un ricorso alla Cassazione». E aggiunge: «Questa legge distrugge la funzione della Cassazione. È un obbrobrio che porterà alla bancarotta. Non posso prevedere che cosa accadrà, mi auguro che ci sia particolare attenzione ai problemi organizzativi legati a questo disastroso evento».

La proposta di legge era stata presentata da Gaetano Pecorella, presidente della Commissione Giustizia della Camera e legale di Berlusconi. «Il Corriere della Sera» osserva che questa legge riguarda anche il processo SME di Berlusconi. Il premier nel processo di primo grado del 10 dicembre 2004 era stato prosciolto per prescrizione, ma la sentenza era stata impugnata dalla Procura. Ora il processo di secondo grado, che la Corte d'Appello non aveva ancora fissato, non si potrà più fare: l'impugnazione si convertirà in ricorso per Cassazione. E Berlusconi, inaspettatamente, lo ammette: «È vero, la legge si applica anche a me, però io sono innocente».

Ma Ciampi non firma la legge

Il presidente della Repubblica ritiene incostituzionale la riforma dell'appello e la rinvia al Parlamento. A suo giudizio la legge modifica la funzione della Corte di Cassazione, il cui ruolo passa da quello di giudice di legittimità a giudice di merito facendogli perdere la connotazione di organo supremo di giustizia. Inoltre determina uno squilibrio tra la difesa che può fare appello in caso di condanna e l'accusa, che non può appellare l'assoluzione dell'imputato. Inoltre l'aggravio di lavoro della Cassazione renderebbe ancor più lento lo svolgimento dei processi. Negli ultimi giorni di legislatura la maggioranza approva la legge senza accogliere tutti i rilievi e quindi rimangono quasi tutte le gravi conseguenze denunciate da Ciampi e dal primo presidente della Cassazione.

Berlusconi accusa i DS ma la Procura archivia la denuncia

Ecco la sintesi di una vicenda che per alcuni giorni ha occupato le prime pagine dei giornali. A *Porta a Porta* del 12 gennaio 2006 c'erano Berlusconi e Bertinotti. A un certo punto del dibattito il premier dice: «Sulla questione UNIPOL i DS mentono, non si sono fermati al tifo, ma hanno avuto incontri affinché alcuni detentori di azioni BNL le vendessero all'UNIPOL. Ho elementi di conoscenza ulteriori e dei quali sto pensando di informare i giudici». E Bertinotti incalza: «Deve andare immediatamente dai magistrati». Il giorno dopo Berlusconi non può evitare di recarsi alla Procura di Roma e il suo avvocato Niccolò Ghedini cita alcuni nomi di personalità che avrebbero ricevuto pressioni: tra questi ci sono Tarak Ben Ammar, Francesco Caltagirone e il presidente delle Assicurazioni Generali, Antoine Bernheim.

All'indomani una giornalista chiede a Berlusconi: «Un titolo di giornale che dice *Berlusconi conferma: pressioni di D'Alema su Generali, me l'ha detto Tarak Ben Ammar* riassumerebbe quel che lei ha detto ai magistrati?». Il Cavaliere: «È esagerato, io non ho confermato le pressioni, ho confermato che ci sono stati degli inviti conviviali e ho detto "possiamo immaginare che...". Come al solito la stampa esagera». Antonio Polito aggiunge: «Berlusconi diventa giustizialista, usa la Procura nella battaglia politica».

«Questa è una menzogna assoluta», si difende il premier, «sono garantista, con tutto quello che mi fanno ancora adesso le Procure... Non ho accusato questi signori. C'erano delle voci e ho detto anche che secondo me non erano penalmente rilevanti. E io ho voluto denunciare l'aspetto politico».

Le Generali immediatamente diffondono un comunicato ufficiale che dice: «Non ci sono mai state pressioni politiche in merito alla cessione della partecipazione detenuta nella BNL, le indiscrezioni sono destituite di ogni fondamento». Analoga la smentita di Francesco Caltagirone. Nella settimana successiva il presidente delle Generali e Tarak Ben Ammar, amico di Berlusconi, vengono convocati dalla Procura di Roma. Il vertice delle Generali non fa alcuna dichiarazione, avendo già smentito Berlusconi, mentre Ben Ammar fa una conferenza stampa e afferma: «Né io né Bernheim abbiamo mai parlato a Berlusconi di pressioni politiche su Generali per la quota UNIPOL».

Gli alleati non approvano l'iniziativa di Berlusconi e Casini prende le distanze: «La CDL ha le carte in regola per vincere le elezioni. Possiamo farcela senza effetti speciali, altro che andare in Procura e fare avanspettacolo». E il segretario dell'UDC, Lorenzo Cesa: «Doveva essere più prudente. Se aveva informazioni rilevanti doveva riferirle subito ai PM, non fare un dibattito televisivo. Quella di UNIPOL è una vicenda seria che deve essere affrontata solo dai magistrati, senza interferenze politiche».

Critiche anche da esponenti della Lega. Il ministro Maroni: «La visita di Berlusconi in Procura è stata una voce stonata. Dai magistrati si va per denunciare fatti penalmente rilevanti e non incontri conviviali che sono tra l'altro fatti assolutamente leciti e normali. Ma la Lega è stato l'alleato più fedele a Berlusconi». E il ministro Calderoli: «Alla politica si risponde con la politica e non attraverso queste cose».

La Procura, ascoltate le persone indicate da Berlusconi, ha archiviato la denuncia perché non ci sono state pressioni sulla questione UNIPOL.

Berlusconi corre da una televisione all'altra e Ciampi interviene

Un esagitato! Nessuno lo ferma. Apri la TV e chi vedi? Lui, Berlusconi. Ripete i soliti slogan contro i DS. Il 18 gennaio 2006 interviene il presidente della Repubblica. Riceve al Quirinale la Commissione di Vigilanza della RAI e dice: «La vostra sia una vigilanza attiva per garantire la effettiva parità delle presenze nelle trasmissioni di intrattenimento o di altro genere». Dopo aver ricordato il messaggio sull'informazione al Parlamento, ha aggiunto: «Sono convinto che la libertà di parola, la libertà di informazione sono l'essenza del complesso di valori che noi comprendiamo nella parola libertà. Questa è una convinzione profonda. Per questo sono contento che quel mio messaggio sia di fatto rimasto messaggio specifico fatto durante il mio settennato perché ne sottolinea il valore che ho voluto dargli. Sentivo che su quel punto si gioca la democrazia nel nostro Paese».

Il «Corriere della Sera»: Berlusconi "moderno Masaniello" adotta l'arma della delegittimazione

Non si placa, anzi aumenta il tono, lancia accuse d'ogni genere. Perché Berlusconi ha deciso di arroventare la campagna elettorale scegliendo uno scontro così violento? Ce lo spiegano due giornalisti. Pierluigi Battista, nell'editoriale di prima pagina, scrive: «Il premier non si lamentava forse della furia delegittimatrice dei suoi avversari, della loro veemenza denigratoria fatta di forsennati attacchi *ad personam* e di demonizzazione finanche "antropologica" del berlusconismo? Ma ora è lui che delegittima, con una feroce campagna elettorale volta alla demolizione *ad personam* degli avversari. I giustizialisti non erano forse gli altri, adusi alla sleale manipolazione politica dell'arma giudiziaria, alla strumentalizzazione dell'azione delle Procure e delle "toghe rosse"? Ma adesso è lui, la vittima del giustizialismo, a calcare le stanze della Procura, non già per denunciare (per sua stessa ammissione) condotte penalmente rilevanti da imputare ai suoi avversari sul caso UNIPOL ma per alimentare simbolicamente quel circuito mediatico-giudiziario di cui sovente si è sentito (e a ragione) bersaglio»[10].

Alcuni giorni prima[11] Galli della Loggia aveva scritto: «Berlusconi sa che la sua quasi sola speranza di vittoria risiede in un'alta affluenza alle urne, nel convincere il popolo della destra, anche se non proprio entusiasta del quinquennio di governo, a recarsi comunque alle urne al gran completo. E per ottenere questo scopo c'è un solo mezzo: rendere incandescente la campagna elettorale, tramutarla in una battaglia all'ultimo sangue, spazzare via gli argomenti e dare spazio solo ai sentimenti: quanto più viscerali sono tanto meglio è. [...] È precisamente a questa logica che risponde la scelta berlusconiana di orchestrare la sceneggiata della denuncia senza denuncia, di usare spregiudicatamente la questione morale come una clava contro i DS, in generale di chiamare a raccolta l'elettorato contro il pericolo rosso con toni quarantotteschi. Pur di vincere, insomma Berlusconi ha deciso di abbandonare ogni traccia di quella compostezza che nelle democrazie occidentali abitualmente distingue, pure in periodo elettorale, il modo d'essere del governo e di chi lo guida. Ha smesso l'abito del presiden-

[10] «Corriere della Sera», 21 gennaio 2006.
[11] «Corriere della Sera», 17 gennaio 2006.

te del Consiglio per vestire i panni, che evidentemente sente a lui più congeniali, di un moderno Masaniello mediatico. Per lo stato di salute della democrazia italiana non è un bel segnale».

Berlusconi e Masaniello

Bruno Gravagnuolo[12] in un corsivo sull'«Unità», dopo aver accennato ad alcuni editoriali che comparavano Berlusconi a Masaniello, ha ricordato che il 23 novembre 1994, alla vigilia della crisi del suo primo governo, a Napoli, Palazzo Reale, al termine della Conferenza ONU, Berlusconi disse: «Non si possono più accettare le decisioni prese nelle stanze chiuse delle segreterie dei partiti. Se così fosse diventerei un Masaniello e chiederei di tornare al giudizio degli elettori. Svelando lui stesso, e con le sue parole, la natura del suo populismo straccione, antiparlamentare, demagogico, vittimista, paraplebiscitario e pseudo-sacrale ("l'unto del Signore"). Addirittura vi fu poi una manifestazione forzista e missina a Torino, guidata da Alessandro Meluzzi. In nome di Che Guevara e Masaniello! Quanto al vero Masaniello, c'entra persino poco. Poiché il pescivendolo del 1647 era per la riforma rappresentativa della Monarchia e – consigliato da un abate raffinato – non fu così straccione come in genere si crede. Un pescivendolo democratico, finito pazzo e accoppato dai baroni. Ma meno "lazzaro" del suo preteso erede».

[12] «L'Unità», 25 gennaio 2006.

Berlusconi: «No allo scioglimento delle Camere il 29 gennaio, voglio due settimane di proroga»

Nella conferenza stampa di fine anno il presidente del Consiglio aveva annunciato le date per le elezioni: il 29 gennaio 2006 la fine dei lavori parlamentari, il 9 aprile le elezioni politiche. La decisione era stata presa d'accordo con il presidente della Repubblica, alla presenza del ministro degli Interni Pisanu e del sottosegretario Letta.

Domenica 20 gennaio Berlusconi va da Ciampi e gli chiede di prorogare di due settimane i lavori del Parlamento. Il motivo: l'approvazione di alcune leggi importanti. Coincidenza: alcuni giorni prima il presidente della Repubblica aveva rinviato al Parlamento la legge sull'inammissibilità del ricorso da parte del pubblico ministero alle sentenze di primo grado. Per il premier l'approvazione di questa legge è di grande importanza perché annulla l'appello chiesto dal pubblico ministero del processo SME, ossia il processo che coinvolge anche Berlusconi. Poi i suoi fidi collaboratori hanno scoperto che ci sono molte leggi che è opportuno varare perché utili durante la campagna elettorale.

La richiesta quindi di altre due settimane di lavori parlamentari diventa determinante e vale la pena battersi per la proroga. E quando il premier si accorge che Ciampi è contrario fa un'altra mossa: minaccia di rinviare a maggio le elezioni politiche. Alcuni dei suoi alleati non accettano la minaccia e si arriva ad un compromesso: un rinvio di dieci giorni che Ciampi, per evitare altre complicazioni, accetta. Ma non si fida e vuole una garanzia.

Ciampi chiede al premier garanzie scritte

Marzio Breda scrive sul «Corriere»: «Vuole leggere di persona la copia del telex con il quale Berlusconi convoca il Consiglio dei ministri per l'11 febbraio. Controlla che l'agenda di quella seduta contempli un decreto per fissare il voto il 9 e 10 aprile. Poi passa il foglio sulla scrivania, verifica le condizioni di un contratto e solo allora accetta di aggiungervi la parte di sua competenza. Carlo Azeglio Ciampi si comporta come un notaio puntiglioso e diffidente, mettendo tutto nero sul bianco, nell'incontro con il premier che chiude la prova di forza sulle elezioni. Poche parole, fredde come quando si stipula un rogito.

Qualcuno nella famiglia politica del Cavaliere, avrà magari sbuffato, ieri, definendo "inutili liturgie" questa sottigliezze e queste puntute precisazioni. Cosa che del resto fa spesso lo stesso premier, quando è costretto ad affrontare il Parlamento. La realtà è che la forma è sostanza, in democrazia. E che l'osservanza delle regole garantisce tutti contro ogni possibile colpo di coda o tentazione alle scorciatoie. È questo il messaggio di secondo grado che c'è dietro la tignosa nota di Carlo Azeglio Ciampi».

Alla presenza di Ciampi il primo presidente della Cassazione boccia le riforme del governo

Il 27 gennaio 2006, all'inaugurazione dell'anno giudiziario, il primo presidente della Cassazione, Nicola Marvulli, presenti le più alte cariche dello Stato, illustra, come ogni anno, il bilancio dell'attività giudiziaria. Accanto a Ciampi c'è Berlusconi. Denunciati gli aspetti positivi e negativi della giustizia, Marvulli ha criticato con dure parole la riforma dell'ordinamento giudiziario, la legge ex Cirielli e quella sull'inappellabilità che il presidente della Repubblica ha rinviato al Parlamento. Il primo presidente ha detto: «La riforma dell'ordinamento giudiziario pregiudicherà l'efficienza della magistratura; la ex Cirielli è una vera amnistia e introduce un pesante e differenziato trattamento punitivo per i recidivi». Poi ringrazia Ciampi per aver rinviato alle Camere la legge Pecorella (quella sull'inappellabilità, *n.d.a.*) per i profili di manifesta incostituzionalità: «La Corte di Cassazione deve a lei, signor presidente, se queste nostre fondate preoccupazioni potranno formare oggetto di doverosa attenzione da parte del Parlamento».

In quel momento chi guardava il presidente del Consiglio ha potuto notare imbarazzo e contrarietà. Si copriva il viso con le mani, prendeva appunti, si muoveva sulla sedia, si piegava in avanti. Alla fine usciva con un sorriso tirato. Prima di recarsi al Palazzo di Giustizia in una intervista a Radio Radio aveva detto: «Devo recarmi all'inaugurazione dell'anno giudiziario, sono due ore dedicate a un fatto istituzionale, ma si tratta comunque di tempo sottratto alla mia attività di governo, in quelle due ore la mia mente lavorerà sulle cose che devo fare». Molti giornali hanno tradotto la frase: si tratta di una perdita di tempo.

E il giorno dopo nelle ventisei Corti d'appello i magistrati per protesta contro le riforme della giustizia non partecipavano all'inaugurazione dell'anno giudiziario.

La Corte dei Conti: avete condonato finanche le tangenti

Il presidente della Corte Francesco Staderini e il procuratore Vincenzo Apicella hanno svolto le relazioni sul 2005 denunciando, tra l'altro, che la legge finanziaria ha concesso il condono anche a chi ha preso tangenti. Il ministro Giulio Tremonti, ha detto: «Siamo stati beccati sul minipatteggiamento». La Corte ha poi denunciato molte delle disfunzioni dell'apparato dello Stato: l'incapacità di riscuotere le somme accertate dell'evasione, gli sprechi per la cattiva gestione del personale, l'eccesso di consulenze e incarichi esterni e finanche la falsa vendita di loculi dei cimiteri.

Il procuratore di Palermo: «Non candidate alle elezioni gli inquisiti di mafia»

All'inaugurazione dell'anno giudiziario di Palermo il presidente della Corte d'appello, Carlo Rotolo, svolge la relazione e affronta anche il problema delle candidature alle prossime elezioni regionali e politiche. In particolare il magistrato si riferisce alla candidatura di Cuffaro, attuale presidente della Regione Sicilia indagato per favoreggiamento alla mafia, e dice: «Una volta la politica sceglieva i candidati e la mafia li votava, adesso sarebbe la mafia a sceglierli pilotandone la scalata verso incarichi politici regionali».

Sul «Corriere della Sera», Felice Cavallaro[13] scrive: «Nell'aula del tribunale ancora una volta va in scena la tragedia dell'imbarazzo istituzionale. Con Cuffaro, seduto accanto al cardinale mentre Rotolo picchia duro, alza gli occhiali sui capelli, gli occhi al cielo e mordicchia i polpastrelli. Rinunciando poi alla replica comunica solo una scelta: "Resto candidato alla Regione, ma non parlo più di giudiziaria. Affronto solo i temi del programma di governo. Per il resto ha già risposto Casini"».

Anche il procuratore della Direzione nazionale antimafia, Piero Grasso, osserva: «Candidati indagati può

[13] «Corriere della Sera», 20 gennaio 2006.

significare lanciare un segnale gradito alla mafia o un messaggio di impunità, di una sfida alla giustizia. Forse sarebbe il caso di allegare alla scheda elettorale un certificato di carichi pendenti».

Ciampi al Parlamento: in RAI subito una vera *par condicio*

La legge dice che la *par condicio* entra in vigore dopo lo scioglimento delle Camere. Ma la continua presenza di Berlusconi nelle televisioni e nelle radio fa parte delle normali regole della RAI. Allora il presidente della Repubblica decide di rivolgersi al presidente della Commissione parlamentare di vigilanza che ha sempre il dovere di garantire imparzialità e pluralismo.

Nella lettera inviata a Paolo Gentiloni Ciampi scrive: «È compito precipuo della Commissione quello di garantire la concreta applicazione, da parte della RAI, in ogni momento, indipendentemente dalla data di scioglimento del Parlamento, e in tutte le trasmissioni radiotelevisive, del principio di equità e di sostanziale parità d'accesso a tutte le forze politiche nonché quello di assicurare il puntuale e scrupoloso rispetto delle norme che regolano la campagna elettorale».

C'è da osservare che già due settimane prima il presidente, ricevendo al Quirinale i parlamentari della Commissione di vigilanza, aveva espresso le medesime raccomandazioni senza però ottenere alcun risultato. Ha quindi deciso di rivolgere un richiamo ufficiale e i risultati sono giunti immediatamente.

Il presidente della Commissione, Paolo Gentiloni, ha dichiarato: «Le parole di Ciampi sono impeccabili istituzionalmente e diventano automaticamente un obbligo perché sono la sintesi di regole già sostanziali non formali». E in una nota congiunta il presidente della RAI, Claudio Petruccioli, e il direttore generale, Alfredo Meocci, hanno preso l'impegno di attuare i suggerimenti che deciderà la Commissione di vigilanza.

Ma Berlusconi non ci sta. Ha definito la *par condicio* una legge-bavaglio e illiberale. «È scandaloso», ha aggiunto, «che il governo non possa avere delle trasmissioni del servizio pubblico per fare un bilancio su quello che ha fatto». E immediatamente i suoi portavoce (Bondi, Cicchitto, Schifani) hanno detto che la *par condicio* si applica soltanto dopo lo scioglimento delle Camere.

Il presidente dell'Antitrust: «*Par condicio* subito anche nelle TV private»

Il presidente dell'Antitrust, Corrado Calabrò, non solo è d'accordo con Ciampi ma precisa che le regole della *par condicio* devono essere applicate anche alle TV private. In una intervista al «Corriere della Sera»[14] dice: «Firmerò presto le regole per tradurre in concreto i suggerimenti del Capo dello Stato. È un abbaglio, quello che non ci fossero regole, nel quale sono caduti in molti. Faccio il magistrato da 45 anni e posso assicurare che la mia interpretazione è giusta, come hanno riconosciuto i rappresentanti della RAI e di Mediaset nell'incontro che abbiamo avuto la settimana scorsa».

Due giorni dopo l'Authority con una formale delibera stabilisce il comportamento da tenere prima che venga applicata la *par condicio*: «In tutte le trasmissioni di informazione e approfondimento deve essere osservato l'equilibrio delle presenze in modo da assicurare con imparzialità ed equità l'accesso a tutti i soggetti politici e la parità di trattamento nell'esposizione delle proprie opinioni e posizioni politiche».

[14] «Corriere della Sera», 30 gennaio 2006.

Il «New York Times»: il blitz mediatico di Berlusconi non ha precedenti

Il 27 gennaio 2006 il «New York Times» scrive: «Visionario o folle che sia, Berlusconi getta se stesso, con tutta la sua energia, in un blitz dei media italiani che non ha alcun precedente: un monologo quasi ininterrotto di vendita di se stesso agli elettori italiani che – dimostrano i sondaggi – non sono molto entusiasti di lui dopo cinque anni del suo governo».

Berlusconi a *Porta a Porta*: la Procura di Milano insabbia il caso UNIPOL

In una maratona di oltre due ore, a ruota libera e in pratica senza contraddittorio, Berlusconi ha detto quel che ha voluto, ha insultato e criticato ed ha finanche accusato la Procura di Milano d'aver insabbiato l'inchiesta UNIPOL. Uno spettacolo inconsueto e amaro. Il vice presidente del CSM, Rognoni, ha detto: «Davanti a un attacco così denigratorio la magistratura deve andare avanti nel suo lavoro né intimidita, né indignata e senza perdere di vista la sua indipendenza e la sua autonomia».

Aldo Grasso[15] scrive: «A *Porta a Porta* Silvio Berlusconi si trova bene. Dimostra buona intesa con la regia, con la scenografia, persino con il trucco. [...] I suoi principali demeriti: Il primo: non riesce a contenere la sua logorrea tanto da apparire un incontinente, un bulimico, un immoderato (si è visto Bonaiuti invitarlo alla calma). Il secondo: ripete sempre le stesse battute sapendo che il suo pubblico ama, come nelle favole, l'"ancora una volta". Il "suo" pubblico, però, i fans, non gli altri che

[15] «Corriere della Sera», 2 febbraio 2006.

per "una" volta lo hanno votato. Il terzo: si lamenta del capovolgimento della realtà da parte dei media ma lui continua a capovolgere le carte in tavola, dando sempre la colpa dei disagi al governo precedente».

Incredibile: si chiude la legislatura inventando la legge "milleproroghe"

Berlusconi, malgrado avesse concordato con il capo dello Stato la data della fine della legislatura ha ottenuto una proroga di due settimane, ossia il tempo per fare approvare al Parlamento alcune leggi prevalentemente elettorali. E che cosa inventa? Un decreto chiamato "milleproroghe" che ammucchia leggi, leggine e maxiemendamenti di chiara utilità elettorale. È la conclusione di una legislatura che, iniziata con leggi *ad personam*, si è conclusa con provvedimenti da sfruttare durante la campagna elettorale.

Scrive «Repubblica»: «Ieri notte (3 febbraio) il Senato, dopo una intera giornata di trattative, ha votato la fiducia al maxiemendamento sul cosiddetto decreto "milleproroghe". Un mix di provvedimenti di varia natura: dagli stanziamenti al Belice alle missioni militari all'estero e soprattutto alle misure prese in aiuto dei partiti. Il governo è anche stato costretto a tagliare molte norme che non avevano la copertura finanziaria».

Dure critiche dell'opposizione. I Verdi: «Questo provvedimento è una discarica abusiva». Angius (DS): «Siamo arrivati a una situazione insostenibile, la maggioranza è nel marasma». E Baccini (UDC) ha minacciato le dimissioni perché non erano state inserite norme elettorali da lui proposte. È stato accontentato.

Enrico Morando sull'«Unità» scrive: «Ma dove stavano il ministro Tremonti e il ragioniere generale dello Stato mentre veniva riscritto il decreto "milleproroghe" e, nottetempo, lo si "arricchiva" di sempre nuove misure di assalto alla diligenza della finanza pubblica? In una sospetta latitanza. Anche se è probabile che i tecnici della Ragioneria, assieme all'opposizione, abbiano avuto un ruolo nel convincere il presidente della Commissione Bilancio a pronunciare i suoi no per mancanza di copertura finanziaria su metà degli articoli del maxiemendamento. Lo "sciopero" del ministro Tremonti e della Ragioneria è davvero grave perché entrambi i provvedimenti potrebbero avere un notevole impatto sui conti economici del Paese».

Il garante delle Comunicazioni multa Rete 4 per la trasmissione della Pivetti

L'Autorità per le Comunicazioni ha inflitto a Mediaset una multa di 150.000 euro per aver violato le norme della *par condicio*. Nella trasmissione *Liberi tutti* del 4 febbraio, condotta da Irene Pivetti, l'unico protagonista era Berlusconi.

Secondo il garante, Corrado Calabrò, la trasmissione non ha rispettato le regole sulle pari opportunità: collocazione in prima serata, prolungamento della durata in modo esorbitante, filmati che osannavano il Cavaliere. Mediaset ha annunciato un ricorso al TAR. Scontata la valutazione di Berlusconi: definisce l'Autorità «organo di battaglia politica e ridicola» e dice che il presidente Calabrò è stato influenzato: «Ho informazioni precise al riguardo». Dimentica che è stato lui, proprio lui, a nominare Calabrò all'Antitrust. Evidentemente aveva avuto informazioni sbagliate.

Secondo Irene Pivetti si tratta di una multa «totalmente ingiusta». E al giornalista Antonello Caporale che le dice d'aver fatto domande «da leccastivali» risponde: «Io non lecco stivali a nessuno, l'unica cosa di cui mi posso incolpare è di non aver condotto con maggior ironia».

Berlusconi: «Solo Napoleone ha fatto più di me»

Scrive «Repubblica»[16]: «E così dopo il "presidente-operaio", a fine legislatura arriva la promozione a presidente-imperatore.

L'investitura Silvio Berlusconi se la fa da solo a *Matrix*, paragonandosi al grande còrso: "Solo Napoleone aveva fatto più di me. È così, è così: oltretutto io sono più alto". Forse per l'approssimarsi della *par condicio*, che gli impedirà il pellegrinaggio televisivo nelle prossime settimane, nello studio di Mentana il Cavaliere dà fondo a tutte le sue risorse. Anzitutto contro gli alleati Fini e Casini, messi alla berlina per essersi fumati una "canna" mentre lui lavorava: "Hanno avuto tempo di farlo. Quando gli altri si divertivano, io ero a lavorare. Del resto loro sono anche più giovani, hanno fatto il '69". I presenti in studio lo guardano sbigottiti per il riferimento erotico, questo sì sarebbe stato troppo, ma il premier prontamente si corregge: "volevo dire il '68". E aggiunge una frase del tutto inopportuna: "Questa sinistra non ha mai cessato di demolire l'avversario politico mentre le mie sono solo battute".

Battute come quella sul segretario DS, che sembra uno scheletro che cammina. "Madonna quanto è magro. Non so se sia meglio avere un rapporto un po' più stretto con lui o andare in pellegrinaggio in un ossario". Poi annuncia che, in caso di sconfitta, resterà in Parlamento per fare un'opposizione costruttiva».

Finora non aveva mai parlato di un'eventuale sconfitta.

[16] «la Repubblica», 11 febbraio 2006.

Berlusconi: «Io sono il Gesù Cristo della politica»

Da Ancona, dove l'11 febbraio 2006 ha partecipato a una cena elettorale, Berlusconi dice: «Io sono il Gesù Cristo della politica, sono una vittima, paziente, sopporto tutto, mi sacrifico per tutti. Così dovete fare anche voi imprenditori».

Il cardinale Ersilio Tonini[17] il giorno dopo replica: «Paragonarsi a Gesù Cristo, come ha fatto il premier Silvio Berlusconi denota come minimo una mancanza di opportunità e poca sensibilità. Non si fa. È bene che i nostri politici qualche volta lascino in pace nostro Signore. Ha esagerato. Ma non perché ha parlato di Gesù. Sappiamo tutti che è d'uso comune autodefinirsi "poveri Cristi" e parlare di portare la croce come Gesù sul Calvario. Sono espressioni comuni dei credenti, sulle quali non c'è niente da dire. Ma altra cosa è parlare di nostro Signore in un contesto pubblico e per di più in un incontro elettorale. Lo sbaglio è usare il nome di Gesù Cristo in modo improprio e in un contesto pubblico che non è un meeting religioso. Il politico avveduto dovrebbe poi sapere che quando parla davanti a una platea sa che le sue parole sono soppesate una ad una. Nulla sfugge a chi lo sta ascoltando. Quando poi fa certi paragoni o prende a modello i simboli della religione, il discorso diventa ancor più delicato. Parlare di Cristo in modo improprio non si fa, non è bello, è diseducativo e non è per niente opportuno. Tutti lo dovrebbero sapere. A partire dai politici».

[17] «la Repubblica», 13 febbraio 2006.

E Roberto Benigni: «Berlusconi? Colto da sacra Sindrome»

Anche Roberto Benigni, in una manifestazione organizzata dalla diocesi di Amelia, commenta Berlusconi: «In questo momento in Italia ci sono parecchie sindromi: c'è la sindrome aviaria e tante altre, Berlusconi è stato colto dalla sacra Sindrome, d'altronde di miracoli ne ha fatti tanti, è diventato più giovane di botto, gli sono cresciuti un sacco di capelli in testa, lo vediamo apparire dappertutto: è stato visto anche camminare sulle acque del lago Trasimeno. E pare che i sondaggi lo diano in vantaggio su Barabba».

L'Antitrust esamina il conflitto di interessi del ministro Lunardi

L'Antitrust si sta occupando del conflitto di interessi del ministro delle Infrastrutture Pietro Lunardi. Il «Corriere della Sera» in un articolo del 12 febbraio 2006 pone questa domanda: «Può un ministro partecipare, presentando lui la relazione introduttiva e spiegando lui i termini della questione e predisponendo lui i meccanismi di finanziamento, a una decisione che in un modo o in un altro tocca gli interessi della sua famiglia?». Bisogna ricordare che quando Lunardi ha accettato di fare il ministro ha ritenuto di risolvere il conflitto di interessi cedendo le società ai figli Martina, Giovanna e Giuseppe.

La domanda si riferisce agli appalti di lavori assegnati a società riconducibili al ministro delle Infrastrutture Pietro Lunardi.

Nerio Nasi racconta: «Quando passai le consegne del dicastero al mio successore, Pietro Lunardi, gli dissi: "Fai attenzione, avrai difficoltà con le tue imprese. C'è un conflitto di interessi grande come una casa. Mi rispose facendo spallucce: non è che la cosa mi preoccupi tanto"».

Già da tempo il senatore dei DS Paolo Brutti, in una interrogazione aveva denunciato che molti grandi appalti inseriti nella Legge Obiettivo sono stati assegnati a società riconducibili al ministro delle Infrastrutture, a cominciare dalla più importante, la Stone e RockSoil. L'«Unità»[18] in una tabella indica tutti i contratti acquisiti dalle società riconducibili alla famiglia Lunardi. Ne citiamo alcuni: la variante di Valico sulla Bologna-Firenze; l'autostrada Adriatica; la Parma-La Spezia; la Asti-Cuneo; la Metropolitana di Milano; quattro tratte ferroviarie di alta *capacità*.

In questo intreccio di affari c'è tutta una serie di rimescolamento di società con uscite di soci e differenti ricomposizioni e trasferimenti decisi dai legali per tentare di rimediare al conflitto di interessi. E c'è da dire che per aggirare le norme *viene consentito che chi vince le gare per le grandi opere pubbliche successivamente possa attribuire a trattativa privata le progettazioni e le opere specialistiche*.

Il senatore Brutti conclude la sua interrogazione chiedendo al presidente Berlusconi e al ministro Tremonti quali iniziative intendano assumere per impedire il proseguimento di una situazione di palese conflitto di interessi. Ovviamente il governo non ha preso in considerazione la domanda del senatore e ora se ne sta occupando l'Antitrust. Ma il ministro non si preoccupa e in una dichiarazione fatta all'agenzia Ansa, risentito, dice: «Mi meraviglio che il "Corriere della Sera" apra la campagna elettorale insieme all'"Unità" con notizie vecchie di due mesi. Che l'Antitrust stesse facendo indagini su un mio presunto conflitto di interessi è una cosa nota. Colpisce che il "Corriere", che è un giornale moderato e di tutti, si sia messo all'altezza dell'"Unità"».

[18] «L'Unità», 13 febbraio 2006.

Quelle intese imbarazzanti

È il titolo del «Corriere della Sera» del 16 febbraio 2006 che denuncia l'accordo della CDL con la lista della Mussolini. Poiché tra i candidati c'erano anche fascisti di Forza Nuova, Fini e Casini hanno costretto Berlusconi a rimangiarsi la decisione.

«Ma se ci avesse pensato prima», scrive il «Corriere», «e se non avesse atteso l'esplodere della questione degli "impresentabili", il premier non avrebbe dato la percezione di dover fare a meno, soltanto *obtorto collo*, solo trascinato dagli eventi e pressato dall'opportunità, di due estremisti di destra di quel calibro».

Berlusconi è un esempio interessante per un trattato di psicomotologia

Per concludere: come si spiegano i comportamenti del nostro presidente del Consiglio? La risposta ce la fornisce il professor Mauro Mancia, docente di Neurofisiologia alla facoltà di Medicina dell'Università statale di Milano.

Il 7 dicembre 2002, nella trasmissione *L'infedele* di Gad Lerner, il professor Mancia ha detto: «Berlusconi è un interessantissimo esempio per un trattato di psicomotologia perché ha delle modalità che noi riscontriamo nella clinica, per esempio la negazione. Lui nega tutto quello che è evidente. Accanto alla negazione è collegata la menzogna. La bugia costituisce una regola relazionaria e alla base c'è un processo che noi chiamiamo di identificazione proiettiva che consiste in una operazione della mente per cui delle parti proprie, generalmente sgradevoli, piuttosto negative, vengono proiettate, cioè messe nell'altro. Allora l'altro è il ricettacolo delle parti peggiori di sé. Questo è evidente quando Berlusconi attribuisce alla sinistra o al centro sinistra tutti i difetti che sono suoi, in primo luogo la menzogna».

Lerner gli chiede: «Queste caratteristiche di Berlusconi possono svilupparsi in futuro? Possono diventare patologia?». Risposta: «È difficile prevedere. C'è da augurarsi che Berlusconi senta il bisogno di farsi curare rispetto a queste dimensioni decisamente megalomaniache e patologiche che lui ha potenziato in questi anni soprattutto per il consenso che ha avuto».

Tre anni dopo, il 25 gennaio 2006, il professor Mauro Mancia è di nuovo ospite di Gad Lerner nella trasmissione *L'infedele* e aggiunge: «Berlusconi fa un'operazione sulla realtà. Lui è un grande maestro di surrealismo ma la sua realtà non coincide con la realtà del Paese, la sua è una realtà sognata che somministra attraverso la televisione; purtroppo non è la realtà economica, culturale e politica del Paese. Lui confonde la realtà perché oggi questo è il suo scopo: soltanto confondendo la realtà può rosicchiare qualche voto».

Indice dei nomi

Indice

Controcorrente

1. MAGGIE PALEY, *Il libro del pene*
2. FRANCESCO VALITUTTI - DIEGO VERDEGIGLIO, *Il libro della vagina*
3. TRACEY COX, *Il sesso dei tuoi sogni*
4. JEAN GORDIN - OLIVIER MARTY, *Il libro del sedere*
5. TIM MADGE, *Cocaina*
6. PIPOLO, *Come combattere il tuo nemico naturale: tua moglie*
7. VIVIEN MARX, *Il libro del seme e dell'orgasmo*
8. ANNE VON BLOMBERG, *Come aumentare il tuo quoziente del piacere*
9. SANTA IMPELLIZZIERI, *Il libro del seno*
10. MICHELLE HELLER, *Meditazioni per la stanza da bagno*
11. ROLAND JACQUARD, *Il libro nero di Al-Qaeda*
12. AA.VV., *Sms. Sempre meglio sorridere*
13. NATHAN HASELBAUER, *Quiz per la stanza da bagno*
14. DITTE E GIOVANNI BANDINI, *Piccolo dizionario delle streghe*
15. STEVE PROULX, *Il libro nero delle multinazionali americane*
16. REPORTERS SANS FRONTIÈRES (a cura di), *Il libro nero della guerra in Iraq*
17. FELICE FROIO, *Il libro nero dell'Italia di Berlusconi*
18. STEVEN SORA, *Il libro nero delle società segrete*